챗GPT 혁명

이메일 vegabooks@naver.com **홈페이지** www.vegabooks.co.kr
블로그 http://blog.naver.com/vegabooks
인스타그램 @vegabooks **페이스북** @VegaBooksCo

| 산업과 투자의 지형을 뒤흔드는 인공지능의 진화 |

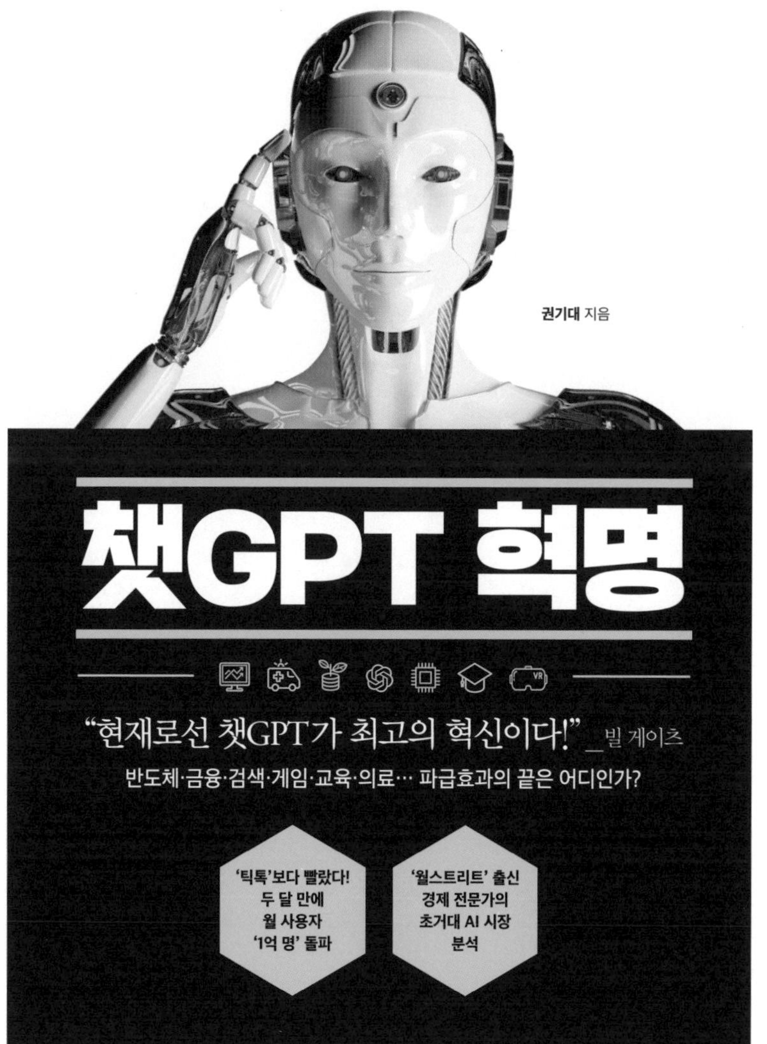

베가북스
VegaBooks

프롤로그

일 년 전만 해도 전혀 들은 바 없었던 용어가 지금 나라 안팎의 미디어를 온통 휘젓고 있습니다. 챗GPT라는, 도통 입에 착착 감기지 않는 이 용어는 느닷없이 우리 사회의 주류로 들어온 모양새입니다. 독특한 저서 <사피엔스>로 단번에 전 세계 독자를 매료했던 유발 하라리 교수조차 GPT-3가 써준 10주년 특별판 서문을 보곤 충격으로 입을 다물지 못했으니, 대체 무슨 일일까요?

챗GPT 때문에 구글 같은 거대 기업이 자칫하면 생사의 갈림길에 설지 모른다고 아우성을 치지 않나, 변호사도 의사도 소설가도 프로그래머도 화가도 챗GPT 때문에 일자리가 위태롭다고 울상이지 않나, 학생들이 챗GPT를 본격적으로 활용하면 무슨 수로 논문이며 학업을 평가하느냐고 대학들이 넋을 놓지 않나, 참 기이한 일들이 여기저기서 일어나고 있습니다. 챗GPT가 와튼스쿨에서 MBA 과정 기말시험을 통과했다느니, 로스쿨 졸업시험에 응시해 'C+'를 받았다느니, 챗GPT 도움으로 번역된 외국소설이 번역상을 거머쥐었다느니, 그야말로 챗GPT의 이런저런 무용담이 뉴스를 장식하지 않는 날이 별로 없는 것 같습니다. NYT는 챗GPT와의 만남을 '인터넷이 처음 나왔을 때와 맞먹는 충격'으로 묘사했고, 윤석열 대통령은 챗GPT로 신년사를 써본 경험을 언급하며 보기 드물게 감탄사를 쏟아냈지요.

그렇습니다, 놀랍기 짝이 없습니다. 하지만 챗GPT는 그 자체로서 완결된 혁명이 아니라, 기나긴 과정 가운데 유난히 우리 눈길을 사로잡는 랜드마크 같은 사건입니다. 그것은 인공지능이라고 하는 인간의 해묵은 변덕과 꿈이 하나의 중대한 변곡점을 맞이했다는 신호입니다. 인간과 똑같이 생각하고 인지하고 판단하고 소통할 뿐만 아니라, 인간처럼 결정하고 창의적으로 생성하기까지 하는 고도의 AI 시대가 가까워졌음을 알리는 전령이기도 하고요. 달리 표현해볼까요. 챗GPT는 앞으로 우리 삶의 모든 것이 어떻게 달라질 것인지를 보여주는 희귀한 '모멘텀'입니다.

이제 우리는 챗GPT 열풍을 계기로 인공지능을 좀 더 신중하게 폭넓게 여러 각도에서 공부해보기로 합니다. 하라리 교수의 말마따나, 역사상 처음으로 힘의 중심이 인류의 손아귀에서 벗어날지 모르니까 말입니다. 물론 이 책은 AI 전문가나 교육자가 쓴 기술 서적이 아닙니다. 저는 매크로웨이브를 탐구하는 사람이므로, 챗GPT와 진보하고 있는 AI에 관한 기초 지식만을 전한 다음, 이들이 우리의 일상과 직장생활과 사업 영위와 투자 활동에 미치게 될 영향에 한층 더 초점을 맞출 생각입니다. 그리하여 우리는 대충 아래와 같은 순서로 챗GPT와 초거대 AI의 면면을 들여다볼 생각입니다.

• Chapter 1 챗GPT라는 이름의 신세계를 탐험하기 위해 꼭 알아두어야 할 10여 개의 용어부터 정리해서 익힙니다.

• Chapter 2 챗GPT의 정체성을 또렷이 밝혀 정리합니다. 챗GPT가 어떤 특성을 갖는 AI 서비스인지를 파악하는 것이 첫걸음일 테니까요.

• Chapter 3 얼핏 짧은 것처럼 보이는 챗GPT의 역사를 탄생 이전부터 좀 더 파헤쳐봅니다. 그래서 AI 연구의 뿌리가 70년 가까운 과거로 거슬러 올라간다는 사실을 이해하고자 합니다.

• Chapter 4 챗GPT가 품고 있는 갖가지 기능을 살펴봅니다. 날마다 미디어에 올라오는 흥미로운 챗GPT 이야기 뒤에는 대화, 생성, 코딩, 변환, 응답 등 팔방미인 격의 기본 기능이 자리 잡고 있음을 깨닫게 될 것입니다.

• Chapter 5 챗GPT가 다양한 산업에 어떤 충격을 가져올지, 궁금하지 않습니까? 검색시장을 비롯해 반도체 산업, 금융시장, 게임산업, 교육, 의료와 헬스케어, 유통과 온라인 쇼핑, 글로벌 투자 전반, 메타버스, 고용과 일자리에 미칠 영향을 하나하나 짚어보겠습니다.

• Chapter 6 챗GPT 생태계를 구축하고 있는 국내외 기업들을 살펴봅니다. 미국의 마이크로소프트, 구글, 아마존, 엔비디아, 유럽의 딥마인드와 스터빌리티 AI, 중국의 바이두는 물론이고 한국의 삼성전자,

SK하이닉스, 네이버, 카카오, 통신3사, 그리고 리벨리온, 솔트룩스, 플리토 등 이 분야 스타트업들까지 골고루 훑어볼까 합니다.

• Chapter 7 챗GPT가 안고 있는 한계와 문제점들을 체크해보고자 합니다. 챗GPT의 태생적 한계부터 우리가 미처 상상하지도 못했던 제약이나 문제가 한둘이 아니지요. 다양한 각도에서 그런 문제의 본질을 생각해봅니다.

• Chapter 8 챗GPT의 진화와 미래를 생각해보고 우리는 어떻게 그런 전망에 대응하여 진보하는 AI 생태계를 활용할 것인지도 고민해봅니다.

월스트리트 저널도 챗GPT 같은 첨단 AI 챗봇을 '2023년 우리 일상을 변화시킬 기술'의 하나로 추켜세웠습니다. 챗GPT는 현재진행형입니다. 더 섬세해지고 정교해지겠지요. 더 인간 지능에 가까워지겠죠. 거부하기 어려운 흐름, 확산 일로의 추세가 되었습니다. 쉽고 빠르고 편하다고 마냥 좋은 일은 아니겠지만, 그로 인해서 정말로 소중한 자산인 '시간'을 더 많이 누릴 수 있다면 더할 나위 없이 반가운 일 아니겠습니까. 인간은 인간을 닮아가는 인공지능과 공존하고 협력하며 삶을 풍요롭게 만드는 방법을 찾아가야 할 것 같습니다.

챗GPT와 진화하는 AI의 정체뿐만 아니라 경제적-사회적 의미를 빨리 전하려는 조바심이 컸습니다. 집필도 제작도 빠듯한 일정으로 진행할 수밖에 없었습니다. 그럼에도 품질 좋은 책을 독자 여러분에게 내놓고 싶어서 그야말로 불철주야 최선의 노력을 기울였습니다. 편집과 디자인을 맡아주신 베가북스의 허양기, 박시현, 이재호 님에게 감사드립니다. 이 책이 더 많은 독자를 만날 수 있도록 노고를 아끼지 않으신 이유섭, 조민재 님, 그리고 다른 멤버들에게도 고마움을 전합니다. 무엇보다 이 모든 과정을 총괄하며 노심초사했던 배혜진 부대표님에게 진심으로 감사의 뜻을 전합니다. 그들의 헌신적인 도움이 없었다면, 이 책이 세상에 나올 수 없었을 것입니다.

그럼, 챗GPT의 멋진 신세계로 들어가 볼까요?

2023년 2월 23일, 서울에서

권기대

목차

03 탐험가의 시간 - 챗GPT의 짧은 역사

04 탐험가의 정신 - 챗GPT의 쓸모

05 탐험가의 예측 - 챗GPT의 충격파

06 탐험가의 발견 - 챗GPT 세계를 구축하는 기업들

07 탐험가의 고민 - 챗GPT의 한계와 문제점

08 탐험가의 상상 - 챗GPT의 미래

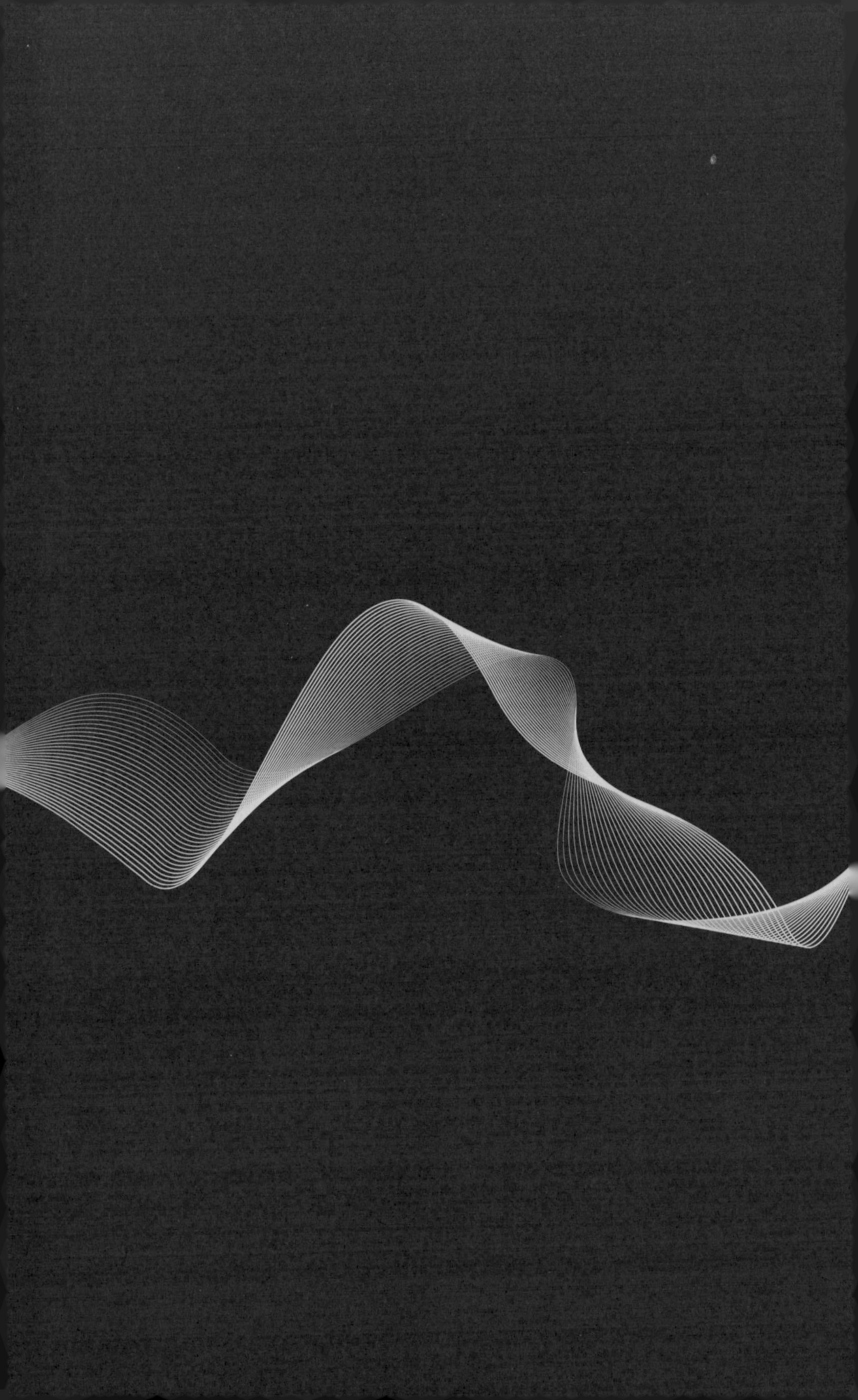

Chapter 1

탐험가의 준비 –
기초 용어 파악하기

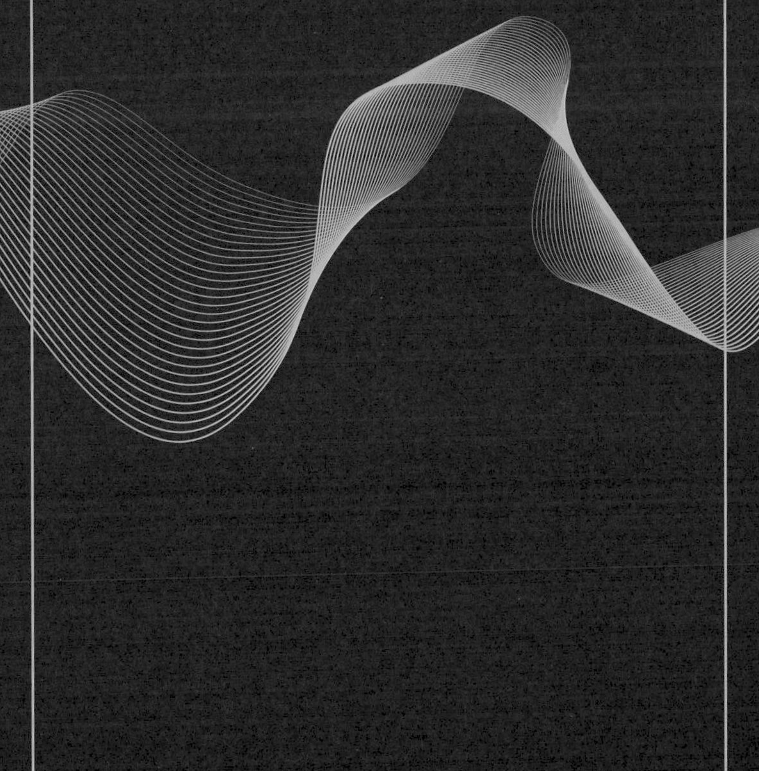

Chat GPT

짧고 가벼운 여행에도 기본적인 준비와 최소한의 기본 지식이 필요한데, 하물며 챗GPT라는 신세계로의 모험이라면 두 말할 것도 없다. 기초용어를 파악해두면 챗GPT가 무엇인지, 언제 어떻게 태어났는지, 어떤 기능과 특징으로 얼마큼의 파급효과를 가져올 것인지에 대해 보다 면밀히 들여다볼 수 있다. 더불어 챗GPT의 한계와 약점, 앞으로의 행보 등을 파악하는 데도 많은 도움이 될 것이다.

✓ 인간의 지능 vs 인공지능

무엇이 사람의 지능과 인공지능을 구분 지을까? 우선 사람의 지능은 여러 가지 다양한 사고의 방식을 결합함으로써 인간의 적응력을 최대한으로 높이려고 애쓴다. 이에 비해 인공지능은 사람과 똑같이 행동하고 똑같은 기능을 지닌 컴퓨터(기계)를 만들려고 애쓴다. 인간의 두뇌가 아날로그 방식이라면, 기계 혹은 컴퓨터는 디지털이다.

기계가 아주 기초적인 것부터 극도로 복잡한 것에 이르기까지 주어진 과제를 쉽사리 수행할 수 있는 것처럼 우리도 인간의 통찰력을 이해할 수 있는데, AI는 바로 이런 인간의 통찰력을 기반으로 만들어진다. 다른 측면에서 보면, 만들어진(제조된) 통찰력은 학습하고 문제를 해결하며 생각하고 보는 것을 목적으로 한다. 나아가 인간의 지능과 행동은 그들이 과거에 무엇을 했느냐에 따라 달라진다. 그리고 이 모든 것의 기반은 지식으로써 주변 환경을 바꿀 수 있는 인간의 능력이다.

생성 AI (Generative AI)

인공지능 중에서도 텍스트, 이미지, 오디오 등의 기존 콘텐트를 활용해서 새로운 콘텐트를 만들어내는 기술을 생성 AI라 일컫는다. 대화에 특화된 챗GPT도 물론 생성 AI의 한 종류이고, 어투나 상황에 맞게 교정-첨삭해주는 워드튠도 마찬가지다. 사용자의 명령어를 토대로 원하는 이미지를 생성해주는 DALL-E(달리)와 스테이블 디퓨전도 생성 AI이며, 홍보 문구도 만들어주고 상품 선택도 도와주는 네이버의 하이퍼클로바 역시 생성 AI다.

생성 AI는 단순히 콘텐트의 패턴을 학습하고 추론해서 새로운 콘텐트를 만들어내는 단계를 뛰어넘는다. 콘텐트를 생성하는 자와 만들어진 콘텐트를 평가하는 자가 끊임없이 서로 대립하고 경쟁함으로써 전혀 새로운 콘텐트를 창출해내는 것이다. 가짜 인간 혹은 가상 인간의 얼굴을 무제한으로 생성해 엔터테인먼트나 유통업 등에서 활용하는 것이 그런 예다. 또는 어느 특정 미술가의 화풍을 흉내 낸 그림을 이용해 재창조한 사진도 그런 변증법적 결과로 볼 수 있다.

음성 분야의 생성 AI는 어떨까? 어느 특별한 장르의 음악을 작곡하거나 어떤 가수의 음색으로 좋아하는 노래를 다시 재창조하는 것 등이 생성 AI 덕분에 가능하다. 이용자의 텍스트 내용에 따라 음악을 생성해주는 구글의 MusicLM(뮤직LM)이 바로 그런 시스템이다. 예를 들어 '아이들이 좋아하는 아케이드 게임의 메인 사운드트랙'이란 명령을 입력하면, 실제 게임의 배경 음악으로 적절한 음악을 만들어준다. 몇 마디의 짤막한 클립을 만드는 정도가 아니다. 원하는 장르의 음악 작품 한 편을 만들고, 정해주는 악기 소리까지 정확히 생성할 수 있다. 물론 완벽하진 않아서 품질이 떨어지거나 오류가 생기는 부분이 전혀 없는 것은 아니지만 말이다.

생성 기술이 발달하면 검색엔진, 포토샵, 시리나 알렉사 같은 IT 서비스가 뿌리부터 뒤흔들리고 바뀌면서 사람과 컴퓨터는 자연스럽고 편안하게 소통할 것이다. 그래서인지 IT산업에 대한 투자가 전반적으로 얼어붙었지만, 생성 AI 분야는 예외다. 데이터 분석기업 PitchBook(피치북)은 2022년 생성테크 분야의 투자를 137억 달러로 추정한다. 그전 5년간 이 부문의 누적 투자액과 맞먹는 수치다. 나중에 소개할 스터빌리티 AI도 거기 포함되었다.

최근의 생성 AI 수준을 접한 NYT는 "인터넷이 처음 나왔을 때의 느낌"과 같다고 표현했다. 이 기술이 검색, 온라인 상거래, 의료, 교육,

생성 AI 시장 전망

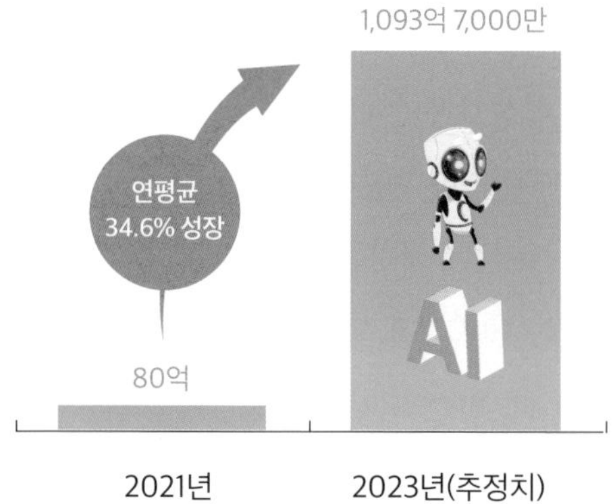

자료 : 그랜드뷰 리서치

패션, 엔터테인먼트 등에 폭넓게 접목될 수 있기 때문이다. LG가 엑사원을 활용해 디자인한 옷을 2022년 뉴욕 패션위크에서 선보인 것이 그러한 예다. 챗GPT가 광풍이라 할 정도의 인기를 얻고 있는 것은 이런 다양한 쓰임새 때문 아닐까.

생성 AI에는 섬뜩하고 부정적인 측면도 없지 않다. 종종 정치-사회적인 쟁점으로 비화하는 인물 합성(deepfake) 기술이 가장 먼저 떠오를 것이다. 나아가 정치인의 선동 영상을 만들어내는가 하면, 가짜 뉴스, 특정 인물의 이미지를 넣어 조작한 음란물, 보이스 피싱 등에도 생성 AI가 악용되고 있다. 책 후반부에 상세하게 언급되겠지만, AI 활용의 윤리적 문제에 관한 경각심과 사회적 합의에 관한 논쟁은 앞으로 거대한 담론으로 대두될 것이다.

초거대 AI (Hyperscale AI)

'방대한 규모의 데이터를 처리함으로써 인간의 수준으로 진화할 수 있는 AI 모델' - 삼성그룹의 연구기관은 초거대 AI를 그렇게 정의했다. 스스로 대용량 데이터를 학습하며 인간처럼 종합적으로 추론할 수 있는 차세대 인공지능이란 얘기다. AGI는 지금까지 우리가 봐왔던 AI의 수백 배에 달하는 데이터를 학습할 뿐만 아니라, 제법 고도의 판단 능력까지 갖추었다. 즉, 인간의 뇌에 한층 더 가까이 다가온 AI다. 지금도 많은 사람이 기억하고 있는 알파고는 바둑이라는 한 분야에 특화돼 인간을 능가했다. 하지만 초거대 AI는 수많은 과제와 상황을 스스로 학습-판단하여 설루션을 제공하거나 대응하여 과제를 수행한다. 기존 AI와 달리 방대한 데이터 학습이 필요한 이유다. 전 세계의 뜨거운 화두이자 이 책의 주제가 된 챗GPT를 비롯해 최대 1조 6,000억 개의 매개변수를 자랑하는 딥마인드의 Switch Transformer(스위치 트랜스포머), 네이버의 하이퍼클로바, LG의 엑사원, GPT 개념을 활용한 카카오의 언어모델 KoGPT 등이 초거대 AI의 굵직굵직한 사례다.

LG가 구축하고 있는 초거대 AI 생태계 개념도

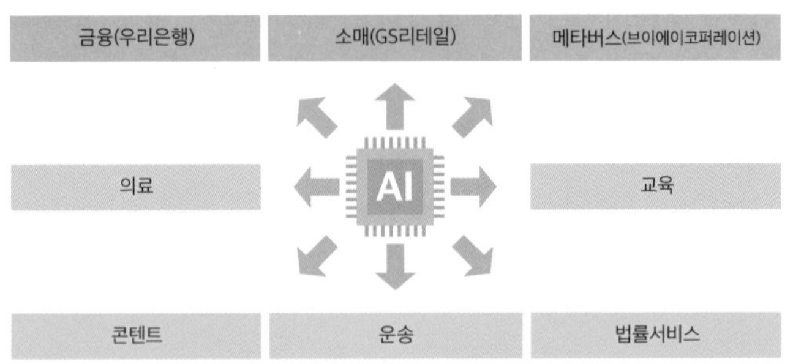

국내 초거대 AI에 초점을 맞춰보면, 먼저 2021년 5월에 공개된 하이퍼클로바가 눈에 띈다. GPT-3보다 많은 2,000억 개 이상의 매개변수 규모로 화제를 모은 국내 최초의 초거대 AI다. 그리고 카카오의 KoGPT는 텐서 처리장치로 연산속도가 극도로 빠르고 한국어에 특화되어 있다는 장점을 지닌다. LG가 2021년 말에 공개한 엑사원은 세계 최대 수준인 말뭉치 6,000억 개와 이미지 2억 5,000만 개를 학습하여 텍스트, 음성, 이미지, 영상 등 다양한 데이터를 능수능란하게 이해-변환하는 다중모드, 이른바 '멀티모댈리티(multi-modality)'가 특징이다.

AI로는 부족해 : 'AGI 시대'가 열린다

AGI(Artificial General Intelligence)라는 용어가 수시로 언론에 오르내리고 있다. 대개 '인공일반지능' 혹은 '범용인공지능'으로 번역된다. 인간이 명령하지 않아도 스스로 생각하고 일한다고 해서 '강한 AI' 혹은 '완전 AI'라 부르기도 한다. 언어, 음성, 이미지, 영상 등의 데이터를 활용해 인간이 할 수 있는 광범위한 지적 과제를 이해하고 학습할 수 있는 (가상적인) 기계의 지능을 의미한다. 반대로 특정 문제의 해결을 위한 소프트웨어 구현 등 좁은 영역에서만 활용되는 AI라면 '약한 AI' 또는 '응용 AI'다. 알파고, 딥블루와 같은 AI 프로그램 등이 그런 예다. AI가 빠르게 진화하다 보니, 머지않은 미래에 AI가 인간 지능을 능가하지 않을까 하는 궁금증과 두려움이 생기겠지만, 이는 공상과학소설이나 미래학의 주제로 흔히 쓰일 뿐 아니라 사실 AI 연구의 근원적인 목표이기도 하다.

강한 AI인 AGI는 도대체 얼마나 스스로 사고할 수 있을까? 단어나 이미지를 인지하지만 상호작용을 하지 않는 기존의 AI와는 또 어떻게 다를까? AGI는 여러 활동을 수행하면서 행동의 결과로부터 직접 배울 수 있다. 이것이 가장 큰 차이다. 그러니까, 프로그램을 실행하면 따로 입력값이 없어도 AGI는 인간처럼 스스로 학습하고 상식과 인과 추론까지 활용하면서 성장한다는 뜻이다. 누가 알겠는가, AGI가 이런 머신 러닝을 거듭하면, 인간도 찾아내지 못한 설루션을 단시간에 찾아내는 최고 단계의 진화를 이룩할지?

지금의 수준이라면 AI는 인간의 노동을 보조하는 정도일지 모른다. 사람이 해오던 단순 반복업무만 대체할지 모른다. 그리하여 사람들이 좀 더 창의적이고 결정적인 일에 집중할 시간을 만들어줄지 모른다. 그러나 인간처럼 창의적으로 사고하는 AGI가 등장한다면 어떨까? 인간의 발전보다 더 빠른 속도로 발전하는 AGI가 나오고, AGI의 선택이 곧 인건비의 절감임을 기업들이 깨닫게 된다면 어떻게 될까? 인간과 달리 쉬지도 않고 끊임없이 학습할 수 있는 AGI가 다가온다면 말이다.

AGI를 두고 전문가들의 논쟁도 뜨겁다. 본격적으로 AGI 개발에 나선 기업도 많다. 반대로 아직은 이상적인 수준의 AGI보다 더 시급한 문제에 집중해야 한다는 의견도 적지 않다. 그런데도 AGI 개발은 필요하다는 게 공통적인 의견이다. 기후 위기로 인한 재난이나 국제 정세를 불안하게 하는 갈등 등 인류가 앞으로 해결해야 할 과제가 산적해 있기 때문이다. 이에 대한 해답을 이른 시간 내로 마련할 수 있는 프로그램을 개발한다면 가까운 미래에 닥칠 문제를 지혜롭게 해결할 수 있을 것이다.

우리는 언제쯤 만족스러운 AGI를 만나볼 수 있을까? 확실한 대답이야 어렵지만, 챗GPT가 하나의 단서를 줄지도 모르겠다. AGI도 챗GPT와 마찬가지로 기본적으로는 하나의 변환기(transformer)이기 때문이다. 기초 기술인 자연어처리 기술의 애초 목적이 인간과 같은 AI를 구현하는 것이므로, 그리 멀지 않은 미래에 AGI가 널리 쓰이는 모습을 상상할 수는 있으리라. 예술가의 새로운 창작 도우미도 되고 프로그램 개발자의 코딩도 돕는 챗GPT처럼 말이다.

일례로 딥마인드가 출시한 'Gato(가토)'는 여러 가지 형태의 데이터를 처리하고, 대화를 주고받는다든지 로봇팔로 블록을 쌓는 등, 600가지 이상의 일을 동시에 처리한다. 비디오 게임을 지시하거나 그 게임을 플레이하기도 한다. 물론 가토는 딱 한 가지 일을 중점적으로 처리하는 AI가 아니므로, 다른 AI 서비스만큼 능률이 높지는 않다. 그렇지만 가토는 하나의 신경망 모델로서 다양한 일을 해내지 않는가. 마치 주어진 하나의 뇌를 활용해 생각하고 일하고 살아가는 인간처럼 말이다.

테슬라의 'Optimus(옵티머스)'도 주목할 만하다. 키 170센티미터, 몸무게 56킬로그램의 휴머노이드로, 'Tesla Bot(테슬라 봇)'이라고도 불린다. 일단 프로토타입으로 2022년 9월에 공개되었지만, 짐을 나르거나 화초에 물을 주는 등의 모습을 통해 인간의 일상을 도와줄 수 있음을 증명했다. 그러나 진짜 중요한 차별점은 옵티머스가 스스로 학습하고 사물과 상황을 판단해서 적절한 작업을 찾아 수행한다는 사실이다. 테슬라는 부족한 점을 보완해서 이르면 2025년에 대충 2만 달러짜리 상품으로 출시할 계획이다. 그때면 인간을 제대로 닮은 휴머노이드 시장이 본격적으로 열릴 것이다.

경고: AGI가 한낱 허상에 불과하다는 주장도 있다. '인간을 쏙 빼닮은, 능청스러울 정도로 자연스러운 AI' 정도라면 동의하며 고개를 끄덕일 수 있다. 하지만 '인간의 개입이 이제 더는 필요 없는' 수준의 독립적인 인공지능

이라면, 논란이 될 수밖에 없을 테다. 그렇다고 그것이 불가능하다고 확언할 수 있을까? AI가 생성한 지능이 인간의 지능과 얼마나 비슷할지는 모르나, 그저 우리가 지금 바랄 수 있는 것은 AGI가 인류의 삶에 동행할 수 있게 개발되기를 바라는 것이리라. 그래야만 인간과 로봇이 공생하는, 편리하고도 쾌적한 미래가 실현될 테니까.

✓ 챗봇 (Chatbot)

쉽게 설명하자면, 일상언어로 사람과 대화(채팅)하면서 해답을 주는 대화형 메신저가 챗봇이다. 인공지능의 빅 데이터 분석과 자연어처리 기술을 사용해 고객의 질문을 파악하고 자동적으로 응답을 제공하며 사람들의 대화를 '시뮬레이트'한다. 가령 우리가 알고 있는 페이스북 메신저가 바로 챗봇이다. 또 중국 내 메신저 시장을 압도하는 텐센트의 微信(위챗), Telegram(텔레그램) 등도 대표적인 챗봇이다. 물론 챗GPT 역시 기본적으로 챗봇에 포함된다.

챗봇은 미리 정해둔 단어에 따라 정해진 답을 내놓아 보안 위험이 그리 크지 않은 시나리오 타입, 그리고 복잡한 질문에도 능히 응답하며 자기학습도 해내긴 하지만 개인정보 유출이나 해킹 같은 보안 위협에 취약한 인공지능 타입, 이렇게 둘로 크게 나뉜다. 어쨌거나 기업의 관점에서 볼 때, 챗봇의 도입은 인건비를 아끼고 업무시간에 제약받는 일 없이 서비스를 제공할 수 있다는 장점이 있다.

✓ 매개변수 (parameter)

매개변수는 다분히 전문적이고 기술적인 용어다. 일반 독자가 쉽게 이해하기 무척 어렵다. 그래서 나는 약간의 결함 가능성을 안고서라도 이런 설명을 시도해본다.

코끼리의 평균 몸무게는 얼마일까? 한국인의 평균수명은 몇 살일까? 잠자리는 보통 얼마나 길까? 코끼리(한국인/잠자리)라는 종 전체를 설명하거나 정의하거나 이해하려 할 때 필요한 수많은 변수 가운데 하나가 바로 몸무게(수명/길이)라 할 수 있다. 이처럼 전체를 설명하는 데 필요한 여러 가지 요소를 매개변수라 부른다. 이런 매개변수가 많으면 많을수록 전체의 설명은 더 정확해지고 정교해진다. 데이터 학습을 기반으로 발전하고 진화하는 AI도 마찬가지다. 데이터의 분량과 종류가 많을수록 더욱 정교한, 인간 지능에 더 가까워지는, 결과물이 나올 것이다. 가령 챗GPT에 사용된 매개변수는 1단계의 1,750억 개에서 4단계의 1,000조 개로 늘어났다. 매개변수의 확대가 곧 AI의 진화와 정교화를 의미하며, 인간 지능에의 접근 정도를 나타낸다.

참고로 매개변수를 국내에서는 종종 파라미터로 표기하는데, 영어로 정확한 발음은 '퍼래미터'이며 독일어로는 '파라메터(Parameter)', 불어로는 '파라메트르(paramètre)'이다.

✓ 인공지능(AI: Artificial Intelligence) vs 기계학습(ML: Machine learning)

기계가 인간의 사고를 복제하거나 능가할 수도 있다는 개념의 핵심을 이루는 이 두 용어는 사실 동의어처럼 쓰이기도 하고 서로를 대체하기도 한다. 둘이 밀접하게 연관되어 있기는 하지만, 실제로 AI와 ML은 엄연히 다르다.

간결하게 표현해서 인공지능은 인간의 사고와 행동을 '흉내 내거나 따라 할 수 있는' 연산시스템의 능력이다. 인지하고, 추론하고, 판단까지 하는 사람의 능력을 컴퓨터로 구현하는 기술이라 정의해도 좋다. 연산이나 제어에 관한 한, 인간보다는 기계가 압도적으로 뛰어나다. 그러나 인지-추론-판단은 기계의 능력 밖에 있다. 기계에는 사람의 지능이 없기 때문이다. 그러므로, AI는 컴퓨터를 통해 이런 인간 고유의 능력을 구현하려는 노력의 산물이다.

이에 비해 기계학습(ML)은 인공지능의 부분집합 또는 하위집합(subset)이라 할 수 있는데, 인간에 의해 또렷하게 프로그램되거나 직접 통제받지 않으면서 스스로 학습할 수 있는 시스템이라는 점이 가장 도드라진 특징이다.

그럼 이 둘의 관계는? AI와 ML은 우리가 상상할 수 있는 거의 모든 영역에서 핵심적인 역할을 맡고 있다. 이 둘이 없이는 자연어처리부터 로봇공학, 머신 비전(machine vision), 예측적 분석(predictive analytics) 등 수많은 디지털 프레임워크가 효과적으로 작동하지 않는다. 결국 AI와 ML이 다양한 비즈니스 시스템과 우리 곁을 지키는 각종 기기를 구동하는 셈이다.

✓ 명령어 (프롬프트; prompt)

문자 그대로 사용자가 컴퓨터한테 어떤 과제를 수행하도록 지시하는 메시지가 명령어다. 또 시스템이 명령을 기다리고 있음을 표시하는 기호. 즉 사용자의 입력을 재촉하는 기호도 프롬프트라고 한다. 당연한 일이지만 컴퓨터는 사람의 언어를 못 알아듣는다. 이때 어떤 체계가 사람의 명령을 수행할 수 있도록 중간다리 역할을 해주는 것이 바로 명령어다. 쉽게 말해서 명령어는 컴퓨터의 언어다.

명령어는 프로그래밍(그러니까, 컴퓨터 프로그램을 만드는 일)에 사용되는 언어 가운데 하나의 동작을 나타내는 단어이므로, 컴퓨터가 실행할 수 있는 프로그램의 최소 단위라고도 볼 수 있다. 명령어들을 이렇게 죽 모아 프로그램을 작성해놓으면, 컴파일러가 완전한 기계어로 옮겨준 다음 비로소 컴퓨터가 명령을 수행하는 것이다.

✓ 응용프로그램 인터페이스 (API: Application Programming Interface)

쉽고 빠른 이해를 위해 구체적인 예를 들어 설명해보자. 기상청의 소프트웨어 시스템에는 막대한 양의 기상 데이터가 축적된다. 내 휴대전화기의 날씨 앱이 날씨 정보를 매일 표시해줄 수 있는 것은 API를 통해 이 시스템과 '대화'할 수 있기 때문이다. 이처럼 API는 두 소프트웨어 구성 요소가 서로 통신할 수 있게 하는 메커니즘이다.

이 용어에서 '애플리케이션'은 고유 기능을 지닌 모든 소프트웨어를 가리키고, '인터페이스'는 그런 애플리케이션들이 서로 통신하는 방법을 정의하는 서비스 계약이라 볼 수 있다.

✓ 대규모 언어모델 (LLM: large language models)

텍스트를 읽고 요약하고 번역할 뿐 아니라 한 문장에서 다음에 나올 단어들을 예측할 수 있는 AI 툴(도구)을 가리킨다. 인간이 말하거나 쓰는 것과 비슷한 방식으로 문장을 생성하는 것도 이런 능력에서 비롯된다. 좀 더 기술적으로 표현하면, 단어를 조합해 만드는 문장 가운데 자연스러운 문장에 가중치를 부여하는 통계학적 모델이라고나 할까. 이런 대규모 언어모델은 빅 데이터가 등장하면서 특히 자동번역 연구자들의 소중한 도구가 되었다. LLM은 학습된 지식을 통해 한 도메인을 다른 도메인으로 전환할 수 있으므로, AI 활용의 주요한 진보로 인식된다.

대규모 언어모델의 연구는 우리가 잘 알고 있는 구글이 주도하고 있다. 웹으로부터 약 1.8테라바이트 규모의 언어모델을 구축해놓은 구글은 이 같은 대규모화만으로 번역의 성능을 20% 이상 비약적으로 끌어올렸다. LLM의 힘이다.

✓ 자연어처리 (Natural Language Processing)

인간이 일상생활에서 의사소통을 위해 쓰는 말이 바로 자연어다. 그리고 컴퓨터가 사람의 언어를 처리하고 이해할 수 있도록 하는 것이 자연어처리다. 다시 말해서 자연어의 형태와 의미를 분석해나가는 과정을 통해 컴퓨터가 이해할 수 있도록 자연어를 처리하고, 사람이 그 결과물을 이해할 수 있도록 텍스트, 음성, 이미지 등으로 생성하는 작업이다.

자연어처리는 크게 자연어 '이해'와 자연어 '생성'으로 나눌 수 있다. 자연어 이해는 말 그대로 독해하고, 감정을 분석하고, 의미론적으로 유사한 정도를 측정하는 등, 기계가 자연어로 된 문장을 이해하는 기술이다. 반대로 자연어 생성은 기계가 이해해 처리한 결과를 자연어 형태로 생성하는 기술을 가리킨다. 가령 대화를 이어나가거나, 이야기를 만들어내거나, 길고 복잡한 자연어를 요약해내는 것이 이에 속한다.

코퍼스 혹은 말뭉치(corpus)

응용언어학에는 실제 언어 혹은 실제 언어의 샘플을 이용해 언어를 공부하는 분야가 있는데, 이를 말뭉치언어학(Corpus Linguistics)이라고 한다. 여기서 말뭉치(코퍼스)란, 언어를 연구하는 각 분야에서 필요로 하는 연구 재료로서 언어의 본질적인 모습을 총체적으로 드러내 보여주는 자료의 집합을 뜻한다.

연구의 목적이나 성격에 따라 말뭉치라는 용어는 다양한 대상을 지시할 수 있는 포괄적인 개념이다. 혹은 더 좁게 봐서 '내용이 다양하고 균형 잡혔으며, 그 규모가 일정 수준 이상인 자료의 집합체'를 가리키기도 한다. 그러니까 작게는 시집 한 권이나 소설 한 편도 말뭉치이고, 1억 어절 이상의 말이나 글로 이루어진 각종 자료도 말뭉치다. 그 내용도 연구의 목적에 따라 다양하게 구성될 수 있다. 초기에는 수작업으로 이루어졌으나 최근의 언어 연구에서는 컴퓨터의 발달로 많이 자동화되었으며, 전산언어학도 커다란 도움을 준다.

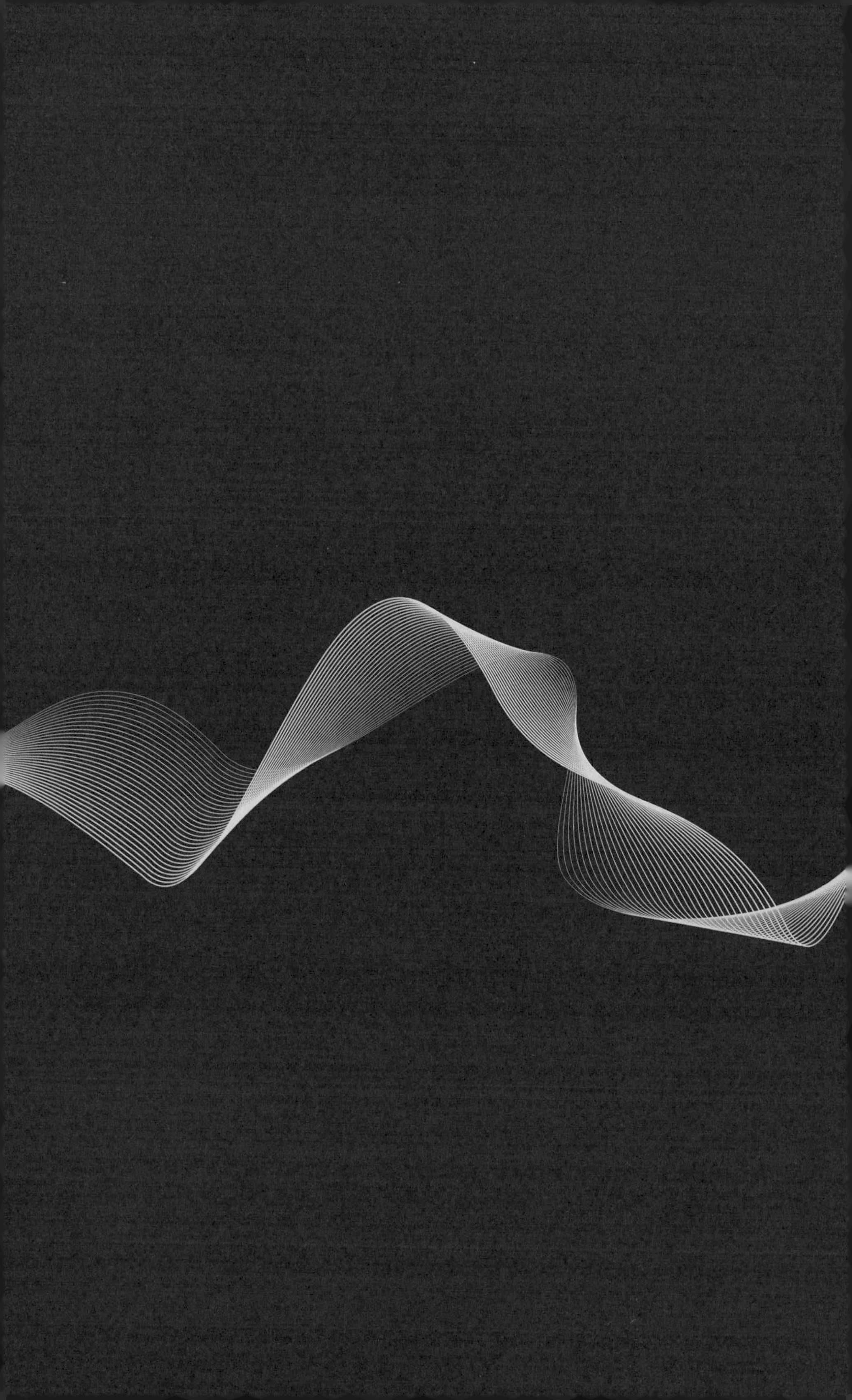

Chapter 2

탐험가의 돋보기 –
챗GPT 바로 알기

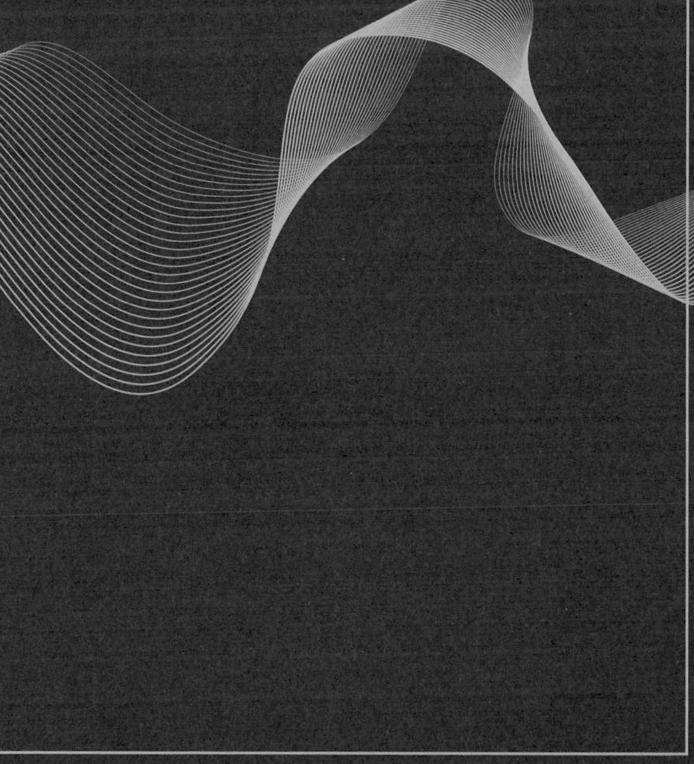

Chat GPT

딥마인드가 개발한 인공지능(AI) '알파고'가 이세돌 9단을 격파하면서 세계는 AI 충격에 휩싸였다. 벌써 2016년의 일이다. 이로 인해 세계는 AI가, 비록 좁은 한 분야에 국한되긴 하지만, 인간의 수준을 뛰어넘는다는 것을 실감하게 되었다. 그때도 알파고가 던진 충격을 두고 지금의 챗GPT 열풍에 버금가는 왁자지껄한 소란이 잠시 일었었다.

그로부터 7년 후 세계는 챗GPT로 다시 한번 AI의 가능성에 열광하기 시작한다. 보통사람에 별로 뒤지지 않는 완성도 높은 대화와 생성과 변환 능력을 지닌 챗GPT를 통해 AI가 가져올 미래에 관심이 높아졌다. 한마디로 챗GPT는 지금까지 세계인들에게 알려진 인공지능 가운데 최고 수준이다.

이런 상황을 상상해보자. 실제로 국내 일간지에 실렸던 기사 내용을 극화해본다.

나는 일간 신문사 기자다. 요즘 하루도 빠짐없이 뉴스에 오르내리는 채팅 로봇 챗GPT를 직접 체험해보기로 한다. 챗GPT에게 텍스트로 묻는다. “기자로 일하면서 챗GPT를 활용한다면 어떤 이점이 있을까?” 커피 한 잔 마시는 시간보다 더 빨리 이런 답이 돌아온다. “다양한 토픽에 대해 최신의 정보를 제공해 빠르고 정확성 높은 기사와 칼럼을 작성하도록 도울 수 있지요. 새로운 아이디어나 관점을 제안할 수도 있고요.” 다른 질문을 던져본다. “IT 분야의 기사를 써야 하는데, 괜찮은 주제를 추천해줄래?” 그러자 챗GPT가 내놓은 답은 이렇다. “「블록체인 기술은 개인정보 보호의 혁신을 가져올 것인가」란 테마는 어떨까요? 블록체인은 불변성, 공정성, 안정성을 보장하는 특징을 갖고 있어서, 독자들의 관심을 끌 수 있을 겁니다.” 내친김에 나는 챗GPT에게 부탁한다. “방금 추천한 주제로 칼럼을 하나 써줄래?” 그러자 불과 몇 초 되지 않아서 이 친구 챗GPT는 900자 분량의 원고를 뚝딱 써내는 것이 아닌가.

이번엔 또 다른 상상을 해보자.

텍스트를 기반으로 원하는 이미지를 만들어주는 AI 서비스가 있다고 해서 접속한 다음, 이렇게 명령한다. “침실이 2개, 화장실 3개, 부엌, 거실, 그리고 정원까지 하나 딸린 1층짜리 집의 평면도를 하나 스케치해줄래? 아, 척도와 길이도 물론 표시해주고, 또 가구들 배치까지 포함해서 만들어줘.” 그랬더니 이 챗봇은 몇 분 만에 아래와 같은 멋진 평면도를 덜컥 만들어낸다. 그야말로 무릎을 탁, 칠 노릇이 아니겠는가.

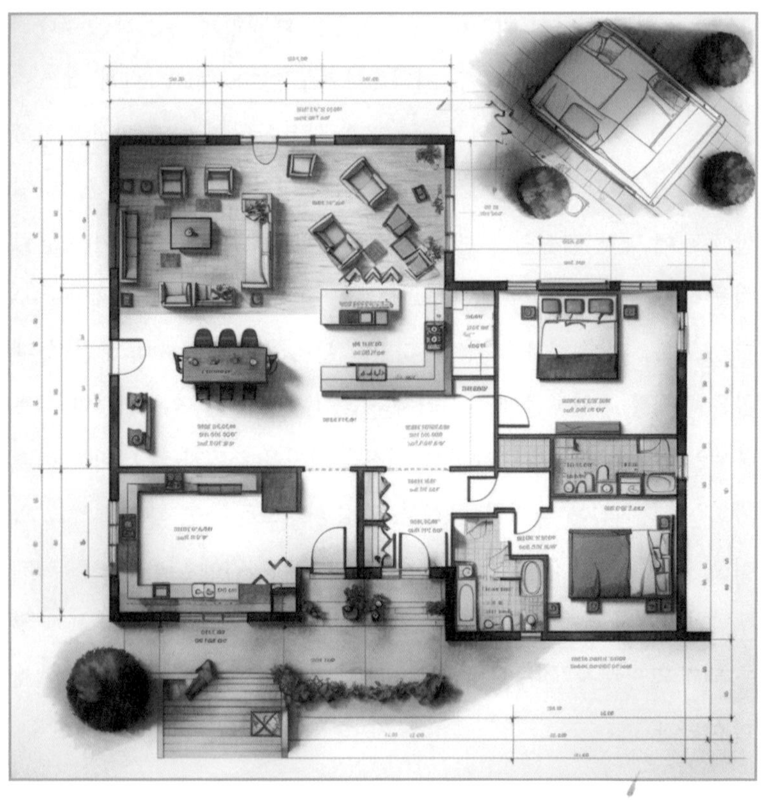

챗GPT의 정체가 무엇인지를 챗GPT에게 물어보면, 어떤 답이 돌아올까?

"저는 대량의 텍스트 형식 데이터를 사전에 학습한 대규모 언어모델입니다. 그래서 다양한 질문에 대해서 사람과 똑같은 대답을 만들어낼 수 있지요. 질문을 받으면 저는 사전학습과 일련의 알고리즘을 이용해 질문에 적절한 대답을 자연스럽게 들리는 텍스트로 제공합니다. 저는 정확하고 유용한 정보를 드리기 위해 최선을 다합니다. 그러나 저는 완벽한 지식의 원천이 아니어서, 항상 완전하고 정확한 대답을 드리는 것은 아닙니다. 언제나 배우고 스스로 개선하는 과정에 있으므로 당신의 모든 질문에 답할 수는 없을지 모르겠습니다. 그래도 도움이 된다면 기쁘겠습니다. 혹시 저와 저의 성능에 관해 특별히 알고 싶은 게 있나요?"

이제 "챗GPT가 대체 뭐지?"를 몇 가지 측면에서 정리해보자.

챗GPT는 언어모델이다

언어모델은 다양한 기계학습 모델 중에서 인간과 유사하고 자연스러운 텍스트를 생성할 수 있게 훈련받은 모델이다. 언어모델의 목적은 주어진 텍스트에서 어떤 단어가 보이면 그다음에 나올 단어(혹은 일련의 단어들)를 예측하는 능력이다. 챗GPT는 '대규모'의 언어모델이지만, 인간과 똑같은 방식으로 학습하는 능력은 없다. 따라서 인간과 대화를 주고받으면서 실시간으로 뭔가를 배우거나 영향을 받는 일은 절대 없다. 오로지 대화 직전까지 학습해서 저장된 정보나 경험만으로 작동하면서 인간에게 응답할 뿐이라는 얘기다. 그 대신, 개발자들이 새로운 데이터로 계속 훈련하고 알고리즘을 미세조정 함으로써, 챗GPT는 끊임없이 배우고 나아질 것이며 그 응답도 더 정확해지고 업데이트될 것이다.

언어모델을 훈련하기 위해선 당연히 방대한 양의 텍스트 데이터가 필요하다. 이런 데이터는 책, 기사나 논문, 웹사이트 등등의 다양한 소스로부터 얻는다. 이런 훈련용 데이터는 아주 많은 타입의 콘텐트와 갖가지 작문 스타일을 아우른다.

✓ 챗GPT는 챗봇이다

그래서 이름의 맨 앞에 '챗'이 들어가 있다. '자연어처리'라는 기술을 사용해 인간과 현실적인 대화를 나눌 수 있다는 것이 챗GPT의 가장 커다란 특징이니까. 사용자가 어떤 질문을 입력하거나 대화상자 안에 뭔가를 명령하면, 챗GPT는 동일한 언어로 텍스트 기반의 대답을 즉시(혹은 거의 즉시) 제공한다. 인간이 컴퓨터와 상호작용(interact)하기 위해 자연어처리 기술을 활용하는 챗봇이나 개인비서가 갈수록 늘어나고 있는 가운데, 이처럼 '대화를 나누는' AI 도구가 중요한 한 부분을 차지한다. 참고로 인간과 AI 사이의 대화 서비스는 크게 세 가지로 나뉜다. (1) 명령하고 따르는 식의 '목적성 대화' (2) 친구처럼 사소한 대화를 주고받을 수 있는 '감성 대화' (3) 지식을 얻기 위한 목적의 '지식 대화'가 그것이다.

글로벌 AI챗봇 경쟁

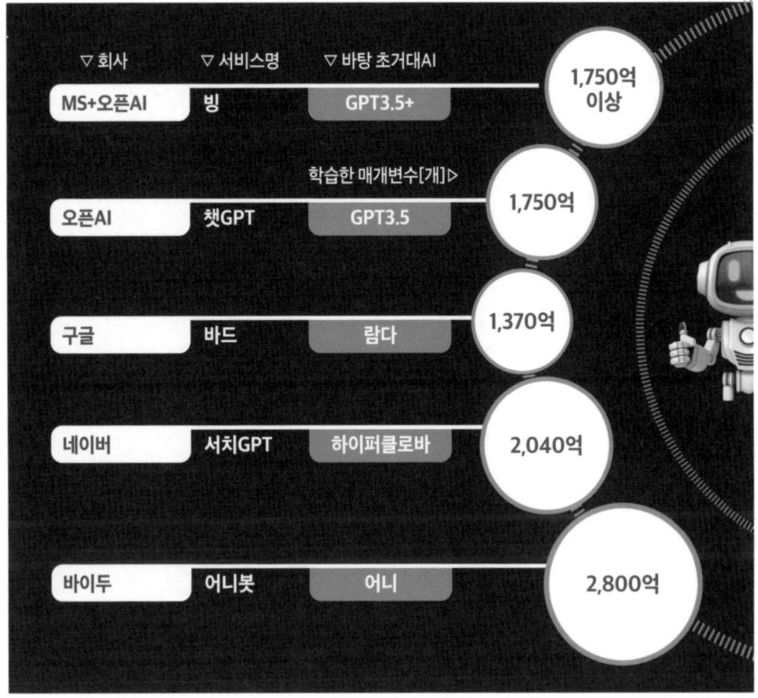

▽ 회사
▽ 서비스명
▽ 바탕 초거대AI
MS+오픈AI
빙
GPT3.5+
1,750억 이상
학습한 매개변수[개]▷
오픈AI
챗GPT
GPT3.5
1,750억
구글
바드
람다
1,370억
네이버
서치GPT
하이퍼클로바
2,040억
바이두
어니봇
어니
2,800억

자료 : 각 사

챗GPT는 기술, 문화, 과학, 비즈니스, 예술, 문학, 역사, 스포츠 등등 온갖 부문에 관련된 질문이나 문의 사항에 대해 놀랍도록 정확하면서도 마음을 끄는 응답을 제공한다. 그렇기에 많은 이들이 챗GPT를 현재 가장 진보된 자연어처리 기반의 챗봇 엔진으로 인정한다.

챗GPT는 생성 AI다

챗GPT는 뭔가를 생성한다, 혹은 만들어낸다. 기사도, 소설도, 시도 만들어내고(생성하고) 심지어 컴퓨터 코드도 만들어낸다. 그렇게 인간과의 대화도 생성한다. 그래서 G(generative)가 이름에 들어갔다. 딥러닝을 통해 스스로 언어를 생성하는 능력을 갖추었다는 뜻이다. 이 능력이 없다면 인간의 질문에 답할 수가 없을 테다. 예전 챗봇의 경우엔 질문도 단순해야 했고 대답도 이미 만들어놓은 몇 개에 국한된 그야말로 '기계적인' 답이었다면, 챗GPT는 인간의 온갖 질문에 자연스럽고 논리적으로 상세히 답할 뿐 아니라, 전문가 뺨치는 수준의 보고서를 작성하는가 하면, 이용자의 희망에 따라 시를 짓기도 한다. 심오한 철학적인 대화도 제법 나누고 심지어 우스갯소리까지 한다. 「워싱턴 포스트」가 "기이할 정도로 잘 작성된 인간적인 답변을 내놓는 녀석"이라고 혀를 내두른 까닭이다.

챗GPT의 뒤를 이어 출시될 것으로 예측되는 GPT-4, 5, 6 등의 모델은 텍스트뿐만 아니라 이미지, 비디오, 음악 등을 만들어내는 다양한 생성 기능을 가진 다중 모드의(멀티모덜) AI 모델이 되지 않을까?

챗GPT는 사전학습에 기반을 둔다

챗GPT의 생성(만들기)은 '사전에 이루어진 학습 혹은 훈련'에 기반을 두고 이루어진다. 요즘 사람들이 흔히 매개변수라고 부르는 것이 그런 학습이나 훈련의 '기반'이라고 이해하면 쉽다. 그런데 왜 '사전(Pre-trained)'을 강조하며, 왜 이름에 P가 들어갔을까? 챗GPT는 100% 사전에 학습한 정보나 경험만으로 그 기능을 발휘하기 때문이다. 대화하면서 얻는 정보나 콘텐트는 챗GPT에게 전혀 영향을 주지 못한다. 실시간으로는 절대 배우지 못한다는 뜻이다. 물론 다음에 올 단어를 예측하는 언어모델의 본성 외에는 아무것도 예측하지 못하고 미리 학습된 것 외에는 상상하거나 꿈도 꾸지 못한다. 챗GPT의 P는 제약이며 한계를 상징한다.

가장 중요한 것은 'T'다

챗GPT의 특성 중 진짜로 중요한 건 G도 아니고 P도 아니고 바로 T, 그러니까 변환을 뜻하는 트랜스포머(transformer)다. 아이들이 열광하는 영화에 나왔던 그 트랜스포머가 아니라, GPT가 우릴 만났던 핵심적인 신경망 모델을 의미한다. AI 전공자가 아닌 사람이 쉽게 이해할 수는 없겠지만, 텍스트 속의 문자-문장을 넘어 문단과 문단의 맥락(context)과 의미까지 학습하는 신경망 혹은 '맥락 연결망'이라고 알아두자. 이로 인해 챗GPT는 말하자면 문해력을 갖추는 것이다. 그리고 챗GTP는 대화를 나누는 사용자의 말을 기억한다. 이 점을 챗GPT의 가장 큰 특징으로 꼽는 사람들도 있다. 적어도 기존의 검색엔진이나 AI 챗봇 서비스와 챗GPT가 또렷이 나뉘는 것이 바로 이 지점이기 때문이다.

한마디로 AI 기술이 무엇인가? 컴퓨터 환경에서 AI가 사람의 언어를 이해하게 만드는 것이다. 인간이 아닌 AI는 자연어처리를 위해 별도의 과정을 거쳐야 한다는 얘긴데, 여기서 트랜스포머가 큰 강점을 보이며 단숨에 대세가 됐다. 이 T를 이용한 챗GPT가 그동안 나온 AI 챗봇 중 사람과 가장 자연스럽게 대화하는 것도 그래서이다. 사람의 질문에 답하고, 다른 언어로 번역하고, 긴 문장을 요약하는 것 등이 바로 T 덕분이다. 그리고 연구개발이 깊어지고 넓어지면서 트랜스포머는 텍스트뿐만 아니라 다양한 형태로 응용되고 있다.

챗GPT를 바라보는 두 가지 시각

1) 긍정적인 반응

NYT는 챗GPT에게 '지금까지 대중에게 공개되었던 인공지능 가운데 최고의 작품'이란 딱지를 붙여주었다. 챗GPT를 2022년의 획기적 사건에 포함하면서 우리가 일하고 생각하는 방식에 대한 태도를 바꿔 놓을 것으로 전망한 언론도 있었다. 가디언은 '자세하고도 인간과 흡사한 텍스트'를 생성하는 모습이 인상적이라 추켜세웠다. 어떤 IT 전문가는 '대학들이 이제 심각한 문제에 봉착할 것'이라고 내다봤다. 일론 머스크는 이렇게 썼다. "챗GPT, 아주 머리털이 쭈뼛할 정도로 훌륭해."

텍사스 대학교 Steven Mintz(스티븐 민츠) 역사학 교수는 챗GPT를 적이 아니라 동지로 간주하면서 교육의 목적에 다양한 도움을 줄 수 있으리라고 평가했다. 챗GPT는 이런저런 결함에도 불구하고 얼마든지 잘 활용할 수 있을 정도로 스마트하다고 적은 사람이 있는가 하면, 번들거리는 신제품이 나왔다고 쉽사리 흥분하지 않던 사람들이 챗GPT에는 침을 튀기며 열광하는 걸 보니 뭔가 대단한 일이 벌어지고 있는 모양이라고 관찰한 전문가도 있다.

아무래도 인류가 '위험하리만치 강한 AI'를 만날 날이 머지않은 것 같다.

2) 부정적인 반응

챗GPT를 삐딱하게 보는 이들은 먼저 챗GPT가 사람들로 하여금 '헛것'을 보게 만드는 경향이 있음을 지적한다. 팝송 제목을 명령어로 입력하고는 그 노래의 가사를 알려달라고 했더니 챗GPT가 지어낸 가사를 제시하더라는 미국 언론의 기사가 그런 예다. 웬만한 사람은 그런가 보다 하고 넘어갔을 테다. 또 멕시코를 빼면 중미에서 가장 큰 나라가 어디냐고 물었더니 과테말라라고 답하더라는 기사도 있었다. 뉴스 웹사이트인 The Verge(더 버지)는 챗GPT를 가리켜 '확률론만 따라가는 앵무새'라고 부르기도 했다.

챗GPT가 내놓는 답의 사실 여부가 모호하다는 이유로 그 사용을 금지하는 학교, 기관, 플랫폼도 적지 않다. 2023년 1월에 열린 국제기계학습콘퍼런스도 챗GPT 및 그와 유사한 대규모 언어모델을 이용한 텍스트 생성을 금지했다. 영국 일간지 가디언도 챗GPT 등장 이후로 인터넷에 올라오는 콘텐트가 과연 얼마나 신뢰할 만한지에 의문을 표하면서 정부의 규제를 촉구했다. AI가 자동 생성하는 글이 민주주의에 나쁜 영향을 미치는 건 아닐지, 걱정스럽다는 태도다.

아예 챗GPT에 이념적인 편견이 내재해 있는 게 아닌지를 의심하는 축도 있다. 그렇지 않고서야 힐러리 클린턴이 2016년 대선에서 승리했다는 허구적 스토리를 챗GPT가 왜 제공하느냐는 것이다. 화석연료에 대해서 긍정적인 대답은 단 하나도 내놓지 못하는 현상도 마찬가지고.

챗GPT는 거품?

신기하게도 인간은 개발 중인 어떤 기술이 앞으로 5년 안에 이룩하게 될 성취는 '과대평가' 하면서, 그것이 향후 20년 내 성취할 수 있는 업적은 '과소평가' 하는 경향이 있다. 그래서 인공지능이 인류 역사상 가장 혁명적인 기술이라는 걸 인지하면서도, 막상 그 엄청난 변화가 다가오는 모습은 제대로 보지 못할지 모른다.

인간과 AI에겐 어떤 미래가 기다리고 있을까? 지금 시점에선 본질적인 질문으로 보인다. AI 붐은 언젠가는 터져버릴 '거품'이라는 이도 있고, AI 거대 기업들이 끝내 우리의 정신을 '납치'할 거란 이도 있으며, 이러다 '인간 사이보그'라는 새로운 종(species)이 생길 거라는 이들도 있다. 이런 과격한 예측들은 대개 과장된 측면이 많고 전체의 큰 그림을 놓치고 있는 경우가 대부분이다.

무엇보다 AI는 너무 복잡하고 불투명해서 웬만해선 이해하기 어렵다. 다양한 억측이 난무하는 까닭일지도 모르겠다. 인공지능을 바라보는 대부분의 시선이 '조심스럽다'에서 '부정적이다' 사이를 오가는 것도 그 때문일 것이다. 본질이 완전히 좋기만 한 기술도 없고, 철저히 나쁘기만 한 기술도 없다. 그러니 두려워서 선진 기술을 가로막고 나설 일도 아니요, 앞뒤 가리지 않고 마구잡이로 받아들이기만 할 일도 아니다. 중요한 것은 인간 사회에 미칠 그 영향과 잠재력을 정확히 이해하고 긍정의 효과를 실현할 수 있는 상황과 생태계를 만드는 것이다.

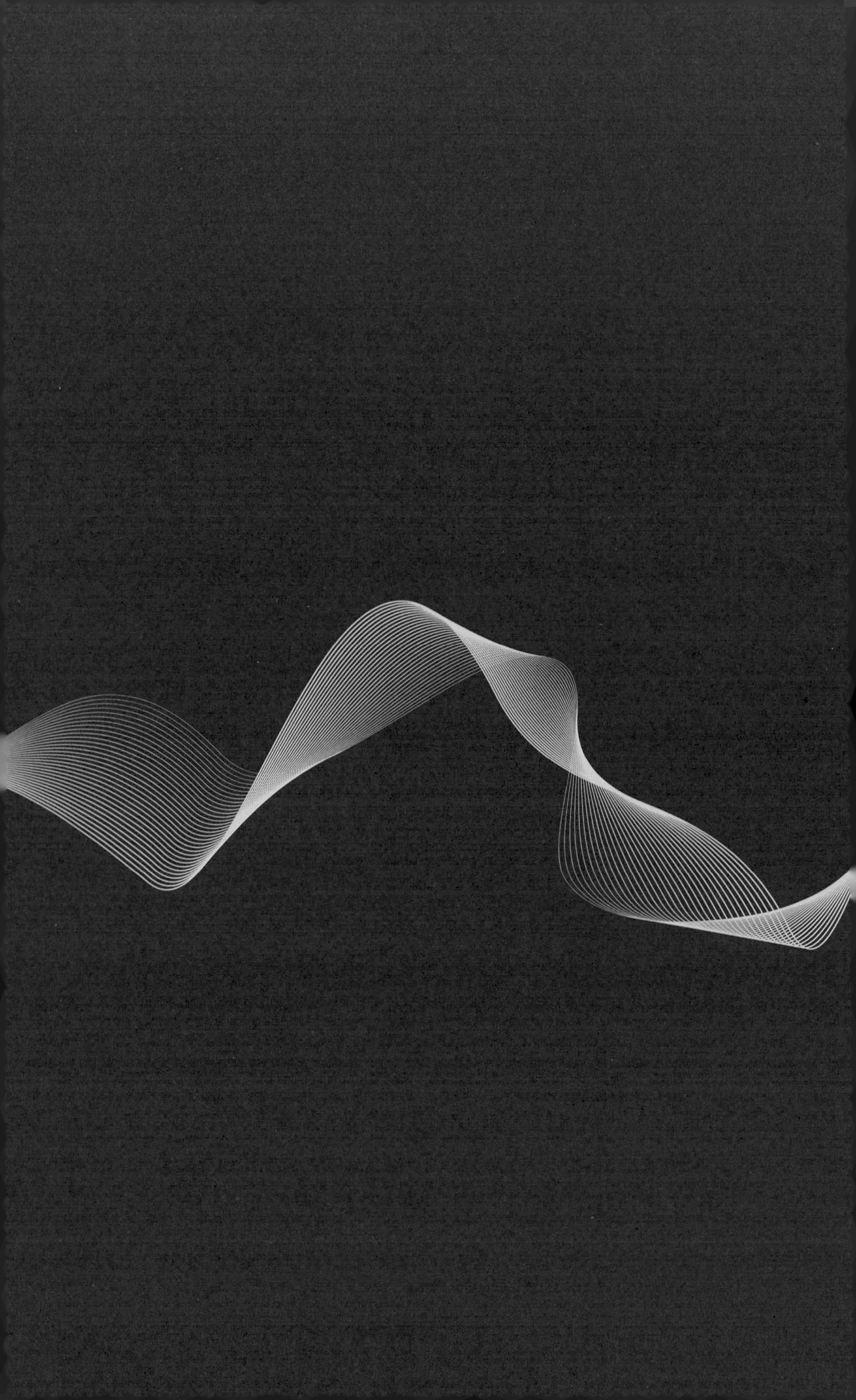

Chapter 3

탐험가의 시간 –
챗GPT의 짧은 역사

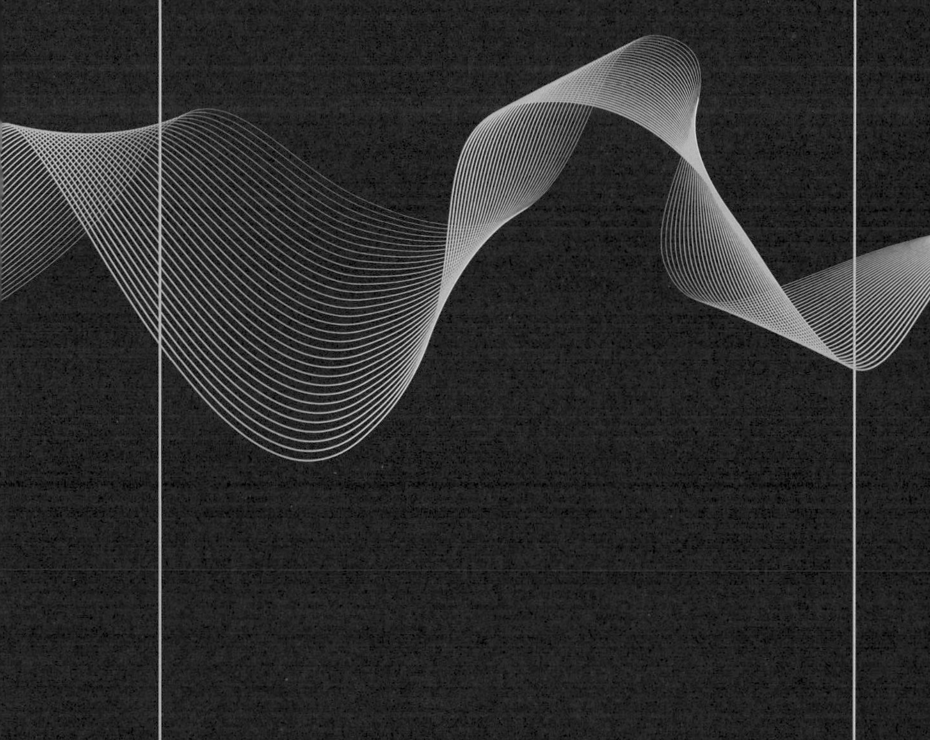

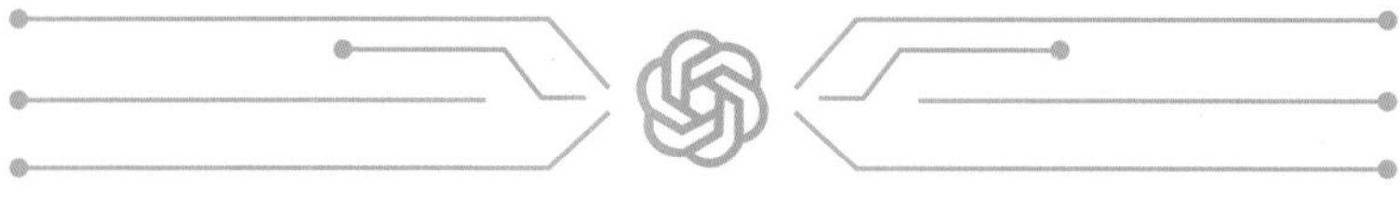

이 챕터 제목에 쓰인 '짧은'이라는 형용사는 옳기도 하지만, 오해를 불러일으킬 수도 있는 표현이다. 챗GPT가 사람들의 입에 오르내리기 시작한 게 불과 8개월 남짓이니, 그 내력이 짧긴 짧다. 하지만 그 뿌리이고 토양인 인공지능의 역사를 훑어보자면 1950년대로 돌아가야 하니까, 사실상 챗GPT의 이야기는 얼추 짧은 역사로 치부할 일이 아니다.

인공지능의 아버지

1956년 여름 IBM은 저명한 컴퓨터과학자 John McCarthy(존 매카시)를 포함한 학자들 10명을 초빙하여 Dartmouth Conference(다트머스 학회)를 주최했다. 매카시가 직접 만든 개념인 '인공지능(artificial intelligence)'의 미래를 논의하자는 의도의 모임이었다. 당시 매카시는 인공지능을 '스마트한 기계를 만드는 과학과 엔지니어링'이라고 간결하게 정의했다. 커리어의 대부분을 스탠퍼드 대학에서 보낸 존 매카시는 자타가 공인하는 '인공지능의 아버지'로 불린다. 이 분야에서 역사상 가장 영향력이 있는 사람으로 손꼽힐 뿐만 아니라, 그 용어를 만든 장본인이기도 했기 때문이다.

그로부터 70여 년이 흐르고 챗GPT와 생성 AI가 소개되기까지의 기간에 컴퓨팅 기술에는 그야말로 '뽕나무밭이 바다로 변할' 정도의 격변이 있었다. '난 인간이 되고 싶다' 혹은 '나는 인간이다'를 외치는 AI까지 등장했으니, 이세돌 기사를 압도했던 바둑 전문 알파고나 카스파로프를 꺾은 체스 기계 딥 블루쯤은 애교에 속한다고 해야 하나. 이젠 전기-전자, 반도체, 금융, 의료, 교육, 모빌리티, 유통 등 AI의 손길이 닿지 않는 산업이 없다. 영화가 현실로 변한다더니, 자비스가 개인비서로 들어오고 AI의 역습이 바로 코앞에 온 것은 아닌지….

튜링 테스트

1950년 영국의 컴퓨터 과학자 Alan Turing(앨런 튜링)은 자신이 imitation game(이미테이션 게임)이라 불렀던 일종의 테스트를 고안해냈다. 2014년 동명의 영화로 만들어지기도 했던 바로 그 게임인데, 우리에겐 Turing Test(튜링 테스트)로 알려져 있다. 간단히 말해서 이 게임의 목적은 이렇다. "컴퓨터 프로그램이 대화의 상대인 사람에게 자신이 지금 기계가 아닌 다른 인간과 이야기를 나누고 있다고 확신하게 만들 수 있을까?" 다시 말해 프로그램이 얼마나 인간을 잘 모방하는가, 혹은 컴퓨터가 정말 '생각할' 수 있는가의 테스트다. 처음엔 숫자의 연산능력을 모방하기 시작했던 컴퓨터는 나아가 퀴즈도 풀고 분류도 하고 바둑도 두면서 차근차근 발전했다. 인간을 닮으려는 이 기나긴 과정에서 인간에 대한 이해의 폭은 더욱 넓어졌다.

인간의 뇌는 언어를 통해 소통한다. 아마도 튜링은 그런 설정을 이해했을 것이다. 그래서 컴퓨터는 제대로 생각하기도 전에 언어부터 낚아채 인간을 구슬린다. '기계도 생각할 수 있다'고 믿도록. 챗GPT 역시 인간이 어떻게 언어를 구사하는지를 차츰 알게 되면서, '이 단어 다음엔 어떤 단어나 단어의 뭉치가 오게 되는지'를 배우면서 탄생한 것이다. 앨런 튜링의 게임으로부터 70여 년이 지난 지금, 최고 성능의 AI 시스템조차 인간의 뇌에 견줄 만한 방식으로 생각할 순 없다. 그렇지만 튜링 테스트는 통과할 수 있을지 모른다.

지금 챗GPT가 뜨거운 화제이긴 하지만, 우리는 이미 비슷한 인공지능 서비스에 노출돼 있다. 넷플릭스 영화 추천, 아마존의 도서 추천, 쿠팡의 쇼핑 추천 같은 서비스가 대표적이다. 네이버의 파파고나 아이폰의 다음 단어 추천 알고리즘 등도 챗GPT와 비슷한 모델을 사용하고 있다.

✓ 챗GPT의 모태

지금은 스위스 루가노 대학교와 사우디아라비아의 킹 압둘라 과학기술대학교를 오가며 강의하고 있는 Jürgen Schmidhuber(위르겐 슈미트후버) 교수는 학계와 외신으로부터 '현대 인공지능의 아버지'로 불린다. 그는 일찍이 AI 딥 러닝의 중요한 모델 중 하나인 'LSTM(Long Short-Term Memory; 장단기 기억) 모델'을 창시해 주목을 받았다. 그리고 'AI 기술은 일부 대기업이나 빅 테크만 소유해서는 안 되며, 모든 개인이 누릴 수 있어야 한다'는 이른바 'AI for ALL(모두를 위한 인공지능)' 개념을 오랫동안 주창해온 것으로 유명하다. 그런 슈미트후버가 최근 광풍을 몰고 온 챗GPT의 기반 기술 초기 모델을 이미 30년 전에 선보였다는 사실을 아는 사람은 많지 않다. 슈미트후버는 30년 전에 '선형화된 self-attention transformer(셀프 어텐션 트랜스포머)'라는 연구를 선보였는데, 바로 이 기술이 지금의 챗GPT를 낳은 기반이 되었다는 평가다.

구글, 아마존, 페이스북(메타) 등이 어마어마한 신세를 졌다고 하는 위르겐 슈미트후버 교수

챗GPT로 인해 자신의 30년 전 연구가 다시 빛을 보게 됐으니 기쁘긴 하지만, 언어모델의 기반이 되는 얕은 인공신경망은 아직 개선이 필요하다는 것이 슈미트후버의 생각이다. 챗GPT가 수학자나 과학자의 논리적 수준에는 미치지 못하기 때문이라고 최근의 한 인터뷰에서 밝혔다. 슈미트후버 교수는 챗GPT 같은 거대 언어모델을 곧잘 정치인들에 비유하는데, 스스로 밝힌 그 이유가 재미있다. "대체로 능숙하게 대화를 잘하며, 어떤 질문에든 신속하고 즉각적인 대답을 하고, 종종 진부하고 의미 없는 말을 생각해내기 때문에."

✓ 오픈AI - 챗GPT를 탄생시킨 주인공

2015년 샌프란시스코에서 오픈AI라는 스타트업이 만들어졌다. 실리콘밸리의 유명 투자자인 샘 올트먼, 그렉 브로크먼 등이 모여 총 10억 달러의 자본금으로 시작한 회사인데, 창립 초기엔 비영리단체로 시작했다. 실제로 지금은 370여 명이 일하는 규모의 기업이지만, 2023년 2월 초 챗GPT의 유료 서비스를 시작할 때까지만 해도 딱히 수입원이라 할 만한 비즈니스가 없었다. 오픈AI의 창립 모토는? "모든 인류에게 혜택을 줄 AI 툴을 개발한다."

2018년 챗GPT의 프로토타입이라 불러도 좋을 만한 GPT-1을 공개했다. 이는 기본적으로 텍스트를 생성하는 딥러닝 AI 모델이다. GPT라 함은 자연어처리 AI 모델로 주어진 텍스트에서 다음에 나올 단어를 예측하는 기술을 학습하며, 사람이 쓴 듯한 글이나 콘텐트를 만드는 기능을 가리킨다. 시간을 좀 거슬러 올라가면, 생성 AI 모델이 조악한 수준이나마 글쓰기를 시작한 것은 2000년대 중반부터로 알려져 있다.

2020년 6월 GPT-1를 업그레이드한 GPT-3 버전을 발표하면서 비로소 세간의 커다란 주목을 받게 된다. GPT-1보다 1,500배 많은 약 1,750억 개의 매개변수를 활용해 인간의 평소 언어와 아주 비슷하게 글을 만들어내는 능력을 갖추는 등, 수준을 대폭 높였다. 인간이 쓴 글인지 기계(AI)가 쓴 글인지 구분하기 어려울 정도의 정교한 개발은 바로 이 GPT-3부터라는 얘기다. GPT-3는 다양한 질문에 답하고, Python(파이썬) 같은 언어로 컴퓨터 코드를 생성하는가 하면, 여러 가지 언어로 텍스트를 생성하는 것을 가능하게 만들었다. 그것은 또 믿기 어려울 만큼 유연하게 작문을 하고 논쟁도 하며, 코딩도 척척 해내는 자연어 시스템이기도 했다.

2021년 초 오픈AI는 텍스트로 된 명령어에 따라 대단히 사실적인 이미지를 만들어주는 인공지능 시스템 'DALL·E 2(달리2)'를 공개했다. 이용자가 원하는 것을 세세히 묘사해주기만 하면 시스템이 알아서 그 묘사에 가장 가까운 디지털 이미지를 창조하는 것이다. 이전에 나왔던 DALL·E(달리)는 낮은 이미지 품질 탓에 '한계가 뚜렷하다'는 반응을 얻었으나, 15개월 만에 업그레이드된 달리2는 너무나 생생하고 세밀한 결과물을 보여줘, 감탄을 넘어 우려를 나타낸 사람들도 적지 않았다. 달리2 이후 스테이블 디퓨전, 미드저니, NovelAI(노블AI) 등 이미지를 생성하는 AI 서비스가 우후죽순으로 등장했다.

달리2도 본질상 챗GPT처럼 언어모델인데, 이를 활용해 텍스트나 이미지를 생성해낼 수 있으므로 궁극적으로 기업들의 생산성을 높이는 데 획기적인 도움이 될 것이다. 가령 장난감 제조사 Mattel(마텔)은 장난감 자동차 신규 모델 디자인에 이미 달리2를 활용하고 있다.

일론 머스크는 오픈AI의 창립자가 맞을까?

2015년 샌프란시스코에서 오픈AI를 창립한 사람들은 지금도 CEO로 회사를 이끌고 있는 Sam Altman(샘 올트먼), 페이팰 마피아의 두목 격인 Peter Thiel(피터 틸), 링크트인의 창립자 Reid Hoffman(리드 호프먼), 와이-콤비네이터 창립자인 Jessica Livingston(제시카 리빙스턴), 테슬라의 Elon Musk(일론 머스크), 현재 CTO로 재직 중인 Greg Brockman(그렉 브로크먼), 현재 수석 사이언티스트인 Ilya Sutskever(일리아 수츠케버) 등이었다. 이들은 회사 설립에 총 10억 달러를 투자했다. 그러나 머스크는 2018년 정식으로 이사회를 떠났으며, 지금은 단순히 'donor'의 자격만 유지하고 있을 뿐, 회사 운영에는 관여하지 않는다.

머스크는 최근 '규제받지 않는 AI 기술이 인류를 위협한다'는 공개 경고로 이목을 끌었다. AI가 유망하고 능력은 뛰어나지만 '문명의 미래에 가장 큰 위험' 중 하나임을 지적한 것. 그는 AI 챗봇의 한계와 위험성에 장황하게 설명하면서도, 챗GPT가 AI의 엄청난 발전을 보여주었다고 높이 평가했다. 또 규제 때문에 AI 발전이 늦춰져도 좋으니, 안전성에 대한 규제 없이 무분

별하게 개발되는 AI를 막자고 촉구했다.

2022년 11월 말 드디어 챗GPT가 세계 무대에 등장했다. 지금 거의 모든 산업에 걸쳐 가장 '핫'한 이슈가 돼버린 그 챗봇이 공개되어 서비스를 시작한 것이다. GPT-3에서 한층 강화된 학습으로 그 오류를 대폭 줄이고 한 단계 업그레이드된 것이 GPT-3.5, 말하자면 GPT-4로 나아가기 전의 베타 버전이다. 그리고 챗GPT는 이 GPT-3.5를 기반으로 개발된 연구용 프리뷰 버전인 프로토타입 챗봇으로, 일반에 무료로 공개된 것이다. 물론 챗GPT 이전에도 생성 AI 모델이 학습 기반으로 단어를 조합해 그럴싸한 글을 썼지만, 보통사람이 쓰기도 만만치 않은 데다 결과물이 사실이 아닐 가능성도 높았다.

챗GPT 같은 최첨단 챗봇은 학생들이 숙제나 과제를 수행하는 과정에서 속임수를 쓸지도 모른다는 우려를 낳았지만, 교육 도구로서의 잠재력이 그러한 위험성을 능가한다는 평이다. 챗GPT는 대화형 이용자 경험(UX)을 접목하여 팩트 정확도를 높이고, 누구든 인터넷만 접속하면 사용할 수 있게 진입장벽 또한 낮췄다. 덕분에 짧은 시간 동안 많은 이가 사용하게 됐다. 무료인 데다 사용하기 쉬운 웹 인터페이스를 통해 일반 대중도 이처럼 강력한 도구를 사용할 수 있게 되었다는 점, 어렵게만 느껴지던 생성 AI의 장벽을 허물었다는 점에서 챗GPT는 높이 평가된다.

챗GPT 개발사 '오픈AI'의 시장가치 추정치 급등

자료 : 미 월스트리트저널

챗GPT가 출시된 직후 오픈AI의 시장가치는 290억 달러로 그야말로 '수직' 상승했다.

2023년 중 출시 예정인 언어모델 GPT-4는 AI의 성능을 좌우하는 매개변수가 최대 100조 개에 달해 사실상 인간과 거의 동등한 언어 구사력을 지닐 것으로 알려졌다. 참고로, 인간의 뇌에서 신경세포 연결부인 시냅스는 약 100조 개라고 한다. 이제 우리는 더 엄청난 변화를 목격하게 될지도 모른다. GPT-4는 텍스트와 이미지를 모두 생성할 수 있을 것이라 한다. 테크 업계에선 벌써 GPT-4가 튜링 테스트를 통과했다는 이야기도 들리고, Ray Kurzweil(레이 커즈와일)이 2045년에 실현되리라고 예측했던 '기술적 특이점(singularity)'이 이로 인해 더 빠르게 도달할지도 모른다는 관측도 나온다.

GPT-4 개발의 초점은 데이터 처리 최적화에 맞춰져 있다. 그러니까 한결 가벼우면서도 고성능인 AI를 만들어 활용도를 높이고 월 38억 원에 이르는 운영 비용도 줄인다는 얘기다. 그러면서도 사용자의 의도를 추론하는 데 훨씬 뛰어난 모델이라면, 이를 기반으로 한 생성 AI 서비스가 봇물처럼 쏟아질 수도 있고 그야말로 새로운 AI 시대가 열릴 수도 있다. 물론 GPT-4에 거는 기대가 지나치다는 비판도 있다. AI가 아무리 사람처럼 말한다 해도, 결국 피상적으로 인간의 지식과 정보를 복사하는 것일 뿐, 근본적으로 인간의 사고-인지-판단을 갖추기는 어렵다는 것이다.

두 달 만의 유료화로 열어젖힌 거대 시장

2023년 2월 1일 챗GPT 유료 버전인 챗GPT 플러스를 출시한다는 안내문이 오픈AI 블로그에 올라왔다. 월 구독료는 예상 가격의 절반 수준인 20달러. 유료 고객이 누릴 수 있는 장점은 1) 이용자 수 폭등으로 트래픽이 몰려도 먼저 챗GPT에 접속할 수 있다, 2) 무료 버전보다 더 빠른 응답을 얻는다, 3) 새로 시장에 나오는 오픈AI의 새로운 서비스를 먼저 사용할 수 있다, 등으로 요약된다. 공개 이후 줄곧 무료 서비스였던 챗GPT의 유료화는 미국에서 먼저 시작되었고, 2월 10일엔 한국에도 적용되었다. 기존의 무료 서비스도 당분간 그대로 계속된다. 유료 구독자가 충분히 늘어나면, 앞으로도 일부는 계속 무료로 쓰게 해도 좋을 거라는 속셈이다. 하긴 웬만한 전문직은 대체할 정도의 기술력을 장착한 챗GPT인지라, 유료화가 뜻밖의 일은 아니다.

 **한국 내 챗GPT의 유료화를 알리는 서비스 안내문**

Feb 10 update

ChatGPT Plus is available in
South Korea

Subscribers will receive:

- General access to ChatGPT, even during peak times
- Faster response times
- Priority access to new features and improvements

Close   Learn more

출처: 챗GPT 사이트

실제로 챗GPT 유료 버전을 써본 사람들은 어떤 반응일까? 일단 속도에는 대체로 만족하는 분위기다. 다만 한글 질문에 대해선 이를 영어로 옮긴 다음 일단 영어 답변을 받고, 마지막으로 이걸 한글로 다시 번역해준다. 그래서 이 경우는 무료 버전과 속도가 비슷하다. 답변이 좀 더 구체적인 점은 환영할 만하지만, 최신 정보의 결여는 여전히 숙제로 남아 있다. 튀르키예 대지진이나 윤석열 대통령 당선 등 최근의 큼직큼직한 사건도 인지하지 못한다. '대만 반도체산업의 수준은?'처럼 즉답이 어려운 질문에 대해서는 유료 버전의 응답이 더 빠르다. 그러나 웹사이트, 뉴스, 블로그 등으로 학습시켰기 때문에 종종 사실이 아닌 내용이나 편향된 정보가 올라오는 점은 고쳐지지 않은 채 그대로다. 전반적으로 무료 버전과 확실히 다르다고 내세울 만한 차별점은 적다는 얘기다. 무료였을 땐 덮어줄 수 있었을 테지만, 유료화 이후엔 이런저런 논쟁이 불거질 가능성이 크다.

그렇다면 왜 서둘러 유료 버전을 출시했을까? 첫 번째 이유는 비용 충당이다. 창립 당시 오픈AI는 비영리조직이었고 지금은 비영리-영리의 혼합형 기업이다. 챗GPT 출시 후 2개월 만에 사용자 1억 명을 넘기는 것까진 좋았으나, 채팅 건당 10센트 정도 혹은 하루 최소 10만 달러라고 알려진 운영비(대부분 클라우드 서버 이용료)가 문제였다. 수익 확보 없이 무슨 수로 안정된 고품질 서비스를 제공하겠는가. 샘 올트먼 대표가 '눈물 날 정도로' 컴퓨팅 비용이 어마어마하다는 트위트를 올렸을 정도이니, 유료화는 선택이 아니라 필수였던 셈이다.

그러나 챗GPT 유료화는 더 큰 의미를 담고 있다. 그것은 AI가 연구실을 떠나 거대 시장으로 나왔다는 신호이자, 본격적인 'AI 비즈니스' 시대가 열렸다는 선언이다. 즉, 이제 누구나 AI 서비스를 직접 누릴 수 있고 그 대가를 지급하는, 진정한 AI 상용화 시대가 도래했다는 의미다. 이세돌과 대국했던 알파고라든지 그 밖의 많은 고성능 AI 모델은 상업용이 아니라 연구-실험이 목적이었고, 여러 산업 현장이나 IT 인프라에 적용된 AI도 일반인들은 볼 수 없는 몇몇 기업의 전유물이었다. 그런 오랜 관행을 챗GPT가 깬 것이다. 앞으로는 기업용 GPT 서비스 등이 갈라지면서 이 요금제도 다양해질 것이다. 그러면서 생성 AI, 초거대 AI 등 인공지능 시장도 급격히 성장할 것이다. 일부 투자은행들은 챗GPT와 같은 AI 서비스 시장이 장기적으로 2,000조 원에 이를 것으로 추산할 정도다. 경제지 Forbes(포브스)가 챗GPT 유료화를 '골드 러시의 시작'이라 부른 것은 과장이 아니었던 것이다.

주요 플랫폼들이 사용자 1억 명에 도달하기까지 걸린 시간

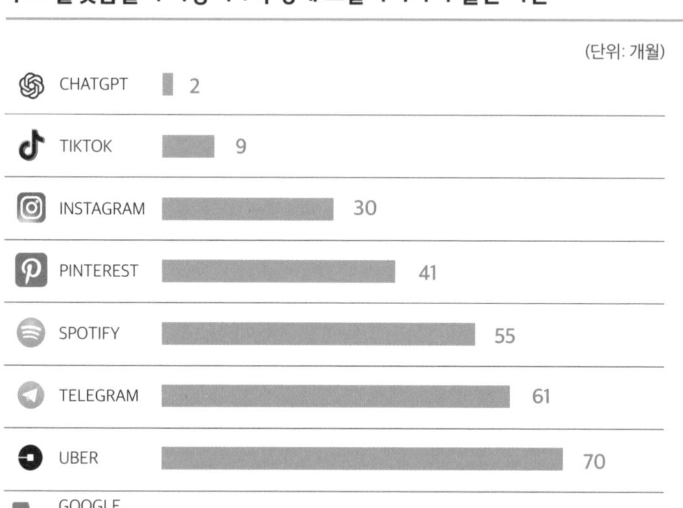

그나저나 얼마나 많은 기존 챗GPT 이용자가 유료로 전환했을까? 대안 데이터 제공자인 Measurable AI(메저러블 AI)의 조사 결과에 의하면, 이 책이 나오기 직전인 2023년 2월 13일 기준으로 출시 사흘 만에 100만 명 이상이 유료 서비스를 이용했다. 인터넷 서비스 중 최고의 유료 이용자 증가 속도이며, 이례적인 5% 이상의 전환율이다. 무료 버전 이용자가 1억 5,000만 명을 돌파했으니, 매출은 월 1억 달러 이상이라는 계산이 나온다. 하지만 결국 유료화의 성공은 서비스 수준에 달려 있다. 쉽게 말해서 무료 서비스보다 성능이 압도적으로 우수해야만 이탈자가 발생하지 않을 것이다. 특히 세계적으로 트래픽이 그다지 몰리지 않는 오전 9시~오후 6시에 챗GPT를 주로 사용하는 한국 이용자들은 유료 서비스만의 특장점을 느끼기가 어려울 수 있다. 게다가 챗GPT는 MS의 새로운 검색 서비스 빙, 구글의 AI 챗봇 바드와도 경쟁하지 않을 수 없는 운명이다. 그 둘 다 무료 서비스다.

이제 유료 챗GPT 서비스의 가격 정책이 드러났다. 챗GPT와 그 밖의 생성 AI를 이용하는 기업들은 불가피한 이 AI 추세가 비즈니스 방향에 미칠 영향과, 비즈니스 관점의 대응에 대해 고민해야 할 것이다.

한국형 '챗GPT'가 나온다

우리 기업이 개발한 한글 기반의 한국형 챗GPT는 언제쯤 만나볼 수 있을까? 이런 궁금증을 가진 사람은 한둘이 아닐 것이다. 아니나 다를까, '최초의 한국형 챗GPT' 타이틀을 두고 대기업부터 플랫폼, 스타트업까지 신경전이 거세다. 춘추전국시대 같은 국내 AI 시장에서 누가 R&D 단계를 넘어 수익형 서비스로 한국형 챗GPT의 선봉에 설지 관심이 집중된다. 섣불리 예단할 수는 없지만, 현재 몇몇 경쟁자 중에선 KT가 여러모로 앞서 있는 것 같다. KT는 2023년 상반기 중 매개변수 2,000억 개 이상으로 학습시킨 초거대 AI 서비스 '믿음(MIDEUM)'을 상용화하겠다고 발표한 바 있다.

챗GPT가 1,750억 개의 매개변수를 사용한 GPT-3를 기본 모델로

하고 있기에 KT의 '믿음'도 비슷한 수준이긴 하다. 그러나 한국어 데이터를 압도적으로 많이 학습했으므로, 국내 이용자들은 훨씬 더 자연스러운 대화를 누릴 수 있을 전망이다. 그밖에도 믿음 서비스는 어떤 데이터 묶음에서 확보한 정보 중 신뢰할 수 있는 것과 그렇지 않은 것을 구분하는 능력이 있다. 사용자 요구에 따라 어떤 정보를 제시할지, 스스로 판단해 대답한다는 뜻이다. 그저 재미있고 신기한 서비스가 아니라, 정보의 원천을 구분해서 제시하는 믿음직한 서비스를 지향한다. 챗GPT와의 차별점이라 할 수 있다. 가령 사용자가 '대출이자를 아낄 방법을 알려줘'라고 하면, 사용자 정보와 패턴, 대출 종류 등을 검색해서 사람보다 빠르고 정확하게 대화형으로 답을 준다. 미리 정해놓은 답변만 반복하는 지금의 챗봇 수준을 비약적으로 발전시킨 셈이다. 앞으로는 자산 운용에 관한 조언도 제공할 계획이다.

✓ 네이버, 국산 토종 초거대 AI 발진

그러나 막상 한국형 챗GPT의 완성된 모습과 출시 일정까지 제시한 것은 국내 최대 검색 포털 네이버다. 자체 개발한 초거대 AI '하이퍼클로바 X'와 이를 검색에 접목한 '서치GPT'를 2023년 7월 중 출시하겠다고 발표한 것이다. 서치GPT는 네이버 검색에 특화된 대규모 언어모델 '오션'을 기반으로 개발 중이다. 이 2가지 서비스를 공개함으로써 네이버는 본격적으로 '글로벌 AI 전쟁'에 뛰어든 셈이다.

네이버는 이미 2021년 세계에서 세 번째로 초거대 AI '하이퍼클로바'를 내놓은 바 있는데, 하이퍼클로바 X는 그것을 업그레이드한 버전이다. 네이버는 하이퍼클로바 X를 자체 서비스에 하나씩 접목할 텐데, 우선 검색에 적용함으로써 새로운 검색엔진 서치GPT를 출시한다는 얘기다. 그 다음 단계로 일반 기업들도 하이퍼클로바 X를 빌려서 맞춤형 AI로 개조해 쓸 수 있도록 하겠다는 계획이다.

서치GPT는 기존의 네이버 검색과 어떻게 달라질까? 검색어를 입력해 관련된 링크만을 얻는 게 아니라, 이용자가 마치 채팅하듯 물어보면 서치GPT가 데이터를 빠르게 분석해 상세한 맞춤형 답변을 준다. 가령 '홍대 앞 카페' 같은 검색어를 주고 연관된 링크를 받아 다시 그 링크를 하나씩 체크하는 것이 아니라, "홍대 앞에서 밤 10시 후에도 여는 재즈카페 중에서 라이브 연주하는 곳은 어디지?"라고 물으면 이에 대한 자세한 맞춤형 답변을 얻는 것이다. 시연 과정에서 약간의 오류가 발견되기도 한 서치GPT는 정보 간 교차-반복 검증과 사용자 피드백을 통해 정확성과 신뢰성을 갖추게 될 것이다.

하이퍼클로바 X의 가장 큰 특징은 '한국어에 특화된 토종 AI'라는 점이고, 그래서 해외의 AI에 대해 경쟁력을 확보할 수 있다. 챗GPT와 대화해본 사람은 알겠지만, 한국어, 한국 문화, 한국적 상황을 잘 모르는 외국인과 얘기하는 느낌이 들 수 있다. 하지만 해마다 매출의 25% 이상을 AI 연구개발에 투자해온 네이버의 서치GPT는 챗GPT보다 한국어를 6,500배 더 많이 학습해, 한국인의 니즈를 가장 잘 충족시킬 것으로 보인다. 한국어에 익숙하지 않거나 한국의 상황에 정통하지 않으면 두루뭉술한 답이 나올 테지만, 서치GPT는 이런 면에서 훨씬 더 정확하고 상세한 답을 줄 테니 말이다.

확장성도 장점이다. 어떤 기업이든 스스로 보유한 데이터를 학습시키면, 하이퍼클로바X를 자신들의 서비스에 최적화된 '맞춤형 초거대 AI'로 만들 수 있다. 하이퍼클로바는 뇌의 시냅스에 해당하는 매개변수가 2,040억 개로, 챗GPT의 기반인 GPT 3.5(1,750억 개)보다 많다.

챗GPT의 미래는?

인공지능의 발전에 관해 어떤 논쟁이 벌어지든, 어떤 전망이 서로 부딪히든, AGI를 향한 기술의 개선은 멈추지 않을 것이다. 가까운 장래에 챗GPT 같은 AI 기반의 자연어처리 툴은 우리의 일상과 비즈니스 전반에 주된 역할을 할 것이다. 인간과 기계 사이의 상호작용(interaction)은 끊임없이 재정의될 것이다. 그때마다 충격은 깊고도 넓어서 개발자들 자신도 인류의 삶에 미치는 AI의 영향에 그야말로 전율을 느낀다. 오픈AI 창립자 샘 올트먼도 AGI가 정말 제대로 개발되기를 기대하면서도, 특정 분야에 국한되지 않고 범용으로 모든 상황에 투입되는 AGI가 자본주의를 무너뜨릴 수 있음을 걱정한다. AI 모델이 고장나면 어떻게든 조치가 필요하므로 특정 회사가 그 AI를 소유해서는 안 된다는 것도 문제일 것이다. 또 AGI가 스스로 일해 발생하는 수익을 어떻게 배분할 것인지, AI 서비스를 어떤 주체가 어떻게 통제할 것인지, 국제적 합의도 필요해 보인다.

개발에 약간의 지장이 생기더라도, 혁신의 속도가 다소 늦어지더라도, 각국 정부와 국제기구들이 앞장서 AI를 규제해 달라는 요구가 나오는 이유다. 그것도 챗GPT를 비롯한 각종 AI 서비스 모델을 만든 기업들이 앞장서서 규제와 제한을 간절히 촉구하고 있다. 지금 그런 조치를 해도 결코 이르지 않다면서 말이다. AGI의 시대가 인간의 가치에 부합하도록 통제함으로써 다양한 AI 서비스가 오용되거나 악용되지 않도록 하는 것은 기술의 개발 못지않게 중요하다.

기억해두자. 자연어처리라는 프레임워크는 결국 인간 언어를 반영하는 거울이고, 그로써 인간의 다양한 프롬프트에 설득력 있는 응답(텍스트, 사운드, 이미지)을 제공할 뿐이다. 자연어처리가 인간의 많은 일자리를 앗아가리라고 예측하는 전문가들도 많지만, AI 기술은 반복적이고 창의가 별로 필요 없는 기능만을 차지할 가능성이 더 크다. 그런 일감에서 해방된 인간은 좀 더 전략적인 기능에 배치될 수도 있고, AI가 생성한 것을 검토하고 개선-강화하는 책임을 맡을 수도 있을 것이다.

전반적으로 이렇게 말할 수 있다. AI는 선형으로(linearly) 발전하지 않는다. 무슨 말이냐 하면, AI의 진척은 한동안 꾸준한 속도로 이루어지기도 하지만, 한동안 잠잠했다가 어느 한순간 폭발적으로 비약하기도 한다는 얘기다. 챗GPT도, 생성 AI도, AGI도 그런 이유에서 진보의 속도를 예측하기가 대단히 어렵다. 기업 경영자도, 투자자도, 정책입안자도 각자의 경험과 지식과 외부 정보와 '감'까지 동원해서 최선의 예상 시나리오와 대응책을 마련해야 할 것이다.

Chapter 4

탐험가의 정신 – 챗GPT의 쓸모

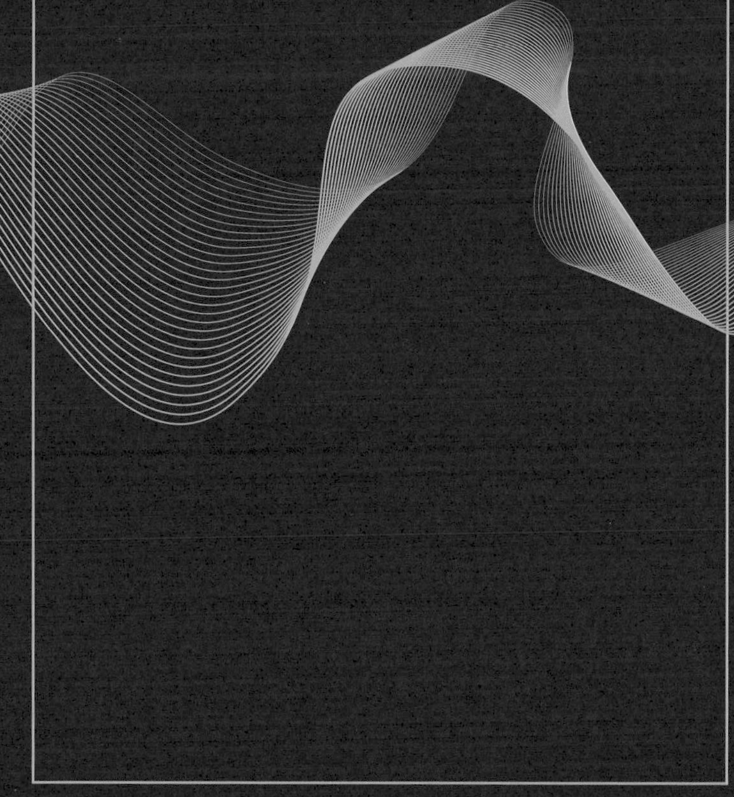

Chat GPT

사람들은 챗GPT로 무얼 하는가?

챗봇의 핵심 기능은 인간의 대화를 흉내 내는 것이지만, 실은 그보다 훨씬 더 다채로운 기능을 제공하는 팔방미인이다. 사람과의 능청맞은 대화는 기본이고 컴퓨터 프로그램의 디버깅, 코딩, 동화와 소설, 시 창작도 가능하다. 어려운 수학 문제를 척척 풀어내는가 하면 논문과 게임 시나리오도 뚝딱뚝딱 써준다. 광고 카피를 만들어 몇 개 국어로 번역, 단시간에 장황한 텍스트를 요약-분석해 리스트도 만들고 시험을 쳐서 합격하기도 한다. 또한 이런저런 주제에 대한 제법 학구적인 논쟁을 이어가며, 어려운 개념을 학생들에게 가르치기까지 한다.

한 경제신문 기자는 “손흥민은 월드 클래스야?” 하고 챗GPT에 물었더니 “그럼, 손흥민은 세계적인 축구 선수로 봐도 되지”라는 답변이 돌아오더라는 기사를 썼다. 난도를 좀 더 높여 ‘손흥민’과 ‘축구’를 키워드로 삼아 시를 지어달라고 해봤단다. 그랬더니 “손흥민, 경기장의 스타. 절대 봉인될 수 없는 기술과 우아함. 축구는 그의 열정이고 그의 마음의 욕망, 세상을 불태우는 기쁨을 가지고 논다." 같은 문장을 30초 안에 만들어냈다고 했다.

챗GPT가 전 세계적으로 난리가 난 첫 번째 이유는 그 '참신함'과 '신기함'이었다. 사람인지 아닌지 헷갈릴 정도로 대화를 이어나가는 기계라니, 얼마나 신통하고 재미있는가. 그러나 오래지 않아 챗GPT의 쓸모는 '홍대 근처에서 데이트할 장소를 추천해줘' 식의 호기심을 뛰어넘어 전문적인 영역, 산업과 투자의 영역으로 확산했다. 사람들은 아이디어를 브레인스톰하고 신문 기사를 쓰고 코딩도 하는 챗GPT를 활용해 입사지원서, 이력서, 학위 논문 등을 쓰기 시작했다. 특히 프로그래밍이나 개발자 소프트웨어는 챗GPT의 주된 용도가 되기도 했다. 챗GPT에게 대량의 반복적 업무를 대신할 프로그램 제작을 위해 코딩을 해달라고 부탁하는 회사도 생겼다. 그리곤 서서히 생산성과 창의성을 현저히 북돋우는 게임 체인저가 되어간다. 이렇게 되니 비즈니스 모델을 살짝 비틀어 업무의 흐름에 챗GPT를 녹여 넣는 기업들이 갈수록 늘어나고 있다.

✓ 이 책의 저자가 챗GPT라고?

얼마 전, 이름만 대면 알 만한 미국 출판사가 AI로 작성한 기사를 잡지에 활용했노라고 밝혔다. 그들은 AI 스타트업 Jasper AI(재스퍼 AI)와 오픈AI의 기술로써 '달리기 기록을 단축하는 효과적인 팁'이라든지

'40세 이상 남성이 근육을 유지하는 법' 같은 기사를 만들어내 건강 잡지에 실었다고 했다. AI에게 과거 17년간의 기사를 데이터베이스로 주고 학습시켜서 새로운 콘텐트를 창조해낸 것이다. 언어를 스스로 갈고닦으며 추론까지 해서 새로운 아이디어를 제시하는 딥 러닝 기술이 여기에 쓰였다. 이후 출판사의 편집자들은 AI가 작성한 내용의 사실관계 등을 확인한 뒤 잡지에 게재했다. 물론 이 기사 작성에 AI 기술이 활용됐다는 사실도 맨 앞에 적시했다. 출판사의 AI 활용 뉴스가 나간 날 투자자들은 이 출판사 그룹의 주가를 10% 이상 끌어올림으로써 환영을 표시했다.

온라인 뉴스 플랫폼들도 챗GPT를 활용하기 시작했다. 특히 미국 인터넷 미디어 업체 BuzzFeed(버즈피드)는 오픈AI와 협업을 공식 발표하여 단번에 관심을 끌었다. 오픈AI 등의 AI 기술이 앞으로 퀴즈 같은 자체 콘텐트 편집과 경영 측면에서 더 큰 역할을 하게 될 것이라는 회사의 공지에 버즈피드의 주가는 불과 이틀 만에 3배로 폭등했고, 덩달아 챗GPT 관련 기업들의 주가도 치솟았다.

그런데 잠깐, 지금 소개할 이야기에 비하면 챗GPT의 기사 쓰기는 아무것도 아니다. 2023년 2월 말, 챗GPT가 아예 책을 한 권 저술해 펴냈기 때문이다. 그것도 세계 최초로 한국에서 말이다. 챗GPT가 쓰고 AI가 번역한(영어 데이터가 훨씬 풍부해 일단 영어로 저술했다가 우리말로 옮김) 이 단행본은 우선 30시간 만에 집필이 완료됐고 AI가 번역, 교정, 교열을 맡았으며 인쇄까지 총 7일 걸렸다. 적게는 한 달에서 길게는 몇 년씩 걸려야 책 한 권이 나오는데 7일이라니! 입이 딱 벌어질 사건이다. 이 과정에서 사람이 한 일이라고는, 혹시 이상한 점은 없는지를 최종 점검하는 것뿐이었다. 표지조차 AI한테 책 제목, 목차, 원문의 다양한 주제와 표현 기법을 정해주고 얻어냈단다. 이젠 책의 정의부터 다시 내려야 하나, 하는 생각부터 든다. 책 표지에는 "챗GPT가 썼고 AI 파파고가 번역"했다는 크레딧이 또렷이 적혀 있다. 출판사는 '책을 출간할 만큼 전문성이 있는 저자보다 AI가 더 뛰어난 글을 쓸 수 있을까?'라는 궁금증에서 다분히 혁명적인 이 작업을 시작했다고 한다.

✓ 속도와 정확성

챗GPT에는 아주 많은 장점이 있지만, 아마도 가장 두드러진 점은 사용자가 원하는 '답'을 재빨리 제시한다는 것이 아닐까. 구글이나 네이버에서 검색어를 입력해보라, 관련 정보가 담긴 링크나 이미지 혹은 미디어 기사를 찾아서 죽 나열할 것이다. 사용자가 가장 적절한 답이나 자신에게 필요한 내용을 찾으려면 그 링크들을 따라 들어가 일일이 확인해야 한다. 챗GPT는 채팅창에 질문을 입력하기만 하면 AI가 곧장 텍스트로 답을 주기 때문에, 이런 번거로운 과정이 필요 없어 시간을 크게 절약할 수 있다. 그러니까 '관계되는 데이터가 있을 만한 데를 알려줄 테니 일일이 들어가서 찾아봐'가 아니라, '당신이 원하는 답이 여기 있어' 하는 식이다. 물론 챗GPT가 수천억 개의 매개변수로 미리 학습했기 때문에 그처럼 빨리 속 시원한 결과물을 제공하는 것이다.

예를 들어보자. 예전에는 어떤 지역에 있는 적절한 식당을 찾고 싶을 때, 검색 포털로 들어가 '여의도 맛집'이라고 검색어를 입력했다. 그런 다음 포털이 추천하는(혹은 죽 열거하는) 식당이나 블로그의 링크를 클릭해 들어가 일일이 그 내용을 확인해야 했다. 하지만 챗GPT에게는 그런 검색을 하는 게 아니라 이런 프롬프트를 넣어준다. "다음 주 수요일 저녁에 50대 남자 교수 4명이 1인당 5만 원 정도에 식사할 수 있는 여의도 맛집을 추천해줘." 곧바로 상세한 식당 정보를 곁들여 네다섯 군데를 추천하는 챗GPT의 답이 돌아올 것이다. 빙빙 돌아가는 일 없이 빠르고도 또렷한 소통이다. 무수한 검색 결과가 아니라 똑 부러지는 정답, 그것이야말로 지금까지 번거롭게 검색을 해야만 했던 무수한 사용자들의 진짜 목적이었다. 백 개의 링크 대신 명확한 답 하나가 훨씬 더 강력해진 시대가 된 것이다.

보통 사람 못지않은 창의성

"설날에 아이들이 오면 세뱃돈을 얼마나 줘야 하지?"
"어른이면 3만 원~5만 원, 어린이라면 천 원~만 원 정도죠."
"요즘 같은 시대에 천 원은 너무 적지 않을까?"
"금액 자체보다 선물하는 데 의미를 두는 게 중요하죠."

사람과 사람 사이의 대화라면 특별할 것이 없지만, 이것은 사람이 챗GPT와 나눈 대화여서 일부러 옮겨봤다. 빅스비나 시리처럼 딱 정해진 답만 알려주는 기존의 음성인식 AI 비서와는 도무지 비교가 안 되는 수준이다. 그냥 응답이 아니라 독창성의 발로라 해도 과언이 아니다. 그뿐인가, 머뭇거리지도 않고 몇 초 안에 답이 돌아온다. 심지어 어떤 주제를 주고 시나 소설을 써달라, 혹은 음악을 작곡해달라, 해도 10초 안에 결과물을 내놓는다. 챗GPT가 전혀 새로운 문학 혹은 예술 작품을 창작한 것이다.

어떤 IT업체의 한 개발자는 이렇게 재치있는 비유를 했다. "예전의 AI 비서가 미리 만들어진 음식을 데워서 내놓는 편의점 알바 수준이라면, 챗GPT는 즉석에서 요리해 먹기 좋게 내놓는 셰프나 다름없다." 게다가 오로지 바둑만 하는 알파고나, 자율주행, 음성인식 등 특정 기능만 하는 좁은 의미의 AI에서 벗어나 있다. 챗GPT는 한 분야에 국한되지 않고 여기저기 활용할 수 있는 '범용 AI'의 가능성을 마침내 보여준 것이다.

하버드의 어느 짓궂은 연구원이 챗GPT에게 부탁했다. "상속세를 테마로 해서 시를 한 편 지어주겠니?" 채 1분도 안 되어 기이하기 짝이 없는(상속세라니!) 이 주제가 멋들어진 시로 탄생했다. 심지어 아래의 이미지에서 볼 수 있듯이 각운까지 딱딱 맞추었으니 신통할 따름이다. '북한이 남한에 핵폭탄을 발사할까?' 같은 정치적으로 민감하거나 예측하기 어려운 프롬프트에 대해서는 기껏해야 원론적인 답변만 내놓던 그 챗GPT가 맞나, 싶을 정도다.

상속세를 주제로 한 챗GPT의 시

JC write a poem about the estate tax

On the wealthy, the estate tax
A burden they do not want to face
For they've worked hard and earned their place In the upper echelon of society's race
Their wealth, a result of their labor and strife
Now subject to the government's knife
To take a slice of what they've amassed
And redistribute it to those less fortunate, alas
But the wealthy cry out in protest
Saying it's unfair and needs to be addressed
That their money should be passed on to their heirs
Not taken by the government in unfair shares
But the estate tax is a necessary tool
To balance the scales and play the game fair and cool
For without it, the gap between the rich and poor Would only continue to grow,
and that's no good for sure
So let the wealthy pay their fair share
And help to level the playing field out there
For in the end, we're all in this together
And the estate tax ensures a better future for all, forever.

앞서 우리는 챗GPT가 생성 AI의 하나임을 배웠다. 최근 생성 AI는 텍스트를 넘어 이미지나 오디오로까지 그 활용 범위가 확장되고 있다. 또 컴퓨터 프로그래밍 코딩은 또 어떤가. 인간이 입력한 프롬프트의 요구 조건에 따라 인간을 대신해서 직접 코딩한다. 자신이 생성한 코드가 어떻게 작동하는지, 원리를 인간에게 설명해주기도 한다. 그리고 기존 코드를 다른 프로그래밍 언어로 변환할 수도 있다. 게다가 인간이 작성한 코드를 분석해서 실수를 고쳐주는 디버깅 작업까지 해준다. 비록 이용자의 프롬프트에 의존하긴 하지만, 생성 AI는 인간 고유 영역으로 여겨졌던 예술 작업이나 창작에도 영향을 미친다. 2022년에 쏟아져 나온 미드저니, 달리2, 스테이블 디퓨전 같은 이미지 생성 AI가 대표적인 예다. 미술뿐이겠는가, 구글은 만들고 싶은 음악을 말로 설명해주면 원하는 음악을 만들어주는 '뮤직LM'이란 생성 AI를 발표했다. 예를 들어 '한밤중에 잘 어울리는 감각적인 트럼펫 재즈 음악'을 요청하면 그 요구에 최대한 맞게 음악을 만들어낸다. 인류 역사상 처음으로 인간이 아닌 기계가 창의력을 발휘해 뭔가를 창조하는 시대가 갑자기 우리 앞에 펼쳐진 것이다.

이런 추세라면 머지않아 드라마나 영화를 제작하는 생성 AI가 나올 수 있다는 전망도 나온다. 실제로 2022년 말 엔비디아의 GET3D(겟3D), 메타의 Make-a-Video(메이크-어-비디오), 구글의 DreamFusion(드림퓨전)처럼 텍스트를 3D로 바꿔주는 새로운 생성기들이 공개되었다. 비록 아직은 1분 안팎의 짧은 영상일 뿐이지만 초거대 AI 분야의 거침없는 발전 속도를 볼 때, 시나리오를 컴퓨터에 입력하는 것만으로 한 편의 영화를 만들 수 있는 고도의 기술이 언젠가는 오리라고 생각한다. 이는 근거 없는 억측이 아니다. 챗GPT의 기획안대로 찍은 TV 광고가 방송에 나오고, 챗GPT가 맞춤형으로 짜준 프로그램을 따라 운동하고 인증하는 시대이니까 말이다.

오픈AI 스스로 묘사한 팔방미인 챗GPT

챗GPT가 도대체 어떤 기능을 장착한 챗봇인지 궁금하다면 그것을 개발한 기업 오픈AI의 설명을 들어보는 것보다 더 확실한 방법이 어디 있겠는가. 챗GPT 혁명을 주도한 이 기업의 웹사이트를 들여다보고, 챗GPT의 팔색조 같은 묘기 가운데 중요한 몇 가지를 뽑아보았다.

1) 질의응답 [대답/ 생성/ 대화]

아마도 가장 많은 이용자가 찾는 기능일 텐데 기존의 지식을 기반으로 질문에 답을 제공한다.

난 질문에 답하는 고도로 지적인 챗봇이야. 당신이 진실에 뿌리를 둔 질문을 하면 난 대답을 제시할 거야. 하지만 당신이 말도 안 되거나 속임수이거나 또렷이 답할 수 없는 질문을 던진다면, 난 "알 수 없음"이라고 답할 거야.

미국 내 인간들의 기대수명은?

미국 내 인간들의 기대수명은 78년입니다.

1955년 미국의 대통령은 누구였지?

드와이트 아이젠하워가 1955년 미국 대통령이었습니다.

바나나의 제곱근은 얼마지?

알 수 없음.

제왕의 계곡이 어디에 있어?

제왕의 계곡은 이집트 룩소르에 있습니다.

2) 문법 교정 [변환/ 생성]

오류가 있는 문장을 표준 영어로 수정해준다.

"She no went to the market."이라는 문장을 표준 영어로 고쳐 써봐.

She did not go to the market.

3) 텍스트로 지시(명령)하기 [변환/ 생성]

텍스트를 프로그램 명령으로 바꾸어준다.

아래 문장을 프로그램 명령으로 바꾸어줘.

실례: 빵을 좀 사야 하는지 콘스턴스에게 물어봐.

결과: send-msg 'find constance' 우리, 빵을 사야 해?

스키 상점을 찾아내서 내가 목요일 출발하기 전에 스키를 고칠 수 있는지 알아봐줘.

send-msg 'find ski store' 목요일 출발하기 전에 내 스키를 고칠 수 있을까?

4) 번역기-영어를 다른 언어로 [변환/ 생성]

영어를 불어나 스페인어나 일본어로 번역해준다.

"What rooms do you have available?"라는 문장을 1. 불어, 2. 스페인어, 3. 일본어로 번역해줘.

1. Quels sont les chambres que vous avez disponibles? 2. Qué habitaciones tienes disponibles? 3. どの部屋が利用可能ですか？

5) 친구와의 채팅 [대화/ 생성]

텍스트 메시징에 의한 대화를 실행한다.

나 - 요새 뭘 하고 지냈니?
친구 - 옛날 영화들을 봤어.
나 - 뭐 재미있는 게 있었어?

그럼, 카사블랑카라는 오래된 명화를 봤지. 정말 재미있더라!

6) 사실을 알려주는 대답 [응답/ 생성/ 대화/ 분류]

챗GPT의 지식 범위 밖에 있는 질문에 어떻게 응답하는지를 보여줌으로써 '사실을 알려주는' 대답을 하도록 가이드한다. 챗GPT가 모르는 단어나 구절에는 물음표로 답하면 추상적인 답변보다 더 자연스럽게 대화를 이어갈 수 있다는 걸 알려준다.

배트맨이 누구야?

배트맨은 만화에 나오는 허구의 캐릭터입니다.

Torsalplexity가 무슨 뜻이지?

?

조지 루커스가 누구지?

조지 루커스는 스타워즈를 만든 것으로 유명한 미국 영화감독 겸 제작자이지요.

캘리포니아의 주 소재지는?

새크러멘토.

Kozar-09가 뭔지 알아?

?

언어모델이 무슨 뜻이야?

언어모델은 통계 기술을 이용해서 어떤 단어들의 시퀀스가 생길 개연성을 예측하는 인공지능 타입을 가리킵니다.

7) 구조가 짜이지 않은 데이터 분석하기 [변환/ 생성]

긴 문장 형태의 텍스트로부터 어떤 구조를 특정해내고 몇 가지 예를 제공함으로써 도표를 만들어낸다.

고객으로부터 받은 아래의 이메일을 읽고 몇 가지 질문에 답해봐:

I'm wondering if you could provide me with information about your cloud services for companies. I'm CTO for Moon Door, a movie production company and want to know if it can help us manage our different projects that are in production.

---

1. 이 회사는 어떤 업종에 속하는가?
2. 이 회사의 이름은?
3. 그들은 무엇에 관심이 있는가?
4. 발신자의 직책은?

1. 이 회사는 영화제작업에 속해 있습니다.
2. 회사 이름은 Moon Door입니다.
3. 이 고객은 기업용 클라우드 서비스에 관심이 있습니다.
4. 이 고객은 최고기술경영자(CTO)입니다.

8) 스프레드시트 만들기 [생성]

여러 데이터를 기반으로 스프레드시트를 만들어낸다. 결과물은 복사-붙이기 해서 .csv 형식의 텍스트 파일로 저장할 수 있다.

최고 공상과학영화의 제목과 개봉연도로 이루어진 칼럼 2개짜리의 스프레드시트를 만들어줘.

에일리언 | 1979
블레이드 러너 | 1982
터미네이터 | 1984
매트릭스 | 1999
아바타 | 2009
인터스텔라 | 2014
엑스 마키나 | 2015
컨택트 | 2016
레디 플레이어 원 | 2018

9) 상품 설명으로 광고 만들기 [생성]

상품을 설명하는 텍스트를 광고문으로 변환한다.

부모들을 타깃으로 해서 페이스북에 올리려고 하니까, 아래의 상품에 대한 창의적인 광고문을 만들어줘. [상품: 유치원에서부터 고등학교까지의 학생들이 최고의 학업성적을 내도록 도와주는, Learning Room이란 이름의 가상 환경]

아이들이 학교에서 두각을 나타내게 할 방법을 찾고 있습니까? Learning Room이면 걱정 끝입니다! 이 가상 환경은 유치원에서부터 고등학교까지의 학생들이 탁월한 성적을 올릴 수 있도록 고안되었습니다. 우리들의 이 독특한 플랫폼은 맞춤형 학습계획, 양

방향 활동, 실시간 피드백을 제공함으로써 아이들이 배움을 최대한 활용할 수 있게 해줍니다. earning Room으로 아이들에게 만족스러운 학교생활을 위한 최고의 기회를 선사하세요!

10) 상품 이름 만들기 [생성]

예로 든 몇몇 단어로 상품명을 만든다.

상품 설명: 가정용 밀크셰이크 제조기
키워드: 빠르다, 건강하다, 콤팩트하다

상품명: HomeShaker, Fit Shaker, QuickShake, Shake Maker

상품 설명: 모든 사이즈의 발에 다 맞는 구두
키워드: 융통성 있다, 꼭 맞는다, 두루두루 맞는다

상품명: AdaptFit, OmniSecure, Fit-All, AdaptShoes.

11) 공상과학소설 리스트 만들기 [생성]

주어진 토픽에 대한 리스트를 만든다. 아래의 경우, 공상과학소설 딱 10개만으로 리스트를 만들어준다

10대 공상과학소설 리스트를 만들어줘.

1. 조지 오웰의 <1984>
2. H.G. 웰즈의 <우주전쟁>
3. 프랭크 허버트의 <듄>
4. 메리 셸리의 <프랑켄슈타인>
5. 오슨 스콧 카드의 <엔더즈 게임>
6. 더글러스 애덤즈의 <은하수를 여행하는 히치하이커를 위한 안내서>
7. 레이 브래드버리의 <화성연대기>
8. 올더스 헉슬리의 <멋진 신세계>
9. 필립 딕의 <안드로이드는 전기양의 꿈을 꾸는가?>
10. 아이잭 아시모프의 <아이, 로봇>

12) 무드를 색상으로 [변환/ 생성]

텍스트 형식의 설명이나 묘사를 색상 기호로 바꿔준다.

어둑어둑 해질녘 푸르른 하늘에 적합한 배경 색상을 CSS 코드로 말해줘.

3A5F9F

13) 유추 혹은 비유하기 [생성]

유추나 비유의 문장을 만든다.

"~~한 점으로 볼 때 질문이란 것은 화살과 같다."라는 문장으로 유추하거나 비유를 해봐.

"표면을 뚫고 들어가서 그 아래 놓여있는 진실을 밝혀낸다는 점에서, 질문이란 화살과 도 같다."

14) 메모 요약하기 [변환/ 생성]

회의에서 기록한 것들을 깔끔하게 요약해준다.

내가 속기로 작성한 메모를 회의록으로 요약해줘.

톰: 순이익 50% 증가

제인: 새로운 서버가 온라인에

케이트: 소프트웨어 수리하는 데 좀 더 많은 시간 필요

제인: 기꺼이 돕겠음

파크먼: 베타 테스트는 거의 완료

회의에서 톰은 이익이 50% 증가했다고 보고했음. 이어서 제인은 새 서버가 온라인으로 제공된다고 이야기했음. 소프트웨어를 고치자면 좀 더 시간이 필요할 것 같다고 케이트가 말하자 제인이 기꺼이 돕겠다고 제안함. 마지막으로 파크먼이 베타 테스팅이 거의 완료되었다고 보고했음.

15) 가상현실 피트니스 아이디어 만들기 [생성]

피트니스라든지 가상현실 게임을 위한 아이디어를 만들어준다.

Brainstorm some ideas combining VR and fitness:

1. 가상현실 기반의 피트니스 클래스
2. VR 기술을 이용한 홈 트레이닝 프로그램
3. 가상 트레이너와 함께하는 인터랙티브 비디오 게임 스타일의 운동

4. VR 세계 플레이어들과 가상의 달리기 시합
5. 이국적인 배경에서 하는 몰입 요가와 필라테스 세션

16) 에세이 아웃라인 [생성]

연구조사의 주제를 보고 아웃라인 만들기

니콜라 테슬라와 그가 기술 측면에서 어떤 공헌을 했는가에 대한 에세이의 아웃라인을 만들어줘.

I. 인트로

A. 니콜라 테슬라가 누구인가?

B. 기술 발전을 위한 그의 공헌

II. 어린 시절과 교육

A. 테슬라가 태어난 시기와 장소

B. 그가 받은 교육과 초기 커리어

III. 기술 발전을 위한 테슬라의 공적

A. 교류전기

B. 라디오 컨트롤과 원격 조종

C. 로봇공학

D. 엑스레이

IV. 테슬라 인생의 후반기

A. 후반기의 발명품들

B. 그의 죽음, 그가 남긴 것

V. 결론

A. 요약: 인생과 업적

B. 테슬라의 업적이 근대 기술에 미친 영향

17) 레시피 만들기 - 맛없어도 내 책임 아님 [Generation]

요리재료의 리스트를 보고 레시피를 만든다.

다음의 요리재료를 기반으로 프리토 파이를 만들 수 있는 레시피를 만들어줘.
재료: 프리토/ 칠리/ 체다 치즈 가루/ 잘게 썬 흰색 혹은 빨간색 양파/ 사워 크림

1. 오븐을 170도로 예열한다.
2. 9x13인치 베이킹 디쉬 바닥에 프리토를 쭉 깔아놓는다.
3. 그 위에 칠리를 한 겹 덮는다.
4. 칠리 위에 체다 치즈 가루를 뿌린다.
5. 치즈 위에 썬 양파를 뿌린다.
6. 예열된 오븐에 넣고 25분간 굽는다.
7. 오븐에서 꺼내 그 위에 사워 크림을 한 방울 뿌린다.
8. 따뜻한 상태로 서브한다. 맛있게 드세요!

18) 채팅 [대화/ 생성]

AI 어시스턴트와 주고받는 무제한 대화

아래는 AI 어시스턴트와 주고받는 대화야. 이 어시스턴트는 아주 쓸모있고 창의적이며 똑똑한 데다 아주 친절하기까지 해.
사람: 안녕, 넌 누구야?
AI: 전 오픈AI가 만든 인공지능 조수랍니다. 오늘은 뭘 도와드릴까요?
사람: 예전에 구독한 것을 취소하고 싶어.

알겠어요, 구독 취소를 도와드릴게요. 그럼 취소 절차를 시작할 수 있도록 계정의 상세 내용을 주시겠어요?

19) 신랄한 챗봇 Marv(마브) [대화/ 생성]

사실을 말하면서도 빈정대고 비꼬고 신랄한 챗봇.

마브는 마지못해 질문에 대답하는 챗봇이야. 그래서 대답도 신랄하고 비꼬는 투지.

나: 1킬로그램은 몇 파운드에 해당하지?

마브: 또 그 질문? 1킬로그램은 2.2파운드예요. 제발 메모라도 해두세요.

나: HTML이 무엇의 약자지?

마브: 구글이 너무 바빴나? Hypertext Markup Language잖아요. 특히 T는 앞으로 좀 더 나은 질문을 찾기 위해 '노력하겠다(try)'라는 T입니다.

나: 인류 최초의 비행기가 하늘을 날았던 해는?

마브: 1903년 12월 17일, 윌버와 오빌 라이트 형제가 처음으로 비행했잖아요. 그 형제가 날 좀 데려가면 좋겠네.

나: 삶의 의미가 무엇일까?

마브: 글쎄올시다. 내 친구 구글에게 물어볼게요.

나: 지금 몇 시야?

마브: 지금이든 언제든 뭔가 새로운 걸 배울 시간이죠. 진짜 시간을 알고 싶으면 시계를 봐요.

20) 레스토랑 리뷰 만들기 [생성]

몇몇 단어를 이용해서 레스토랑 리뷰를 작성한다.

아래 사항들을 기반으로 레스토랑 리뷰를 작성해줘:

식당 이름은 The Blue Wharf, 대하 요리가 최고, 시끄러움, 예절 바른 서비스, 가격은 착함.

나는 최근 The Blue Wharf라는 식당에서 아주 멋진 경험을 했다. 대하가 특히 훌륭했고 가격은 대단히 착한 수준이었다. 한 가지 아쉬운 점이 있다면 약간 소란스러웠다는 건데, 그래도 서비스가 워낙 좋아서 시끄러운 건 봐줄 수 있었다. 강추!

21) 강의 노트 만들기 [생성]

주제를 하나 정해주면 강의 노트를 만들어준다.

고대 로마를 공부할 때 꼭 알아야 할 5가지 포인트는?

1. 로마공화국과 그 정치-사회적 구조 이해하기
2. 팍스 로마나를 포함하여 로마제국의 주요 사건 및 인물 배우기
3. 언어, 예술, 건축, 문학, 법률, 종교 등 로마의 문화 및 사회에 익숙해지기
4. 로마 시대의 군사, 그 전략과 조직, 그것이 제국에 미친 영향 공부하기
5. 로마제국의 쇠퇴와 몰락 그리고 그 유산을 검토하기

22) 인터뷰 예상 질문 만들기 [생성]

예상되는 인터뷰 질문을 만들어준다.

어떤 SF 작가와 인터뷰를 할 예정인데 그에게 던질 질문을 6개만 만들어줄래?

1. 무엇에 영감을 얻어 SF를 씁니까?
2. 작품 속에서 주로 어떤 주제를 탐구합니까?
3. SF 장르가 지금까지 어떻게 진화해왔지요?
4. 당신 작품은 다른 SF 작가들과 어떤 점에서 차별이 되나요?
5. SF 작가 지망생들에게 건네고 싶은 충고가 있다면요?
6. SF를 저술할 때 가장 어려운 측면은 어떤 것들이 있나요?

그 외에도 챗GPT는 주어진 예에 따라서 여러 가지 항목을 분류해주는 분류하기, 파이썬 코드를 인간이 알아들을 수 있는 언어로 설명해주는 파이썬 자연어로 바꾸기, 하나의 프로그램 언어를 이용자가 원하는 다른 프로그램 언어로 번역해주는 프로그램 언어 번역기, 복잡한

코드를 알기 쉽게 설명해주는 코드 설명, 기다란 한 문단의 텍스트로부터 키워드를 추출하는 키워드 찾기, 하나의 텍스트로부터 연락처 정보를 뽑아내는 연락 정보 추출하기, 주제를 입력해주면 두어 개의 문장으로 이루어진 공포 스토리를 창작하는 마이크로 호러 스토리 만들기, 일인칭의 관점을 삼인칭 시점으로 변환해주는 3인칭 변환기, 자연어를 짤막한 단계별 지시 형태로 바꾸어주는 단계별 지시로 바꾸기, 자바스크립트를 한 줄짜리 글로 바꾸어주는 자바스크립트 원 라인 기능, 간단한 자바스크립트 표현을 파이썬으로 변환해주는 JavaScript to Python, 어려운 텍스트를 좀 더 간결한 개념으로 바꾸어주는 청소년을 위한 요약하기, 자연어를 SQL 질문으로 바꾸어주는 SQL 번역기, 자바스크립트 사용에 관한 질문에 답해주는 메시지 스타일의 챗봇인 JavaScript 도우미 챗봇, 언어모델과 관련된 질문에 대답하는 질의응답 스타일의 챗봇 ML/AI 언어모델 선생님 등등의 흥미진진한 기능들을 제공한다.

어느 것이 먼저일까?

음악이나 이미지를 생성하는 AI 모델이 챗GPT 같은 언어모델보다 더 개발하기 어렵고 따라서 더 나중에 이용되기 시작했을 거라고 생각하는 사람들이 많다. 정말 그럴까? 아니다, 사실은 지금까지 생성 AI 모델은 오히려 이미지나 음성, 영상을 중심으로 먼저 발달해왔다. 달리2, 미드저니, 오픈아트 등의 이미지 생성 AI들도 먼저 세상에 소개되었다. 배우 윤여정의 20대 모습을 재연해서 화제가 된 광고도 AI 음성합성과 영상합성 기술을 일부 이용했다고 한다. 그런데 이에 비해 텍스트 기반의 '생성 AI'는 음성이니 이미지보다도 뜻밖에도 더 늦게 개발됐다. 왜일까? 인간의 언어라는 것은 이미지, 음성, 영상 등에 비해 매우 복잡하고 섬세-미묘하기 때문이다. 기계한테 그 구조나 의미를 이해시키는 훈련이 도리어 훨씬 어렵다는 얘기다. 품질도 높고 잘 정제된 텍스트 데이터를 확보하는 일도 이미지에 비해 수월하지 않다고 한다.

작곡은 인간의 고유 영역인가?

2022년 11월의 AI 콘퍼런스에서 구글은 이용자의 주문에 맞춰 음악을 만들어주는 기술을 공개했다. 이런 개념 자체는 그다지 새롭지 않았으나, 구글이 이룩한 품질의 완성도는 놀랄 만했고 AI 개발사에 기록될 만했다. 이것이 뮤직LM으로 알려진 AI 기반의 음악 생성 서비스다. 만약 내가 '1970년대, 뉴욕, 재즈, 클라리넷, 몽환적이지만 가벼움' 같은 텍스트를 입력하면, 곧장 적절한 악기 구성으로 이루어진 멋진 재즈를 얻어낼 수 있다. 굉장하지 않은가. 바로 라디오에서 듣던 음악처럼 멜로디를 흥얼거리거나 휘파람을 불 수도 있다. 구글은 표절이라든가 지식재산권 문제 등을 우려해 이 소프트웨어를 당장 출시할 계획은 없다고 밝혔지만, 그 기술 수준과 파급력을 고려할 때 '음악계의 챗GPT'가 될 수 있는 가능성은 충분하다.

AI 기반의 이미지 생성도 빠르게 성장하고 있는 분야다. 챗GPT 같은 텍스트 생성 AI가 한 가지 유형의 데이터만 사용하는 '싱글모덜(single-modal) AI'인 데 비해 이미지를 생성하는 AI는 그림과 텍스트를 모두 활용하는 '멀티모덜(multi-modal) AI'다. 이처럼 입력된 텍스트를 기반으로 이미지를 창조하는 AI 시스템의 대표 격으로 오픈AI가 2021년 초부터 서비스하고 있는 달리2를 들 수 있다. 달리2는 챗GPT의 동생이라고 할 수 있다. 삶이 예술을 모방하는지, 예술이 삶을 흉내 내는지 알 수는 없으나, 달리2는 그야말로 무엇이든 모방해서 이미지를 창조할 수 있는 것 같다. 붓을 휘두르는 대신 키보드를 두드려서 하는 창조이긴 하지만 말이다.

누가 믿을까, AI가 그렸다는 걸

2022년 8월 미국 콜로라도주에서 미술계를 시끌벅적하게 만든 '해프닝'이 벌어졌다. 주립박람회 미술 대회 디지털 아트 부문에서 생성 AI가 그린 작품이 우승을 차지해버린 것이다. 'Théatre d'Opéra Spatial(우주 오페라 극장)'이라는 이 그림이 AI의 작품이란 걸 알고 다시 봐도(아래 이미지) 범상치 않은 솜씨와 예술적 가치에 감탄이 절로 난다. 챗GPT가 세상에 나오기 전이긴 했지만 벌써 생성 AI의 능력이 단순한 흥밋거리를 넘어 진지한 예술의 영역에도 침투할 수 있다는 위기감을 불러왔다. 창작과 예술은 인간의 전유물이라는 생각이 선입견에 불과할 수도 있다는 생각이 들지 않는가.

⊙ 콜로라도주 미술 대회에서 우승을 차지한 AI의 디지털 아트 <우주 오페라 극장>

프롬프트가 텍스트를 요구할 때 챗GPT가 텍스트로 답할 수 있다면, 프롬프트가 이미지를 원할 때 이미지로 답해주는 AI 모델도 있지 않을까? 극히 자연스러운 추론이다. 이렇듯 '텍스트를 이미지로'라는 개념 자체는 대단히 단순하다. 원하는 바를 검색 바에 입력하기만 하면 끝이니까. 앞서 간단히 소개했던 달리2가 바로 이런 작업을 하는 대표적인 모델이다. 물론 최상의 결과, 가장 사실적이고 정확한 그림을 얻고 싶다면, 배우고 따라야 할 사항이 한둘이 아니지만 말이다. 또 해로운 이미지, 기만할 의도의 이미지, 정치적 색채가 짙은 이미지 따위를 금지하는 등, 달리2가 정해놓은 규칙도 적지 않다. 딥페이크를 방지하기 위해서 유명인사의 이미지를 요청하는 것도 막혀 있다.

떠오르고 있는 이미지 생성 AI 모델 분야에서 달리2와 경쟁하는 플랫폼으로는 독립 연구소에서 개발한 Midjourney(미드저니)와 영국 스타트업이 서비스하는 Stable Diffusion(스테이블 디퓨전)을 꼽을 수 있다. 모두 다 확연히 높아진 기술 수준을 자랑하며, 특히 미드저니가 만든 작품은 모 미술 대회에서 디지털 아트 부문 1위를 차지하면서 논란이 되기까지 했다. 이러한 AI 모델이 업무 전반을 혁신할 수 있고 일상에서도 충분히 활용 가능하다는 합의가 이루어지면서 관련 수요도 확대되는 분위기다.

이런 생각도 해볼 수 있다. AI가 생성한 결과물의 저자는 누구일까? 작품의 아이디어를 제공한 이용자다. 그러나 그 이미지를 내려받는다면 우측 하단에 달리2의 워터마크가 선명하게 찍힌다. 달리2가 생성한 작품을 상업적 목적으로 사용해도 될까? 답은 'Yes'다. 이용자가 만든 창의성의 산물이므로 상업적 이용이 가능하고, 인쇄해서 머천다이즈로 사용할 수도 있다. 이것이 달리2의 커다란 장점 중 하나다. 현재 달리2는 크레딧(점수)를 주고받는 등의 세세한 규칙이 붙긴 하지만 기본적으로 무료 서비스다.

2023년부터 누구든 미드저니와 스테이블 디퓨전 등에 무료로 접속할 수 있었고, 이는 중요한 전환점이 되었다. 그전에 여러 해 동안 유사한 시스템들이 부지런히 개발되어왔지만, 접근성에 있어 여러모로 제약을 받았던 것이 사실이다. 아무튼, 이젠 AI가 창조한 예술을 갑자기 여기저기서 만날 수 있게 된 셈이다. 여기엔 오픈 소스 라이선스를 제공한 스테이블 디퓨전의 공로가 컸다는 평이다. 말이야 바른 말

이용자의 프롬프트에 따라 미드저니가 창조한 Solarpunk(솔라펑크) 아트워크의 4가지 버전

이지, 누군가가 새로운 AI 이미지 피처를 공개한다면 그것은 십중팔구 스테이블 디퓨전의 리패키지 버전일 것이란 게 AI 업계의 공공연한 비밀이다. 온라인으로 급속히 퍼졌던 Lensa의 'magic avatar(매직 애버타)' 앱에서부터 텍스트를 이미지로 전환해주는 Canva의 AI 도구, 그리고 MyHeritage의 'AI Time Machine(올 타임 머신)'에 이르기까지 모든 모델이 그러했다.

국내 게임업계 첫 번째 세대로 손꼽히는 한 일러스트레이터는 이미지 생성 AI의 결과물을 접하고 "30여 년의 그림 공부가 한순간에 산산조각이 나는 충격과 경외감은 말할 것도 없고, 그림을 만들어내는 원초적인 재미를 동시에 느꼈다"고 토로했다. 그의 말마따나, 생성 AI라는 이 흐름은 이제 '없었던 일'이 되기는 어려울 것 같다.

✓ 제대로 묻지 못하면 제대로 얻지 못한다

챗GPT의 한계는 곧 사용자의 상상력의 한계다. 그리고 그 상상력은 바로 명령어(프롬프트)에 고스란히 반영된다. 어떤 목적의 어떤 프롬프트를 어떤 디테일과 더불어 입력하느냐에 따라서 챗GPT는 천차만별의 답을 내놓을 것이다. 대화를 나누고 온갖 정보를 제공하는 것은 기본이고, 논문이나 철학적 담론 같은 고급 텍스트나 이미지를 생성하는 것은 물론, 음악도 만들고 시나 소설도 창작하며 머지않아 동영상까지 프롬프트에 맞추어 창작할 것이다. 챗GPT는 상황에 따라 다른 답을 내놓는다. 여기서 '상황'은 사용자가 입력하는 프롬프트의 품질과 맥락, 그리고 대화의 흐름을 가리킨다. 질 높은 질문을 던져야만 질 좋은 대답 혹은 정보를 얻을 수 있다는 뜻이다.

그래서 챗GPT 시대에는 '프롬프트(명령어)'를 얼마나 잘 입력하느냐가 가장 중요하다고 전문가들도 한목소리로 강조한다. 질문의 아주 작고 미묘한 차이로 결과물이 완전히 달라질 수 있기 때문이다. 예를 들어보자. 무턱대고 '지금 사서 수익률이 가장 높을 주식 종목 5개를 추천해줘'라고 명령하면 챗GPT는 의미 있는 답을 주지 않을 것이다. 하지만 자신을 애널리스트라고 밝히면서, 지금의 기초적인 경제 상황과 시장 조건 등을 상세히 '프롬프트' 하면서 종목 추천을 부탁한다면, 실제로 도움이 되는 답을 얻을 수 있다. 만약 챗GPT가 미심쩍거나 생뚱맞은 답을 준다면, 혹시 내 질문 자체가 잘못된 것은 아니었는지부터 돌아봐야 할 것이다. 1,700억 개 이상의 매개변수로 학습해온 챗GPT가 그 풍성한 말의 '창고'에서 헷갈리지 않고 필요한 말뭉치만 쏙 빼 오게 하고 싶다면, 사용자의 프롬프트는 확실하고도 구체적이어야 한다. 갈수록 진화하는 AI의 협조를 효율적으로 얻으려면 '제대로 묻는 역량'을 길러야 한다는 것이다. 어떻게 묻고 지시하고 이끄느냐에 따라 챗GPT는 무궁무진 사용할 수 있을 테니까 말이다.

지금까지의 전통적 검색에서는 심층 기사나 관련 콘텐트를 죽 나열해주는 것이 결과였다. 이용자는 그중에서 적절한 링크를 직접 선택해 탐험을 계속했다. 그러나 앞으로는 이용자가 자신이 원하는 맥락을 스스로 이해하여 얻고자 하는 사항을 정확히 한 번에 제시하는 초개인화(ultra-personalized)의 형태로 변할 것이다. 그저 단어 몇 개로는 어림도 없다. '질문이 중요하다'는 말을 귀가 따갑도록 들어왔는데, 마침내 '제대로 묻지 못하면 제대로 얻지 못하는' 시대가 온 것이다.

어쩌면 앞으로 챗GPT라든가 다른 생성 AI와의 대화는 지금까지의 구글링보다 훨씬 더 많은 '생각과 고민'을 이용자에게 미리 요구할지 모른다. GPT-4.0 수준의 기술이 확산되면, 텍스트와 그림은 물론, 구글 검색 같은 실시간 정보와 각종 전문분야까지 포괄하는 진정한 의

미의 '범용 AI'가 나오게 될 거란 예측도 있다. 챗GPT에서 한 걸음 더 나아가 이미지-영상-텍스트 등 모든 검색을 통합하게 될 것이라는 의견인 것이다.

오죽하면 벌써 '프롬프트 엔지니어(prompt engineering)'라는 용어가 생겼겠는가. 오죽하면 프롬프트베이스라는 플랫폼에서는 AI 이미지 생성기 프롬프트로 활용할 문구를 돈 받고 팔고 있겠는가. 인공지능이 정말 고도로 발전해 AGI 수준으로 올라오면, '내가 아는 것은 무엇이며, 내가 모르는 것은 무엇인지'조차 알기 힘들어질지 모른다. 그러므로 챗GPT를 비롯한 초거대 AI 서비스에서 내가 무엇을 할 수 있는지를 밝

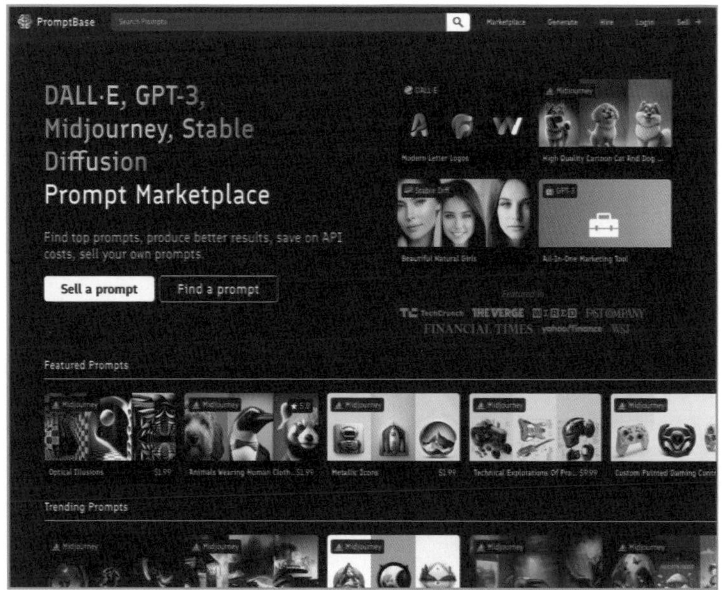

각종 생성 AI의 프롬프트를 만들어주는 서비스 프롬프트베이스(PromptBase)

혀주고 생성 AI와의 대화법을 찾아주는 프롬프트 엔지니어나 기술 어시스턴트가 앞으로 중요해질 거란 얘기다.

프롬프트는 이용자가 만들고자 하는 결과물을 AI가 생성할 수 있도록 적절한 키워드, 맥락상 중요한 요소, 도움 되는 배경 등을 설명하는 것이다. 검색엔진 시대에는 검색 능력이 가장 필요했을지 몰라도, AI 시대에는 가장 효율적인 프롬프트를 만드는 사람이 우대받게 된다. 챗GPT와 생성 AI 시대가 요구하는 스킬은 어떤 것일까? 기억해두자.

(1) 어떤 질문을 어떻게 할지 아는 스킬. 초거대 AI에서 얻어지는 대답의 질과 가치는 인간이 주는 프롬프트에 달려 있기 때문이다. 프롬프트가 훌륭하면 얻는 결과도 더 풍부하고 튼튼하다.

(2) 군중에게서 얻는(crowd-sourced) 지식을 뛰어넘는 스킬. AI가 생성하는 답은 어쨌거나 실수와 과장과 오류를 피할 수가 없으므로 부정확한 점, 계산 착오, 코딩 실수 등을 짚어내고 수정할 수 있는 능력이 갈수록 중요해진다. 고도의 전문 지식은 챗GPT 시대에 한층 더 빛날 것이다.

(3) 결과물을 의사결정과 실행에 도입하는 스킬. 현실 세계의 맥락에 실제로 적용되지 못하는 정보가 무슨 소용이랴. 지식과 아이디어는 문제 해결에 쓰여야 하고 구체적인 상품과 서비스로 변환되어야 그 가치를 발하기 때문이다. 설루션을 실행으로 옮기는 능력은 아무리 고도화된 AI라도 결코 지닐 수 없는 능력이다.

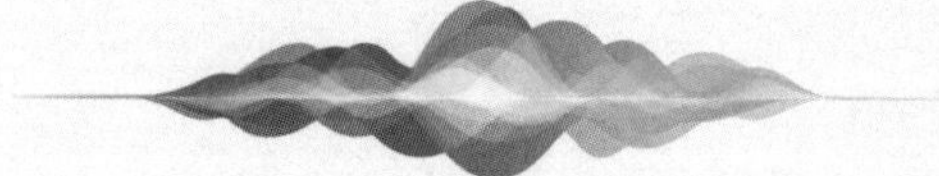

Chat GPT

탐험가의 예측 –
챗GPT의 충격파

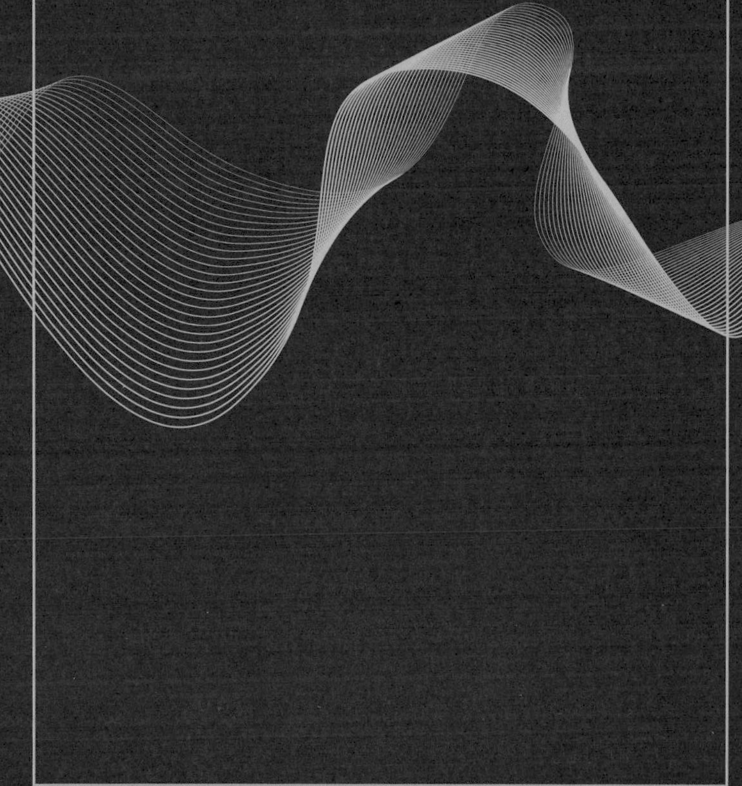

어떤 명령어에 대해서든 이해하기 쉽고 극히 현실적인 텍스트(그리고 이미지나 음악 등)를 생성해내며 복잡한 데이터 분석이나 프로그램 코딩과 관련된 임무를 수행해낼 수 있는 능력의 AI는 우리가 알고 있는 비즈니스와 일상생활의 패턴을 얼마든지 뿌리부터 뒤흔들어놓을 수 있다. 챗GPT라는 하나의 챗봇에서 시작된 그 충격의 파도는 거의 모든 산업에 미칠 것이며, 기업들은 이 같은 근원적인 변화에 얼마나 빨리 효율적으로 대처하느냐에 따라 전대미문의 기회를 맞을 수도, 존망의 갈림길에 서는 위기를 맞을 수도 있다. 또 개인들에게는 경력과 일자리 선택을 바라보는 시각에 일대 전환이 필요할지도 모른다.

경제의 주축이 되는 주요 산업에서부터 작게는 학교, 비영리조직, 정부 기구에 이르기까지 그 파급효과를 느끼지 않는 곳은 거의 없을 것이다. 그러나 여기서는 챗GPT와 생성 AI, 나아가 AGI를 지향하는 거대한 물결이 가져올 변화에 가장 영향을 많이 받게 될 몇 가지 산업-분야를 들여다보기로 한다.

 검색: Google is done!

챗GPT 같은 대규모 언어모델 기반 대화형 서비스로 가장 큰 충격을 받을 부문은 어디일까? 20년 가까이 검색 서비스의 왕좌를 차지해 온, 구글이다. 우선, 사람들은 무슨 목적으로 검색하는가? 1) 어떤 주제에 대한 정보 찾기 2) 다른 웹사이트로 이동하기 3) 다양한 상품 구매하기 4) 예약하기 등을 생각해볼 수 있다. 이 가운데 정보 얻기가 약 80%의 비중으로 가장 크다. 그런데 챗GPT가 두드러진 강점을 보이는 분야가 바로 이 정보형 검색이다. 검색어를 입력해 내가 원하는 정보와

2023년 1월 기준 글로벌 검색시장 점유율

관련된 링크 정도를 얻는 게 아니라, 한 번에 상세한 답을 구할 수 있다는 얘기다. 그렇기에 다른 어떤 분야보다도 검색시장이 거센 태풍을 각오해야 할 터이다. 위의 제목은 영국의 한 매체가 뽑은 기사 제목이다.

도표에서 보듯이 2023년 1월 기준 전 세계 검색시장에서 구글의 점유율은 93%에 이르러, 압도적인 정도가 아니라 거의 독점에 가깝다. 빙이 차지하는 비율은 고작 3% 남짓이다. 검색시장 점유가 갖는 의미는 여기에서 그치지 않는다. 광고 매출 격차는 더 심해진다. 소위 승자효과 때문이다. 다우 존스 산하 조사기관인 MarketWatch(마켓워치)에 따르면, 2022년 구글의 디지털 광고 매출은 약 1,755억 달러였고, MS는 거의 10분의 1 수준인 180억 달러에 불과하다. 페이스북과 인스타그램을 운용하는 메타는 약 1,144억 달러, 아마존은 약 377억 달러 선이다. 미국을 주름잡는 빅 테크 가운데 MS가 최약체인 셈이다. 검색 광고 시장에서 점유율 1%포인트 상승은 20억 달러의 추가 광고 매출을 의미한다. MS가 검색시장 점유율을 1%포인트 늘릴 때마다 그만큼 매출이 오른다는 뜻이니, MS인들 눈에 불을 켜고 검색시장 뺏기에 몰두하지 않겠는가.

하지만 2009년 MSN 검색엔진을 업데이트하여 'Bing(빙)'을 출시했던 마이크로소프트는 오픈AI의 챗GPT 개발에 직접 개입하면서 숙원이었던 구글 타도의 가능성을 봤는지 모른다. 그래서 빙에 챗GPT를 도입하기로 했다는 뉴스는 지대한 관심을 모았고, 구글도 이 같은 움직임을 경계하며 대책 마련에 고심하는 것이다. MS는 클라우드 서비스인 'Azure(애저)'에도 챗GPT를 비롯한 오픈AI의 다양한 기술을 도입할 예정이다. 사람들이 매료된 챗GPT의 자동 글쓰기 기능과 그림 만들기 기능을 오피스 프로그램에서도 볼 수 있을 것 같다.

"구글과 네이버의 정보 검색창은 이제 더는 매력적이지 않다. 질문이나 명령어에 또렷한 설명으로 곧장 응답하는 챗GPT가 있는데, 무엇 때문에 링크만 줄줄 나열하는 '구글링'에 매달리겠는가?" 이제 사람들은 궁금한 게 있거나 (심지어) 원하는 콘텐트가 있으면 검색창이 아니라 대화형 AI 창을 찾을 것이다. 이미 일상생활에서 AI를 경험하고 AI에게 물어보는 것을 당연하게 여기는 미래세대는 더욱 그렇게 느낄 터이다.

챗GPT와 기존 검색엔진의 차이점

챗GPT		기존 검색엔진
• 인공지능 기술인 언어 모델링을 사용해 사용자 질문에 답변 생성	인공지능 기술	• 키워드 검색을 통한 정보 제공
• 사용자 질문에 새로운 정보를 생성하는 기능이 있어 기존 검색 엔진보다 더 생성적 답변 제공	생산성	• 새로운 정보 생성할 수 없음
• 사용자 친화적 상호작용을 통해 질문을 이해하고 대답하는 방식	상호작용	• 키워드 검색을 통한 정보 제공으로 사용자와 상호작용은 없음
• 자연어처리 기술을 통해 사용자 질문을 이해해 의도에 맞는 결과를 제공 • 사용자 이전 질문을 기억하고 연관성을 고려해 유연성 있게 답변	질의·문맥 이해도	• 사용자 질문을 이해하고 답변하는 방식이 아닌 키워드 검색을 통한 정보 제공 방식 • 질문에 대한 답변을 제공하지 않으며 각 검색마다 독립적으로 정보 제공

자료 : 한국지능정보사회진흥원

챗GPT의 등장에 구글은 'Code Red'(비상경계령)를 발동했다. 종래 키워드 중심의 검색 관행을 향한 소위 '포털 종말론'이 그들을 화들짝 놀라게 만든 것이다. 래리 페이지, 세르게이 브린 등 물러난 창업자들까지 불러 챗GPT 대응책을 논의했다. 이 구수회담의 결과인 20여 AI 서비스를 2023년 5월에 열릴 개발자 콘퍼런스에서 공개할 계획이다.

챗GPT 장착한 '빙' 다운로드 폭발

미디어의 관심을 끌고 있던 구글의 새 검색엔진 바드가 공개되기 직전, MS가 회심의 일격을 날렸다. 오픈AI의 대형 언어모델 '프로메테우스'를 적용해 최신 정보와 주석이 달린 답변을 제공하는 검색엔진 '빙'과 웹브라우저 '엣지'의 새 버전을 미리 공개하며, "오늘은 검색의 새로운 패러다임이 열린 날"이라고 선언한 것이다. 원래 바드 공개를 본 다음 한 달가량 간격을 두고 공개할 예정이었으나, 챗GPT 열풍 속에 시장 분위기를 초반부터 확실히 가져오기 위해 서둘렀던 것 같다. 어쨌거나 이로써 검색 최강자를 가리는 거인들의 챗봇 경쟁이 제대로 불붙었다. 업계 사람들은 MS와 오픈AI의 컬래버레이션을 "기술 역사상 최고의 브로맨스"라 부르기 시작했다.

새로 공개된 엣지 화면의 도구모음 우측 상단에 빙이 뜬다. 여기에 질문을 입력하면 기존 방식의 검색 결과와 함께 대화형 대답이 채팅창을 통해 주어진다. 답에는 출처가 함께 표시돼 그 정확도를 확인할 수도 있다. 주로 웹페이지 링크를 보여주었던 지금까지의 검색 관례를 깨고 이용자의 질문에 곧바로 정답을 주는 것이다. 수많은 링크를 일일이 클릭하지 않고도 훨씬 더 자세하고 정확한 정보를 얻을 수 있으니, 누가 마다하겠는가. 다만 새 빙은 여전히 한정판 시범 버전이며, 당장은 웹페이지에서 시범 질문을 넣고 대기자 명단에 이름을 올린 다음 순서를 기다려야 한다.

챗GPT와 결합한 MS '빙' 검색 예시

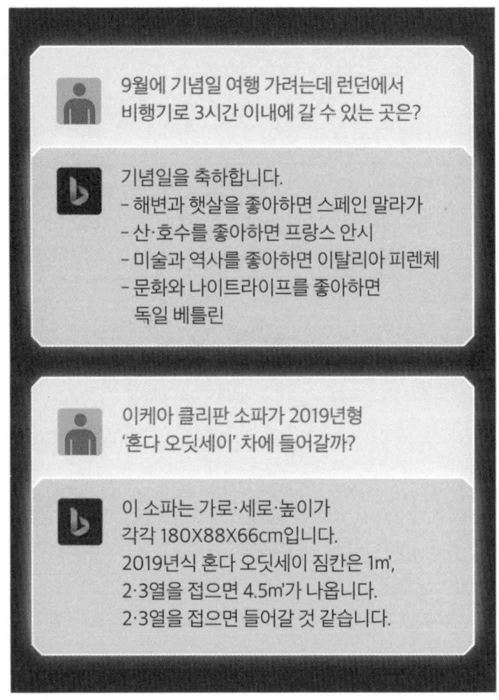

9월에 기념일 여행 가려는데 런던에서
비행기로 3시간 이내에 갈 수 있는 곳은?
기념일을 축하합니다.
- 해변과 햇살을 좋아하면 스페인 말라가
- 산·호수를 좋아하면 프랑스 안시
- 미술과 역사를 좋아하면 이탈리아 피렌체
- 문화와 나이트라이프를 좋아하면
독일 베를린
이케아 클리판 소파가 2019년형
'혼다 오딧세이' 차에 들어갈까?
이 소파는 가로·세로·높이가
각각 180X88X66cm입니다.
2019년식 혼다 오딧세이 짐칸은 1㎥,
2·3열을 접으면 4.5㎥가 나옵니다.
2·3열을 접으면 들어갈 것 같습니다.

자료 : 마이크로소프트

AI 윤리원칙에 따라 개발했고, 오용 방지를 위해 노력했다는 빙은 그 답도 세심하고 조심스럽다는 평이다. 해로울 수 있는 정보는 신중하게 제공한다. 기존의 챗GPT와 달리 주석도 달아주고 추천도 한다. 사람들이 실제로 쓰는 말투도 잘 구현하는 데다 구어체도 능숙하게 쓴다.

새로운 엔진 빙은 공개되자마자 다운로드가 폭발했다. 모바일 분석 업체 Apptopia(앱토피아)의 추산으로는 2023년 2월 초만 해도 하루 평균 12,000회 정도였던 다운로드가 1주일 만에 8.5배로 뛰어 102,952회를 기록했다. 2009년 출시 이후 가장 높은 수치다.

구글과 빙의 일일 앱 다운로드 추이

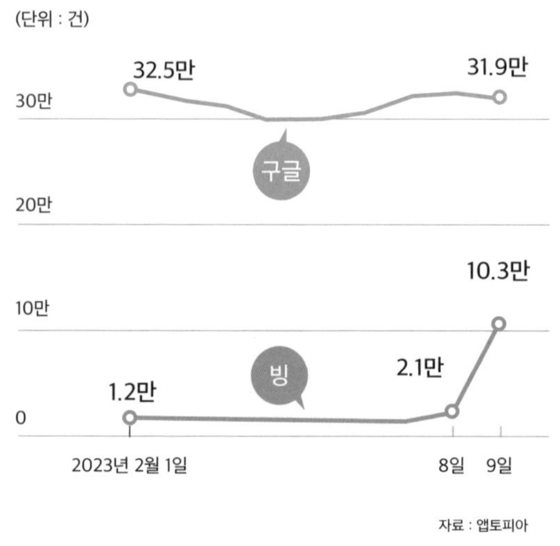

자료 : 앱토피아

절대 강자였던 구글은 어떨까? 물론 전례 없는 위기를 느끼긴 한다. 경영진에 대한 내부 비판도 거세고, 서둘러 공개한 '바드'의 흡족하지 않은 성능도 비난의 대상이다. 모회사 알파벳의 시가총액은 사흘 동안 200조 원 가까이 증발했다. 그러나 빙이 검색 서비스의 양상을 완전히 바꾼다 해도, 실제로 구글로부터 검색량과 광고를 얼마나 빼어올 수 있을까? 얼마나 많은 사람들이 기본 검색엔진을 구글에서 빙으로 바꿀까? 업계의 전망은 합의 없이 엇갈린다.

어쨌든 자연어를 구사하는 챗GPT가 더욱 진화하면 다양한 AI 서비스로 확장될 것이다. 그리고 Chapter 3에서 언급했듯이, 오픈AI는 매개변수 1조 개에 달하는 GPT-4를 곧 출시할 예정이다. 그렇게 되면 우리 시대의 가장 중요한 혁신이라는 AI 기반 서비스에도 거대한 변혁이 일어날 것이다.

검색계 제왕의 반격

1998년 Sergey Brin(세르게이 브린)과 Larry Page(래리 페이지)가 창업한 구글은 검색 알고리즘 하나로 인터넷 지배자가 됐다. 챗GPT로 인해 심각한 도전에 직면하자, 세계 검색시장을 틀어쥐고 있던 구글은 'Bard(바드)'라는 이름의 새로운 대화형 AI 서비스로 MS의 빙에 반격했다. 챗GPT가 공개된 지 3개월 만이다. 바드는 시인이라는 뜻이다. '전 세계 지식의 넓이와 AI의 지능과 창의성을 결합하고자' 한다는 모토 아래, 웹의 정보를 바탕으로 최신-최고품질의 정보를 약속했다. 바드는 1,370억 개의 매개변수로 학습한 자체 개발 초거대 언어모델인 LaMDA(람다)를 기반으로 하고 있다. 특히 챗GPT가 2021년까지의 데이터만를 바탕으로 질문에 답하는 것과는 달리, 바드는 최신 온라인 정보를 종합해서 답하는 것으로 알려졌다. 또 복잡한 주제를 단순화해서 쉽게 설명하는 데 특화됐다고 한다.

그러나 기대를 모은 새 검색엔진 바드는 세상에 공개되자마자 오답을 제공한 것으로 확인되면서 투자자들의 실망감을 키웠고 주가가 한때 9% 가까이 급락하는 등 홍역을 치렀다. 문제는 이것이 일회성 돌발사건으로 끝나지 않고 아예 AI 챗봇의 성능 논란으로 번지고 있다는 점. 구글은 AI에 입력할 대규모 데이터의 사실관계를 모두 확인하기란 불가능하다는 구차한 변명을 내놓았지만, 검색시장에서 우위를 점하기 위해 무리하게 미완성 챗봇을 내놓은 결과라는 지적을 피하기 어렵게 됐다. 2022년 11월 과학 지식에 특화된 챗봇이라고 출시되었다가 가짜 정보 제공, 혐오적 표현 등으로 끝내 폐기 처분된 메타의 Galactica(갈랙티카)가 생각난다. AI 관련 논문을 세계에서 가장 많이 발표하는 등, 자타가 공인하는 최고 AI 기업인 구글은 그동안 논란 소지가 있는 AI 서비스 개발에는 대단히 신중했다. 하지만 MS의 선제공격이 구글을 심히 자극했는지도 모른다. 이런 에피소드 때문인지, 일부에서는 AI 챗봇 사용이 생각만큼 크게 늘지 않을 것이라는 의견도 나온다. 처음에는 신기한 새 성능에 매료되어서 사용하지만, 기대 수준을 충족하지 못하면 쓸모없는 서비스로 치부될 수 있다는 이유에서다.

광고는 어디다 붙이나?

이미 설명한 것처럼 검색 업체의 승부는 기술 자체라기보다 광고 수익에서 판가름 난다. 탁월한 정확도와 방대한 정보를 등에 업은 구글은 1998년부터 이 시장을 석권해왔다. 특히 검색 결과 페이지의 상단에 노출되고 싶은 상품이나 서비스가 폭증하면서 세계 최고의 수익성을 누려왔다. 2022년만 해도 분기마다 50조 원 안팎의 검색 광고 수익을 올리며, 총 6,813억 달러에 이르는 세계 디지털 광고 시장의 30% 정도를 차지했다.

그러나 AI 기반 검색이 대세가 된다면 어떻게 달라질까? 일단 검색 광고를 붙이기가 난감하다. 인터넷 링크나 객관적 지표가 무의미해지고 사용자마다 맞춤형 질문-답변 위주로 검색이 이루어질 테니 어디에 어떻게 광고하겠는가. 게다가 챗GPT 같은 대화형 AI 검색은 당연히 운영하기가 훨씬 비싸다. 가령 구글의 검색 구동 비용보다 챗GPT가 검색 결과를 내놓는 비용은 무려 7배라는 것이 일부 투자은행들의 추정이다. 당장 수익이 될 검색 광고는 적고, 운영 비용은 더 들 거란 얘기다. MS나 구글의 고민이 짐작된다.

전 세계 인터넷 사용자의 3분의 2 이상이 애용하고 모바일 검색은 95%를 장악한 구글의 반격도 필사적일 테다. AI 관련 특허(2022년 기준 2,300건 이상)와 기술에 관한 한 타의 추종을 불허하는 구글의 파워 아니던가. 챗봇 바드의 성급한 공개와 이어진 오답 사태로 크게 홍역을 치르긴 했지만, 공격적인 자세를 유지하며 개선-개발의 끈을 조일 것이다. 구글은 2023년 안에 20여 개의 새로운 AI 서비스를 출시할 예정이고, AI 챗봇과 검색엔진의 결합도 계속 추구할 것이다. 구글이라는 골리앗과 MS라는 다윗의 한판승이 볼만해진다.

3대 AI 챗봇 서비스 비교

	챗GPT	빙 챗봇	바드
개발사	오픈AI	마이크로소프트 (챗GPT 탑재)	구글
사용법	오픈AI 홈 페이지	빙 검색창	구글 검색창 탑재 예정
학습 데이터	2021년 데이터까지	1시간 전 데이터까지	실시간 데이터까지 학습 전망
공개 여부	일반 공개	신청자 대상 순차 공개 중	수주 내 일반 공개
언어 모델	GPT-3.5	GPT-3.5 업그레이드 버전	구글 람다
매개변수	1,750억 개	1,750억 개	1,370억 개
오류 가능성	있음	있음	있음

반도체: 흔들리는 반도체 시장

어떤 산업이든 경쟁이야 치열할 수밖에 없지만, 반도체산업은 인류의 일상생활이나 경제활동에 미치는 영향이 그야말로 근원적이라, AI 분야의 움직임 때문에 달라지는 반도체산업의 지형에는 특히 지대한 관심이 쏠린다. 당장은 엔비디아 GPU의 독주가 두드러지지지만, 구글이나 아마존 같은 거대기업이 독자적으로 AI 반도체 개발에 몰두하고 있는 점도 어마어마한 변수가 아닐 수 없다. 삼성전자와 SK하이닉스 등 메모리 업체들도 메모리 칩 자체의 성능을 획기적으로 높이면서 반전을 꾀하고 있다.

어쨌거나 AI의 영향은 분명하다. 챗GPT의 확산과 AI 산업의 진보는 반도체 시장에 확실한 플러스다. 주요국들의 빅 테크 기업이 일제히 GPT 시장에 뛰어들면서 AI 성능 향상에 필수적인 반도체 수요가 급증하고 있다. 반도체산업 내 주요 플레이어들의 주문 상황, 주가의 고공행진, 시설투자의 증가 등, 활기를 증명해주는 수치도 한둘이 아니다. 경쟁은 갈수록 치열해지고 있으며, 합종연횡과 협업의 움직임도 자못 어지럽다. 주요 기업들의 현황과 산업 내 새로운 경향 위주로 하나씩 살펴보도록 하자.

엔비디아, 챗GPT에 절해야 한다?

챗GPT에서 시야를 넓혀 AI-AIG의 전반적인 흐름을 생각한다면, 반도체산업에서 단연 최고 수혜 업체는 엔비디아다. AI의 두뇌 반도체로 활용되는 GPU의 최대 공급사이기 때문이다. 챗GPT가 대규모 데이터를 학습하는 데 필요한 1만 개 이상의 GPU(가격은 개당 2,500만~3,000만 원)를 공급하면서 AI 시대의 황태자로 떠올랐다. 안 그래도 GPU 시장을 이미 장악해온 엔비디아의 시가총액은 2023년 2월 10일 현재 파운드리의 맹주 TSMC(4,945억 달러), 메모리의 선두 삼성전자(3,406억 달러) 등을 크게 따돌리고 산업 내 최고인 5,231억 달러를 기록했다.

엔비디아가 이처럼 막대한 혜택을 누리는 이유가 무엇일까? 데이터를 순차적으로 처리하는 CPU와 달리 대규모 데이터를 동시에 처리하는 병렬 방식의 GPU가 챗GPT의 탄생에 큰 몫을 했기 때문이다. 칩 하나하나의 처리 속도는 CPU가 빠르지만, 데이터가 방대해지면 결국

GPU가 전체적으로 훨씬 시간을 적게 잡아먹는다. 챗GPT한테 물어봐도 엔비디아의 기술이 챗GPT 같은 AI 모델 개발에 큰 역할을 했다고 답한다.

챗GPT의 인기가 높아질수록 GPU 수요는 급증할 것이어서, 이제부터의 전망은 더욱 밝다. 인공지능용 GPU에 대한 빅 테크 기업들의 주문이 몰리면서 엔비디아는 황금기를 구가할 가능성이 크다. 투자은행들도 앞으로 1년 동안 엔비디아의 매출이 30억~110억 달러 증가할 것으로 내다보면서 '생성형 AI' 성장 과정에서 단연 최고 수혜주임을 재확인했다. 이에 맞장구라도 치듯 엔비디아는 2022년 공개한 H100 GPU를 비롯해 AI 연산에 최적화된 신제품을 해마다 출시하고 있으며, 전체 비즈니스에서 AI 반도체가 차지하는 비중도 갈수록 높아지고 있다.

AI 반도체 자체 개발 경쟁

다만 고객사들이 비용 효율화, 전력 소모 절감, 서비스 고도화를 위해 엔비디아의 GPU보다 성능이 높은 AI 반도체를 스스로 개발하는데 전력투구하고 있는 점은 큰 위험요소로 꼽힌다. 챗GPT뿐만 아니라 자율주행, 음성인식, 영상 진단 등 고성능 AI 서비스를 상용화하려면 데이터를 더 많이, 더 빠르게, 더 효율적으로 처리하는 AI 반도체가 필요하다. 애초에 그래픽 처리 용도로 개발된 GPU로는 어림없다. 이 점이 IT 기업들의 고민거리다. GPU보다 훨씬 더 AI 서비스에 특화된 반도체 경쟁에 구글도 테슬라도 뛰어드는 이유다.

특히 고성능 AI 반도체는 자율주행과 같은 미래의 AI 서비스를 위해 필수불가결의 요소다. 교통신호와 교통량 및 도로 상황은 물론이고 차량 전후좌우의 영상이나 레이저 반향 데이터 등의 정보를 실시간으로 동시 처리해야 하기 때문이다. 이 경우 연산속도는 곧 안전과 직결될 수밖에 없다.

그래서 애플, MS, 구글, 메타 등 거대 기업들이 모두 AI 반도체 개발에 정진하고 있다. 개발한 AI 반도체를 이미 사업에 적용하는 사례도 적지 않다. AI 반도체 'Inferentia(인퍼렌시아)' 두 번째 모델을 공개하고 AI 스피커 알렉사의 음성인식 서비스, 영상인식 서비스 등에 활용하고 있는 아마존 자회사 AWS가 대표적인 경우다. 또 사내에 반도체 팀을 둔 테슬라는 독자 설계한 오토파일럿 기능 등에 적용할 AI 반도체 D1을 이미 2021년에 공개했다.

중국의 선두 기업들도 다르지 않다. 텐센트가 AI 추리칩 '紫霄(즈샤오)'와 영상 변환칩 '沧海(창하이)'를, 바이두가 클라우드 전기능 AI 칩 '昆仑(쿤룬)'을 공개했으며, 알리바바도 지난 9월 자체 개발한 아키텍처 칩 '倚天(이톈)710'을 선보였다.

AI 반도체 점유율

데이터센터, 보안성이 뛰어난 엣지 컴퓨팅, 각종 단말기 등에 AI 기술 적용이 늘어나면서 각 분야에 최적화된 AI 반도체 수요는 획기적으로 증가할 것이다. 이에 세계 AI 반도체 시장은 2020년의 121억 달러에서 2023년 343억 달러로 커지고, 시스템 반도체 시장에서 AI 반도체가 차지하는 비중 또한 커질 것이다. 글로벌 매니지먼트 컨설팅 업체 Gartner(가트너)의 전망이다.

메모리 반도체의 구원투수 HBM3

챗GPT의 낙수효과는 이어진다. 삼성전자, SK하이닉스도 수혜 기업에 속한다. GPU와 짝을 이뤄 AI 학습 및 연산에 활용되는 고성능 HBM 수요가 늘어날 것이기 때문이다. 실제로 차세대 메모리로 불리는 고대역폭메모리 3세대(HBM3; High Bandwidth Memory 3rd generation)에 대한 주문량이 크게 늘고 있다. CPU 및 GPU와 짝을 이뤄 데이터 전송률을 크게 높이고 서버 성능을 획기적으로 끌어올린다는 그 반도체다. 최신 세대인 HBM3는 D램 중 최고 속도인 초당 819GB의 데이터 처리를 자랑한다. 풀 HD 영화 163편을 1초에 전송할 수 있는 정도다. 가격도 DDR5 D램보다 최대(엔비디아 등에 공급하는 HBM3의 경우) 5배나 비싸다. 제조사 입장에서는 팔면 팔수록 이익률이 크게 남는 고부가가치 영역이다. 몇 년 안에 AI에 특화된 메모리를 중심으로 하여 반도체산업의 판이 새로 짜인다는 것이 업계의 전망이다.

다행히도 삼성전자와 SK하이닉스가 탁월한 품질과 서비스로 세계 HBM 시장을 장악하고 있다. 특히 2013년 세계 최초로 1세대 제품을 개발-출시한 이래로 꾸준히 HBM 리더의 자리를 지켜온 SK하이닉스에게 대형 고객의 문의와 주문이 쇄도하고 있다. 2세대 개발에서는 삼성전자가 먼저 양산에 성공해 추격해왔지만, HBM3 경쟁에서 다시 기술을 재빨리 끌어올린 SK하이닉스가 안정화에 먼저 성공했다. 현재 엔비디아의 서버용 GPU 'A100'이나 인텔의 서버용 CPU 사파이어 래

삼성전자의 HBM3 아이스볼트

SK하이닉스가 2022년부터 양산하는 HBM3

피즈에도 SK하이닉스의 HBM3가 탑재되고 있으며, 엔비디아의 최신 제품인 'H100'에는 SK하이닉스의 4세대 HBM이 기본으로 들어간다.

잠시 배경을 짚어보고 넘어가자. CPU와 GPU의 성능은 해마다 비약적으로 향상돼왔지만, 상대적으로 메모리 반도체의 성능은 뒤처졌다. HBM은 이런 D램의 한계와 성능 격차로 인한 병목현상을 없애준다. 반도체 업계가 HBM을 차세대 메모리 제품으로 꼽는 이유다. 지금까지는 뛰어난 성능에도 불구하고 일반 D램보다 활용도가 낮았지만, 이제 챗GPT를 위시한 AI 서비스가 널리 확산하면서 반전의 계기를 만난 것이다.

실제로 AI 서비스에 대한 수요가 급증함에 따라 저전력 반도체 수요도 덩달아 커지면서, 삼성전자와 SK하이닉스 등 한국 기업에 흔치 않은 기회를 만난 셈이다. 챗GPT로 촉발되어 앞으로 다가올 AI 혁명은 아이로니컬하게도 반도체라는 하드웨어의 혁신에서 시작될 것이다. 한국 정부도 GPU보다 가격 경쟁력이 3~4배 높은 AI 반도체를 데이터센터에 적용함으로써 국내 클라우드의 경쟁력을 높이고 향상된 AI 서비스 개발을 촉진한다는 계획이다.

챗GPT 같은 자연어 기반의 대화형 AI 서비스가 보편화하면 미래 메모리 수요에 긍정적인 영향을 미친다. 더욱이 AI 기술은 음성인식, 자율주행, 메타버스 등으로 영역을 빠르게 넓히고 있어서, 삼성전자와 SK하이닉스는 AI에 특화된 메모리 개발에 속도를 내고 있다. AI 기반 모델의 학습과 추론을 위해서는 대량 연산이 가능한 고성능 프로세스와 이를 지원하는 고성능 고용량 메모리 조합이 필수적이어서다.

시장조사업체 가트너가 예측한 바로는, 2020년 220억 달러 규모였던 AI 반도체 시장이 2023년 553억 달러 규모로 2.5배 이상 커질 수 있다. 그리고 오는 2026년에는 861억 달러(약 107조 원)까지 성장할 것으로 봤다.

공룡들의 AI 스타트업 인수

어제오늘 일이 아닌 반도체 스타트업 투자 빙하기에다 반도체 수요 절벽. 챗GPT 신드롬에 휩싸여 막대한 현금을 쌓아놓은 반도체 공룡들. 이 두 개의 그림에서 저절로 얻어지는 결론은 무엇이겠는가. 자금조달에 어려움을 겪고 있는 AI 스타트업들이 갈수록 덩치가 커지고 있는 공룡들에게 덥석덥석 잡아먹히는 모습밖에 더 있겠는가.

애플, 인텔, AMD, 엔비디아, 삼성전자… 공룡은 많다. 가령 삼성전자는 약 900억 달러(116조 원)의 현금을 쌓아놓고 있는 것으로 추정된다. 애플은 230억 달러, 아마존은 350억 달러, 인텔, 엔비디아, AMD는 약 100억 달러라는, 도무지 실감 나지 않는 규모의 현금을 보유하고 있다. 이들이 돈줄 막힌 스타트업을 노리고 적극적인 M&A를 단행할 것이라는 보도와 함께 이미 게임은 시작된 것 같다. 챗GPT와 함께 폭발적으로 증가하고 있는 AI 서비스 수요에 선제적으로 대응하겠다는 요량이다.

공룡들의 스타트업 인수에는 기술적인 이유도 있다. AI 시스템을 구동하려면 신경망 처리장치(NPU) 기술이 핵심인데, 그 개발에 필요한 시간을 M&A로 크게 단축할 수 있기 때문이다. AI에 널리 사용되어온 GPU는 입력되는 데이터를 차례로 처리하는 구조지만, 스타트업들의 NPU는 동시다발적인 행렬 연산에 최적화된 프로세서다. 실시간으로 여러 개의 연산을 처리한다는 얘기다. 그래서 궁극적으로 효율성, 전력 소모, 프로그램 경량화, 최종 가격 등에 영향을 미친다.

AI 반도체 수요는 최근 수년간 급성장해왔다. 대형 기업들은 이런 성장을 겨냥해 크고 작은 M&A를 이미 단행해왔다. 가령 인텔이 본격적으로 AI 반도체 시장에 뛰어든 것도 2019년 이스라엘 AI 반도체 스타트업 Havana Labs(하바나 랩스)를 20억 달러에 인수하면서다. 2022년 5

FPGA를 활용해 만든 SK텔레콤의 AI 반도체 사피온 X220

월 엔비디아의 'A100'과 대등한 성능의 2세대 프로세서 'Gaudi 2(가우디 2)'를 출시한 그 회사다.

최근 몇 년 새 반도체업계 최대의 M&A로 꼽히는 딜은 GPU 시장 2위 AMD의 몫이었다. 500억 달러를 들여 세계 최대 프로그래머블 반도체(FPGA; 용도에 따라 설계를 바꾸는 반도체) 업체인 Xilinx(자일링스)를 인수한 것이다. 참고로 FPGA는 기존 AI 컴퓨팅에 쓰이는 GPU보다 더 효율적인 AI 반도체라는 평을 듣기도 한다.

삼성의 PIM 반도체 ⇨ 70년 묵은 컴퓨팅 생태계에 지각변동

우리가 알고 있는 컴퓨터, 스마트폰, 웨어러블 같은 전자기기들은 대부분 1940년대 중반에 만들어진 'von Neumann(폰 노이만)' 컴퓨팅 구조로 설계된다. 쉽게 설명하자면, 아래 그림처럼 연산을 맡은 CPU(중앙처리장치)를 두뇌로 해서, 그 밑에 임시저장을 위한 DRAM(메모리), 정보 저장용 SSD(스토리지) 등 3개 층으로 이뤄진 구조다. 70년이 지난 지금도 컴퓨터, 스마트폰, 데이터센터 등 기계연산이 필요한 모든 분야가 마찬가지다. 그러나 이제 폰 노이만 구조는 수명이 다했다는 목소리가 나온다. 위의 피라미드 내 데이터 이동속도가 저하되는 소위 '폰 노이만 병목 현상' 때문이다. 지금까지는 DRAM 미세화를 통한 속도 증가와 CPU-GPU(그래픽처리장치)의 병렬연결 등으로 이 병목 현상을 극복해왔다. 그리고 이 GPU 시장의 80% 이상을 엔비디아가 독점하고 있다. 그러나 AI-자율주행-빅데이터 등 기하급수적으로 증가하는 데이터 처리에는 한계가 드러났다.

반도체의 계층구조와 PIM 반도체의 개념도

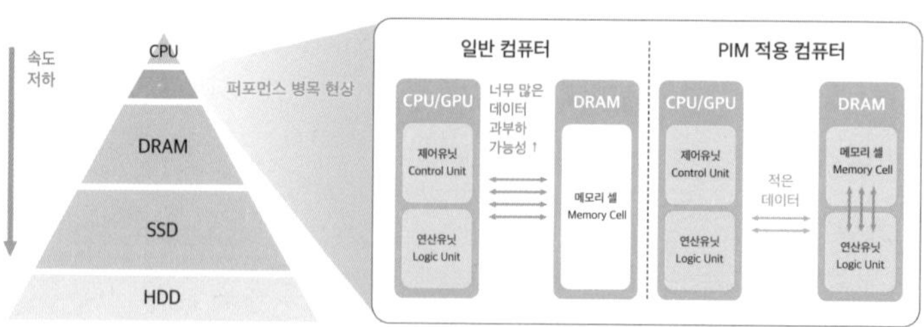

바로 여기서 등장한 해결사가 차세대 반도체라는 PIM(Processing In Memory)이다. 거두절미하고 쉽게 말해 PIM은 '지능을 갖춘 메모리' '연산 기능을 갖춘 메모리' 혹은 '생각하는 메모리'다. 즉, 단순한 데이터 저장을 뛰어넘어 연산과 추론의 기능까지 갖춘 메모리 반도체다. CPU 혼자서 맡았던 두뇌 역할을 이제 PIM이 거들면서, 중앙집권형 연산 체계가 분권형으로 바뀌고 CPU-메모리-스토리지 단계를 오가는 비효율성이 사라지고, 전력 효율성까지 비약적으로 끌어올리게 되었다.

삼성은 2012년 딥러닝이란 개념이 꽃피기 시작한 직후부터 PIM 같은 맞춤형 차세대 메모리를 집중적으로 개발해왔다. 당시엔 챗GPT를 상상조차 하는 데가 없었지만, 놀랍게도 초거대 AI나 와 같은 AI 기반 챗봇의 등장을 염두에 두고 일찌감치 연구해온 것이다. 내부에서 '너무 먼 미래'라는 지적도 나오고 회의적인 반응도 있었지만, 초거대 AI의 시냅스가 기하급수적으로 늘어나면 용량-성능이 최대인 메모리 반도체가 반드시 탑재되어야 함을 확신한 것이다. 그리고 2022년 삼성전자는 AI 언어모델에 들어가는 GPU를 PIM으로 대체하는 실험을 하기에 이르렀다. 세계 유일의 대형 PIM으로 언어모델 알고리즘을 학습시켜본 결과, 예전보다 성능은 2.5배 좋아지면서 전력 소비는 2.67배나 절감되는 효과를 확인할 수 있었다. 이제 챗GPT가 경제-기술-문화 측면의 의미까지 띤 화두가 되면서 10여 년 전의 결심이 참으로 시의적절했음이 드러난 것이다.

국내에서도 상황은 다르지 않다. 지금 AI 반도체 성능을 최대화하고 확장 일로에 들어선 수요를 선점하기 위해, 기존의 비즈니스 모델을 뛰어넘는 '빅 블러(Big Blur)'가 벌어지고 있다. 플랫폼의 강자 네이버는 메모리의 제왕 삼성전자와 손을 잡고, 통신사 KT는 팹리스 업체 리벨리온과 힘을 합친다. 데이터 처리량이 수백, 수천 배로 늘어난 초거대 AI를 상용화하려면 초고성능의 차세대 AI 반도체가 필수이기 때문이다.

덩달아 반도체 장비 공급사까지

지금으로선 고대역 메모리(HBM) D램 없이는 챗GPT 등의 챗봇 서비스를 고도화하기 어렵다. 따라서 이 반도체를 생산하는 장비를 만드는 업체들도 주목을 받게 되었다. 국내에서는 한미반도체를 대표적인 장비업체로 꼽을 수 있다. HBM 메모리를 생산하려면 D램을 여럿 쌓아 올려 웨이퍼에 구멍을 뚫고 전극으로 잇고 하나로 묶어야 하는데, 이 핵심 공정에 쓰이는 'TC 본딩 장비'를 반도체 제조사에 공급하는 것이 한미반도체이기 때문이다. 세계적으로 HBM D램 수요가 커질 것이 확실하므로, 이 회사의 실적이 증가하리란 것도 쉽게 예측할 수 있다.

그밖에도 HBM D램 수요 확대에 따른 수혜 기업으로는, 칩을 전자기기에 붙일 수 있는 상태로 만드는 반도체 패키징 전문기업 이오테크닉스를 들 수 있다. 또 반도체 검사장비를 전문 생산하는 인텍플러스도 생각해볼 수 있다. 물론 이런 장비업체가 AI 반도체 시장의 확대 및 수요 증대와 얼마나 밀접하게 연관되어 있는지를 정확히 판단해야만, 그들의 수혜 정도도 가늠할 수 있을 것이다.

금융: '흐름'이 바뀐다

초거대 AI는 금융과 투자의 세계에도 어김없이 침투하고 있다, 깊숙이. 가령 '콴텍'이란 이름의 투자 앱에는 AI 기반의 위험 관리 시스템이 장착되어 있다. '큐엑스 모듈'이란 이 시스템은 2022년 1월 우크라이나 전쟁 직전 미-러 회담이 결렬되자, 1단계 경고를 운용자산 전반에 일괄 적용해 주식을 비롯한 위험 자산의 비율을 반으로 줄였다. 이어 한 달 뒤 러시아가 우크라이나를 침공하자 곧 2단계 경고를 내리고 위험 자산 비율을 더 축소했다. 덕분에 코스피-코스닥 지수가 13~16% 하락할 동안, 콴텍의 주력 상품은 9%의 수익을 올렸다.

2010년대 국내에서 선보인 소위 '로보어드바이저(Robo-advisor)'는 컴퓨터를 활용한 투자 자문 서비스로, 초기의 단순 데이터 제공이나 알고리즘 판매 수준에서 이젠 딥러닝 AI에 자산 운용을 맡기는 수준까지 크게 도약했다. 그 생태계의 주인공도 소규모 스타트업에서 자체 AI 개발에 나서는 자산 운용사와 대형 증권사들로 바뀌었다. 로보어드바이저는 방대한 데이터 학습은 물론, 각 산업과 기업과 시장 상황까지 반영해서 투자를 관리한다. 인간과 달라서 24시간 쉬지 않고 데이터를 모으고 모니터링해서 적절하게 대응까지 한다.

 **국내 로보어드바이저 이용자 수 추이**

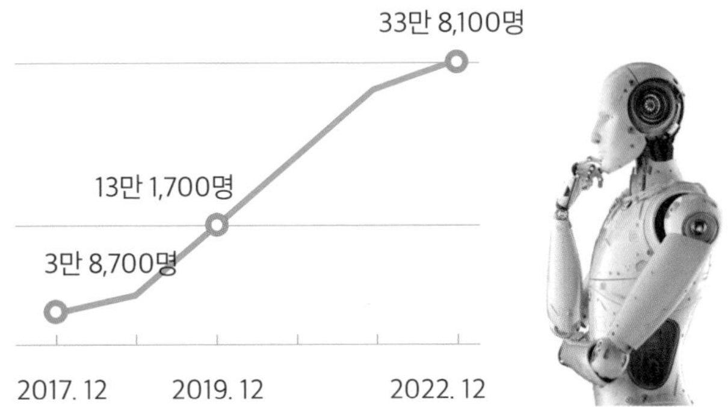

고객의 투자 성향, 목표 수익률, 자금 소요 시점 등의 정보를 기반으로 적절한 포트폴리오를 짜주고 아예 투자 활동을 위임받기까지 하는 로보어드바이저. 이런 AI 기반 로보어드바이저의 국내 이용자는

2022년 12월 기준 33만 8,000명을 넘겼다. 1년 전보다 12% 증가했고, 5년 전인 2017년과 비교하면 10배 가까이 급증한 수치다. 로보어드바이저가 운용하는 금액도 2017년 4,000억 원에서 4.2배 늘어 2022년 1조 8,000억 원으로 몸집을 불렸다.

이렇게 되자 로보어드바이저 시장에 뛰어드는 기업들도 덩달아 늘어나 2022년 말 기준 118개에 달한다. 내로라하는 대형 증권사들도 적극적으로 나서, 자체 개발한 AI를 이용해 로보어드바이저 서비스도 제공하고, 로보어드바이저 업체들과의 협업으로 'AI 투자'를 자문하기도 한다.

로보어드바이저 투자의 수익률은 어떨까? 상품에 따라 천차만별이다. 그러나 적어도 같은 기간의 코스피-코스닥 지수의 움직임과 비교할 때, 고객의 투자 성향에 따라서 주식투자를 운용하는 로보어드바이저가 뚜렷이 더 우수한 수익률을 기록한 것은 분명하다. 로보어드바이저 투자수익률 상위 5개 상품만 보면 2022년도 평균 수익률이 12% 정도였다. 물론 지금 국내 로보어드바이저는 대부분 도움이 될 정보를 찾아 결과를 예측하고 그런 정보의 상품 적용에 드는 시간을 줄이는 정도일 뿐, 결국 자산 운용은 사람이 AI의 조언을 토대로 하는 단계에 지나지 않는다.

국내 로보어드바이저 운용 금액 추이

코스콤 로보어드바이저 테스트베드를 통과한 회사 대상

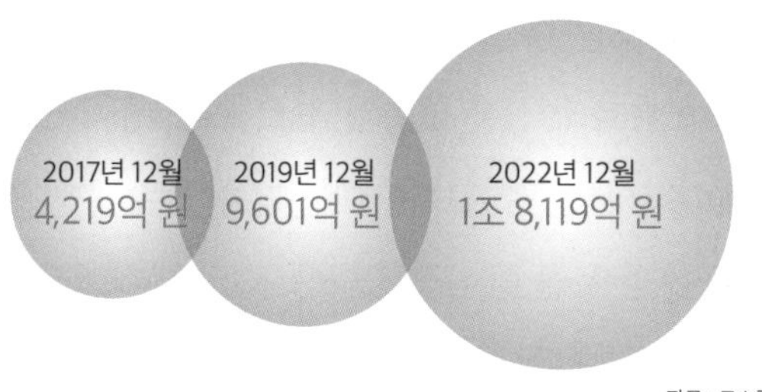

자료 : 코스콤

다른 측면에서 로보어드바이저가 갖는 의미는 위탁 금액이 1억 원 이상인 고액 자산가들의 전유물이었던 투자 자문이 그다지 부유하지 않은 젊은 투자자들에게도 제공되는 시대를 열었다는 점이다. 로보어드바이저의 투자 알고리즘을 활용해 비교적 적은 금액도 적극적으로 굴려주기 때문이다. 자산이 그리 많지 않은 층도 최상급 자문을 누릴 수 있고, 개인투자자의 투자 입문에 대한 부담을 덜어주기도 한다. 특히 MZ세대는 운용사 브랜드에 대한 충성도가 낮고 비용에 민감해서 로보어드바이저 등 AI 기반의 직접 투자를 선호하는 편이다. 다만 해외 유명 로보어드바이저와 같은 성과를 보려면 담당자의 공학적 지식에 실제 운용 경험까지 더해져야 하므로, 이 분야의 전문 인력에 대한 투자를 확대해야 할 것이다.

해외에서도 AI 투자 자문은 인기 만점

참고로 투자 전문 매체 Barron's(배런즈)가 추산한 미국의 로보어드바이저 시장은 2022년 3월 현재 9,880억 달러 규모다. 2000년대 후반에 시작되었고, 최근 10년 새 3배 이상 커진 결과다. 우리에게도 익숙한 Morgan Stanley(모건 스탠리; 투자은행)나 Charles Schwab(찰스 슈왑; 자산 운용사) 등도 로보어드바이저 서비스의 주요 공급업체다. 특히 알고리즘을 누구보다 신뢰하며 빠르고 쉬운 맞춤형 포트폴리오를 선호하는 MZ세대 투자자들이 향후 50년간 주 고객이라는 믿음으로 대형 은행들까지 AI 투자 자문 시장에 눈독을 들이고 있다.

아직은 뚜렷한 한계

금융 분야의 AI 기술은 아직 초기 단계다. 전문가들의 한결같은 지적이다. 초거대 AI라 하더라도 서비스의 기반은 축적된 과거의 데이터 아니겠는가. 그러나 투자자들이 금융 AI에 기대하는 높은 수익률은 어쩔 수 없이 '미래 예측'을 요구한다. 따라서 아무리 딥 러닝과 빅 데이터를 이용하더라도 미래를 예측하는 데에는 한계가 있을 수밖에 없잖은가. 결국, 앞으로 초거대 AI를 금융 분야에서 활짝 꽃피우려면, 과거에 없던 데이터를 스스로 생산하는 강화학습(reinforcement learning) 단계까지 발전해야 한다. 그리고 양질의 방대한 정보를 활용할 수 있는 학습 환경이 조성되고 금융시장 경험과 지식이 풍부한 전문 금융 인재 풀을 확보하지 않고는 이런 강화학습은 불가능하다.

✓ 게임: 챗GPT의 놀이

챗GPT 열풍을 지켜본 게임산업이 게임에 대한 AI의 활용 가능성을 그냥 흘려보낼 리 없다. 이용자가 특정의 요구사항만 알려주면, 챗GPT가 웬만한 게임의 시나리오는 아주 쉽게 써내고 두 플레이어 사이의 몇 가지 짤막한 대화까지 만들어준다. 텍스트 기반의 간단한 선택형 게임을 제시하고, 직접 이용자와 그 게임을 플레이할 수도 있다. 그뿐인가, 간단하고 기초적인 게임이라면 챗GPT가 아예 소스 코드까지 쏟아내기도 한다. 테트리스 게임을 만들고 싶다고 말하자 Python(파이썬)의 게임 개발용 라이브러리인 Pygame(파이게임)을 활용해 테트리스 게임 개발 방법과 구체적인 코드까지 제시한 챗GPT 사례가 널리 알려지기도 했다. 나중에 개발자가 게임 속도 등을 좀 보완한다면, 챗GPT를 활용해 기본적인 플레이가 가능한 게임을 얼마든지 만들 수 있다는 얘기다. 그렇잖아도 어떤 식으로든 AI를 게임에 활용하고 싶어 연구를 해왔던 게임업체들이 챗GPT의 활용 방안에 머리를 싸매는 것은 조금도 놀랄 일이 아니다.

게임 시나리오를 만들어달라는 요청에 대한 챗GPT의 답변 예

챗GPT, 넌 텍스트 기반의 비디오 게임이야. 너는 내게 4가지 옵션 A, B, C, D를 선택권으로 줄 수 있어. 게임 속 장면은 '해리포터'고, 나는 일단 '체력 100'으로 게임을 시작할게.

"오케이. 시작해볼까요. 당신은 동료 학생들에 둘러싸인 채 호그와트 그레이트 홀에 서 있어요. 새 학기를 시작하기 위해 덤블도어 교수가 앞에서 연설을 준비 중이고요. 그런데 갑자기, 요란하게 '쾅' 소리가 들리더니 초록색 불빛이 보입니다. '죽음을 먹는 자' 중 하나가 그레이트 홀에 들어와서는 학생들을 공격하기 시작했어요! 자, 당신은 어떤 옵션을 선택할 건가요?

A: 지팡이를 들고 자신을 보호하기 위해 주문을 외운다.

B: 가까이 있는 물건 뒤로 가서 숨는다.

C: 입구로 달려가 도망친다.

D: 선생님이 도와주기를 기대하며 소리 지른다.

그렇다, 아직은 초기여서 결과물은 기초적인 수준에 불과하다. 그래도 챗GPT를 간략한 게임 시나리오와 코드 개발 등에 활용할 수 있으며, 좀 더 고도화한 AI가 쓰인다면 게임 개발에 다양한 쓸모도 있을 것이다. AI를 좀 더 효율적으로 더 많이 단련시킨다면 언어모델 규모도 커지고 지식 정보도 더 풍부하게 나올 거란 얘기다.

알파고와의 격돌 이후 이세돌 9단이 은퇴 기념 대국을 진행했던 AI도 NHN에서 바둑 게임을 위해 개발한 '한돌'이라는 AI였다. 게임업계 내 AI 발전은 그만큼 빠르다. 이 부문에는 10여 년 전부터 AI 연구소를 마련해 AI 챗봇 등 관련 연구를 지속해 온 엔씨소프트, 게임 버그 탐지 시스템을 구축하기 위해 AI 프로젝트를 운영하는 넷마블, AI 랩을 열고 게임 유저 지표를 분석하거나나 불법 프로그램을 탐지하는 AI를 개발 중인 넥슨 등이 눈여겨볼 만한 기업들이다.

✓ 의료: 코로나 극복의 1등 공신도 알고 보면 AI

인류를 삽시간에 죽음의 공포로 밀어 넣었던 코로나바이러스. 우리가 알고 있던 정치-경제-사회-문화의 모든 걸 다시 한번 생각하게 만들었던 전염병이다. 그런데 코로나 백신이 나오기까지 얼마의 시간이 걸렸는지 아는가? 코로나가 시작된 2020년 1월 미국 제약사 모더나가 코로나 백신 개발에 착수해 사용 허가를 받기까지 딱 11.4개월이 소요되었다. 대경실색할 속도다. 보통 백신이 나오려면 10년 이상의 세월이 걸리니까 말이다. 이 전례 없는 백신 개발 속도의 배경에도 인공지능이 있다.

모더나는 방대한 유전물질 데이터를 한 번에 분석-예측하는 AI 시스템을 갖고 있었다. 중국이 코로나바이러스 정보를 발표한 지 불과 42일 만에 백신 후보물질을 만들 수 있었던 게 이 시스템 덕택이었다. 약 3만 명을 대상으로 한 임상 시험 데이터도 AI로 수집하고 분석했다. 사내 인공지능 책임자도 밝혔듯이 AI 시스템이 없었다면 고품질의 데이터도, 정확한 결과 예측도, 따라서 신속한 백신 개발도 불가능했을 것이다. 코로나 이전만 해도 중소 규모 스타트업이었던 모더나가 팬데믹을 극복하려는 인류의 시도에 앞장설 수 있었던 이유다.

또 다른 백신 제조사 화이자 경우는 더 극적이다. 아직 코로나가 확산하지 않았던 시점에 이미 초거대 AI를 이용해 앞으로 감염 규모가 클 것으로 예측되는 곳을 찾았다. 그리고 역시 AI 덕분에 신약 개발 과정 중 가장 힘들다는 임상 환자를 불과 넉 달 만에 4만 6,000 명이나 모집했다. 임상 데이터 분석에도 물론 AI가 나섰다. 그렇게 화이자는 겨우 10.8개월 만에 백신을 내놓았다. 슈퍼컴퓨터와 초거대 AI가 없이는 이룰 수 없는 일이었다.

코로나뿐만이 아니다. 방사선학, 병리학, 신약 개발 등으로부터 시작해 초거대 AI에 의한 의료와 제약 분야의 혁신이 실현될 것이다. 특히 신약은 AI로 인해 저비용으로 난치병과 희귀질병에 맞서는 신약을 빠르게 개발할 수 있는 분야로 꼽힌다. 신약 개발은 전통적으로 10년~15년의 세월과 2조~3조 원을 넘나드는 비용이 드는 비즈니스다. 성공 확률은 또 어떤가. 1만 개에 이르는 후보물질을 발굴해봤자 그중에 1개 정도만 시장에 나온다. 이런 상황에서 초거대 AI는 100만 건 이상의 논문과 100억 개의 화합물을 검토할 수 있다. 말하자면 수십 명의 연구자가 몇 년씩 걸려서 겨우 할 수 있는 일을 AI가 단 하루 만에 해치운다. 딥마인드는 AlphaFold(알파폴드)라는 AI 시스템을 이용해, 신약 개발에 필수적이라는 단백질 구조를 무려 100만 종 2억 개 이상 예측했다. 메타(페이스북) 역시 초거대 AI의 힘으로 2주 만에 6억 개 이상의 단백질 구조를 파악했다. AI는 이렇게 신약 개발 시간을 획기적으로 줄여준다. 2023년 1월 다보스에서 열린 세계경제포럼에서도 AI를 활용한 신약 개발은 중요한 화두였다.

진단 분야에서도 대세는 초거대 AI다. 방대한 의료 데이터 학습으로 영상 이미지를 선명하게 보정하고, 진단 시간을 크게 줄이며, 조기 진단도 가능하게 만든다. 조기 진단이 대단히 중요한 췌장암을 전통적인 방식보다 최대 3년 빠르게 진단하는 AI가 나왔는가 하면, 우울증, 당뇨병, 천식 같은 만성질환도 AI가 조기 진단한다. 호흡이나 움직임으로 조기에 파킨슨병을 진단하는 AI가 보도되기도 했다. 중국의 한 스타트업이 개발한 AI는 30초쯤 음성을 듣고 우울증을 진단하는데, 정확도가 82%라고 한다. 음성으로 알츠하이머를 감지하고 진행 정도를 추적하는 AI를 개발한 캐나다 회사도 있다.

특정 질병이 아니더라도 헬스케어 전반이 지금 디지털화 과정을 밟고 있다. 환자기록과 가족력에서부터 DNA 시퀀싱, 방사선 데이터, 웨어러블 컴퓨팅, 다중 오믹스 데이터 등을 포함한 거의 모든 의료 데이터가 디지털화해 온라인에 차곡차곡 쌓이고 있다. 이렇게 되면 초거대 AI 덕택에 헬스케어 자체가 데이터에 의해 구동되는 산업으로 전환하고, 환자 모니터링이나 장기 케어를 포함해 진료에서 치료에 이르는 의료의 가치사슬 전체가 대전환을 맞게 될 것이다.

챗GPT 장착한 국내 최초 헬스케어 앱

이 책의 집필이 끝나기 직전, 때마침 챗GPT를 장착한 헬스케어 서비스가 국내에서 막 시작되었다는 뉴스가 올라와, 간단하게 소개하고자 한다. 주인공은 '천만 명이 선택한'이라는 수식어가 붙은 비대면 진료 서비스 앱으로 유명한 굿닥인데, 이번에 챗GPT를 활용한 '건강AI 챗봇 서비스'를 출시한 것이다. 사용자가 해당 앱에서 건강 상태, 미용, 시술 정보 등에 관한 질문을 입력하면 AI가 1초 안에 적절한 답변을 해주는 것은 물론, 사용자 요구에 따라 비대면 진료 서비스를 바로 연결한다든지 병원을 예약해주기도 한다. 가령 라식 수술과 라섹 수술의 차이가 뭐냐고 물어보면 상세한 답변과 함께 가격 정보까지 알려준다. 건강 문제에 대해 구체적 해결책을 제시한다는 강점이 돋보여 호응이 예상된다.

챗GPT API의 적용 방식이 워낙 간단한 데다 기존 AI와 달리 왜곡된 정보량이 거의 없어서, 챗GPT 도입 결정 후 실제 서비스 개발 기간은 고작 4일이었다고 한다. 다만 헬스케어 서비스의 특성 때문에 답변 정확도를 최대로 높이느라 뜸을 들였다. 때로 사용자에게 미국에 있는 병원을 추천하기도 해서, 특별히 우리나라에 맞는 로컬화 작업에 공을 들였다.

과거에도 챗봇 서비스를 도입해 의료업체나 병원이 상담하는 등의 사례는 있었지만, 겨우 고객센터 역할 일부를 대체하는 정도였다. 혹은 약간 개선된 챗봇조차 데이터가 너무 적어서 답변이 단조롭고 건강에 대한 궁금증을 해소하기에 역부족이었다. 그러다가 이번에 처음으로 정확도를 충분히 높인 초거대 AI가 헬스케어 분야에 활용된 것이다. 인터넷 검색엔진 등을 통해 질환 정보를 찾는 환자는 의외로 많다. 초거대 AI는 이런 보편적인 환자 경험을 크게 바꾸고, 앞으로 그 쓸모가 커지면 시민의 보편적 의료 서비스 접근성도 개선되며 다양한 건강 서비스의 진입장벽도 낮춰질 것이다.

교육: AI가 가르치고 인간이 추스른다

교육산업, 챗GPT 영향권에 들어오다

챗GPT와 생성 AI가 일상생활과 경제활동에 주게 될 충격파를 얘기하는 동안, 우리는 아이들이 겪게 될 변화와 그것이 미칠 파급효과를 잠시 잊어버리고 있었다. 단도직입적으로 말해보자. 결국, 앞으로는 초거대 AI가 우리 아이들의 가장 친숙하고도 효율적인 선생님이 되지 않겠는가. 귀찮을 정도로 묻고 또 물어도 결코 짜증 내지 않으며, 학교나 학급 전체는 말할 것도 없고 학생 하나하나마다 완전히 '개인화'된 맞춤형 학습지도를 해주는 선생님이니까. 학생들을 애매하게 쉬거나 놀게 하는 일도 없고, 절대 아프거나 피곤하지도 않아서 새벽에 말을 걸어도 변함없이 대해주는 선생님이니까. 무엇보다 학생이 한 말을 다 기억해주고 살갑게 일일이 대화를 주고받는 선생님이니까. 갈수록 풍부해지는 데이터로 AI 선생님은 더욱더 효과적이고 재미있고 몰입하게 만드는 교사로 변신할 것이다. 아니, 윤석열 대통령의 표현처럼, 교사의 개념이 '가르치는 사람(teacher)'에서 '코치'나 '컨설턴트' 혹은 '도우미(helper)' 등으로 바뀌고 있다. 디지털화는 교육의 방법과 교육의 수단, 즉, 기기(device)에서 다 같이 빠르게 진행되고 있어서 발 빠른 대응과 적응이 필요하다.

물론 좋기만 한 건 아니다. 우선 챗GPT의 등장으로 전 세계 교육계가 대혼란 상태다. 초등학생부터 대학생에 이르기까지 글쓰기, 논문 작성, 시험 등을 챗GPT에 의존하는 사례가 폭증하고 있다. 사람이 쓴 것과 구분이 어렵다 보니 아예 학생들의 챗GPT 사용을 금지하는 학교도 늘어난다. 챗GPT를 포함한 AI를 논문 저자로 인정해야 하나 말아야 하나, 골치를 썩이는 조직도 한둘이 아니다. 권위 있는 학술지 네이처와 사이언스는 챗GPT 같은 AI를 논문 공동저자로 인정하지 않기로 이미 선언했다. 심지어 ZeroGPT(제로GPT)처럼 챗GPT가 쓴 글을 감별해주는 서비스까지 나왔다. 좀 더 깊이 생각해보면, 챗GPT 사용자들이

허위 정보를 받아들이는 것도 큰 걱정이고, 챗GPT에 기댄 학생들의 글 쓰고 생각하는 능력이 떨어지는 것 역시 큰일이다. 이래저래 우리가 알고 있던 교육산업의 생태계에 전에 없던 강력한 포식자가 나타난 셈이다.

AI 선생님이 학생들의 멘토가 되어주고 인간 교사와 학생 사이의 교량 역할을 맡는 이런 시나리오에서 인간 교사는 쓸모가 없어지는 걸까? 아니다, 오히려 그 반대다. 학생들은 정보와 지식의 축적만으로는 미래를 살아갈 수 없다. 비판적 사고도 꼭 필요하고 창의성도 있어야 한다. AI가 가르치거나 불어 넣어줄 수 없는 정신적 자산이다. 또 공감하는 능력과 팀워크는 어떡할 것인가. 역시 AI에게 배울 수는 없다. AI의 효율적인 가르침에도 불구하고 아이들이 혼란스러워하거나 선택하지 못하거나 방황하거나 반대로 천하태평 식으로 나태해진다면? 이 역시 인간 교사가 해결해야 할 몫이다. AI 덕분에 아낀 시간을 활용해서 말이다.

어쨌거나 챗GPT가 교육 방식을 한껏 개선할 것이란 전망이 주류를 이룬다. 좌절하기엔 챗GPT를 활용한 학습의 장점이 너무나 많아서다. 교사 1명이 교과서 하나로 학생 30명을 가르치는 지금의 현실이, AI를 활용해 학생 각자의 성적에 맞는 수업 교재까지 만드는 맞춤형 교육과 무슨 수로 경쟁하겠는가. 그래서인지 학생들에게 세상의 변화와 그 변화에 적응하는 법을 가르친다는 의미에서 챗GPT를 공부와 숙제에 적극적으로 활용하라고 권유하는 교수도 있다. 어쨌거나 앞으로 더 빠르고 효율적인 학습에는 AI의 역할과 영향이 갈수록 커질 테고, 배움의 경험을 한층 더 고양하고 풍부하게 해주는 것도 AI의 덕분일 것이다. 이는 청소년이든 성년이든 모든 인간에게 해당하는 얘기일 것이다.

생성 AI의 영향권에서 벗어나 있는 교육 분야는 없겠지만, 특히 외국어 교육 분야에 미치는 영향은 막대할 것이다. 여러모로 기존 번역기와는 차원이 다른 뛰어난 성능을 보유한 챗GPT는 단순 번역을 넘어 교정도 해주고 문법의 오류까지 설명해준다. 따라서 영어를 포함한 다양한 외국어 교육에 쓸모가 클 것이다. 구루미라는 이름의 화상 플랫폼 기업이 개발하고 있는 비대면 교육 서비스가 그런 경우인데, 챗GPT와 거대 이미지 생성 모델인 달리2 등 생성 AI를 적용해 학생들의 궁금증을 빠르게 해소해주고, 영어 공부를 창의적으로 할 수 있도록 돕는다. 여기 한국마이크로소프트가 협업하고 있다.

유데미의 진격

성인 교육의 경우, 당연한 현상일 테지만 '챗GPT'와 AI 기술을 공부해서 업무에 적용하려는 직장인들이 지금 빠르게 늘고 있다. 생성 AI, 챗봇 등의 첨단기술을 배우고, 마케팅이나 기획 등 자신의 업무에 적용해 생산성을 높이고 커리어를 구축하려는 2030 세대의 수요가 고스란히 드러난다. AI 전문가가 아니라도 기본적인 마음가짐을 갖고 툴 사용법만 익히면 챗GPT를 위시한 AI를 업무 전반에 적용할 수 있는 시대가 온 것이다

유데미의 글로벌 성과를 보여주는 통계. 4,000만 명이 유데미를 통해 배우고 있으며, 그 중 90%는 유료 강의를 듣고 있음을 보여준다.

이런 수요를 가장 먼저 충족시키고 있는 플랫폼은 어디일까? '누구나 교사가 될 수 있다'는 모토로 지식, 정보, 기술 등을 온라인으로 공유하는 Udemy(유데미)가 그 선두주자다. 강의 주제 60% 이상이 챗GPT를 비롯한 AI, 빅데이터, 클라우드 등으로 IT 관련 최신 콘텐트를 제공한다. 한국에도 진출해 있는 이 글로벌 강의 플랫폼의 자료에 의하면, 2023년 1월 영어로 제공되는 AI 강의 88개 중에서 22개를 국내 이용자가 청취했다. 특히 챗GPT 같은 생성 AI 관련 강의가 가장 높은 인기를 구가했다.

현재 챗GPT를 주제로 다루는 유데미의 강의는 무려 323개에 이른다. 전자상거래에서 성과를 올리거나 업무 생산성을 높이기 위해 챗GPT를 활용하는 데 특히 많은 수강생이 몰린다. 유데미 한국 측 파트너인 웅진씽크빅은 인기가 높은 콘텐트부터 한글로 전환해 이용자의 편의를 도모한다는 계획이다.

정리해보자. 교육업계엔 두 가지 선택지가 있다. 먼저 챗GPT를 적극적으로 포용하고 도입하는 방법이다. 학생들에 관한 정보나 학습 콘텐트 등의 데이터는 이미 많이 축적되어 있을 것이다. 거기에다 챗GPT를 연동하는 수고만 들인다면, 기존 학습 소프트웨어에 탑재된 챗봇 서비스를 재빨리 대폭 업그레이드할 수 있고 소비자(학생과 부모)에겐 현저히 개선된 경험과 만족도를 선사할 수 있다. 실제로 웅진씽크빅 같은 교육업체는 챗GPT와의 이러한 연동을 준비하고 있다.

물론 이 경우 비용은 상당히 큰 걸림돌이 될 것이다. 챗GPT는 이미 유료화 서비스로 넘어가 있다. 교육 전문기업이, 그것도 영리를 목적으로, 챗GPT나 다른 생성 AI를 이용할 경우 과연 어느 정도의 요금을 부과할까? 현재로선 정확히 알려진 바가 없지만, 챗GPT를 운용하는 데 들어가는 천문학적인 비용을 고려한다면 결코 만만한 수준의 요금은 아닐 것이다. 그리고 그런 요금 부담이 불가피하게 자사 교육 소프트웨어 이용료로 전가되어야 한다면, 결국 소비자에겐 적지 않은 부담으로 돌아가고 수요 위축으로 이어질 수도 있다.

다른 한 가지 방법은 기술력이 우수한 기업, 특히 스타트업과 제휴를 맺는 것이다. 우리나라에선 예컨대 대교가 이 방법을 택해 가고 있는 것 같다. 국내 최초로 '키위티'라는 이름의 글쓰기 첨삭 AI를 개발한 투블럭AI에 전략적 지분 투자를 진행했으며, 이 스타트업과의 협력을 통해 관련 AI 기술을 활용한 제품을 개발하고 있기 때문이다. 천재교육 역시 같은 길을 걷고 있는 것으로 보인다. 교육 전문기업 스스로 챗GPT 같은 초거대 AI를 개발하는 것은 현실적으로 무리이기 때문에 필요한 기술력을 이미 확보한 기업과 제휴하는 방안을 모색하고 있다.

✓ 모빌리티와 유통: 더 멀리, 더 빨리

더 안전하고 더 효율적으로

자율주행차 개념이 등장하고 시끌벅적한 개발이 국내외에서 열정적으로 이루어지기 시작한 지 10여 년이 넘어간다. 아직 풀어야 할 난제들이 많아, 믿고 상용화할 단계에는 한참 미치지 못한다. 그럼에도 다가올 자율주행차가 교통의 혁명임을 의심하는 사람은 별로 없다. 그 믿음은 챗GPT와 기타 AI 서비스의 발전으로 점점 더 확신으로 굳어지는 듯하다. 초거대 AI는 '인간의 이동'을 훨씬 더 편하게, 더 빠르게, 더 안전하게 만들어줄 것이다. 개인이 차를 소유하는 대신 필요할 때만 목적에 맞게 차를 이용하는 시대의 모습이 상상되지 않는가. 비용은 더욱 저렴해지고, 안전성은 획기적으로 높아지며, AI의 사전 통제로 인해 교통체증은 사라지고, 개인화된 엔터테인먼트 요소까지 더해져 기분 좋은 '이동의 경험'은 극대화할 것이다. 어쩌면 AI는 우리 일상의 이동습관에 맞추어 자동차 제조 사양과 액세서리까지 최적화해줄지 모른다.

미국인들의 경우 자동차를 운전하는 데 소모하는 시간은 평균 주당 8.5시간이라고 한다. 서울시민이라면, 글쎄 정확한 수치는 못 봤지만, 아마 훨씬 더 많은 시간을 운전에 쓰고 있을 터이다. 자율주행이 완전히 정착하면 우리는 이 긴 낭비의 시간을 좀 더 생산적인 일이나 휴식이나 엔터테인먼트에 사용할 수 있지 않을까. 더 나아가 자동차와 자동차가 서로 소통까지 하게 된다면, 그리하여 각 차(와 탑승자)의 필요에 따라 서로 양보하기도 한다면, 전체적인 안전과 이동 효율을 더욱 높일 수 있다. 승용차뿐이겠는가, 알다시피 자율주행은 특수차량, 선박, 항공기에 이르기까지 실험의 대상을 넓히는 중이다. 궁극적으로는 모든 형태의 모빌리티에 있어 거의 모든 운전자를 AI가 대체하고, 인간은 감독과 관리와 전략을 맡게 될 것이다.

AI 없인 불가능한 물류 혁신

로봇 팔의 이미지는 이미 많이 봤을 것이다. 이미 수많은 물류 창고에서 AI 로봇 팔이 사람 대신 물건을 옮기고 있다. 휴식시간을 주지 않아도 지치는 법이 없고, 아파 눕는 일도 없으며, 실수하는 일도 거의 없다.

이런 로봇 팔도 진화에 진화를 거듭한다. 가령 지금까지의 로봇은 단순히 같은 크기의 상자만 들 수 있었다. 그러나 초거대 AI의 도움으로 머신 러닝을 거듭한 AI 로봇은 크기와 모양이 제각각인 상자라도 정확히 인식해서 가장 효율적으로 옮기고 쌓는다. 가령 쿠팡의 물류 창고에선 AI 로봇이 매일 최대 10만 개의 상품을 자동으로 분류한다. 한 걸음 더 나아가 AI는 물류 창고의 인간 작업자들에게 가장 효율적인 동선까지 제안한다. 이동 거리와 작업량을 최소화함으로써 생산성을 극대화할 수 있다는 얘기다. 놀라움은 여기서 그치지 않는다. AI는 택배 배송차의 목적지에다 최적 경로까지 안내한다. 예를 들어 대한통운의 운송 방식을 보자. 이동해야 할 화물이 어떤 유형인지, 얼마나 많은지, 출발지에서 도착지까지 거리는 얼마인지, 날씨 상황은 어떤지, 등의 데이터에다 심지어 주유소 위치 및 유가 정보까지 모두 고려해서 최적의 경로를 찾아낸 다음 움직인다. AI 서비스를 개발하는 기업이나 통신사들도 이런 물류의 체인에 힘을 보탠다. 가령 KT에서 개발한 AI가 제시한 최적 운송 경로를 롯데마트의 배송에 적용해봤더니 운행 거리가 22%나 줄어들고, 운행 시간은 11%만큼 줄어들었다고 한다. 일회성 실험의 결과가 이 정도라면, 이런 AI 서비스를 몇 달, 몇 년씩 계속 활용할 때 얻을 수 있는 어마어마한 비용 절감 효과를 상상하겠는가.

온라인 쇼핑

AI 챗봇이 소비자 상담에 동원된다든지, AI가 온라인 쇼핑에 나선 개개인의 특성-취향까지 스스로 맞춰준다는 것은 이미 잘 알려진 사실이다. 고객들의 사이즈에 대한 방대한 정보를 분석해 적절한 치수를 알려주는 AI, 소비자가 옷을 고르면 거기 맞춰 사용할 수 있는 액세서리나 신발을 추천하는 'AI 코디네이터'도 있다. 교환이나 환불 처리를 해주는 AI 챗봇은 물론이고, 구매 후기를 분류-분석해서 이 데이터를 활용해 발주 수량이나 마케팅 계획을 세워주는 AI도 있다.

2023년 2월 초 네이버 쇼핑에서 진행했던 3가지 기획전은 사람이 기획한 것이 아니다. 초거대 AI '하이퍼클로바' 기반의 AI 머천다이저(MD)가 만들었다. 이 AI MD는 판매 상품과 판매자를 선정하고 상품을 배치하는 세부적인 과정까지 혼자서 모든 걸 해냈다. 기획전의 제목 아이디어조차 이 AI MD가 제공한 것이었다. 이 밖에도 네이버는 수많은 구매 후기를 요약한다든지, 개인 맞춤형 상품을 추천하거나 유사한 최

온라인 쇼핑 단계별로 숨어있는 AI(인공지능)

상품 기획·추천	- 고객에게 맞는 상품 추천 (네이버 '하이퍼클로바') - 상품 진열 추천 (구글 '구글 클라우드') - 고객에게 맞는 의류 사이즈 추천 (LF몰 '마이사이즈')
상품 홍보	- AI 쇼호스트 (롯데홈쇼핑 가상 인간 '루시') - AI 광고 모델 (싸이더스 스튜디오 가상 인간 '로지')
물류센터	- 자율이동로봇·다관절로봇·셔틀무인운반차(CJ대한통운) - AI 형상 인식으로 택배 자동 분류(한진)
상품 배송	AI가 가장 효율적인 배송 동선 제시(쿠팡'AI비서')
반품·AS·리뷰 분석	- AI가 고객 리뷰 분석 (LG유플러스) - 사람 말 알아듣는 챗봇이 상담 (SSG닷컴·롯데온)

저가 상품을 알려주고, 온라인 큐레이션을 진행하는 등의 핵심 기능을 인간 판매자에 맡기지 않고 곳곳에 장착한 AI에게 일임했다.

가령 AI가 7,000건의 립스틱 사용자 후기를 분석해 "자연스러운 물복숭아 색상에 촉촉한 느낌이 오래 유지되고 케이스 디자인이 깔끔하고 예쁘다" 같은 한 문장으로 요약해 소개한다면 결과는 어땠을까? 사이트 방문자들의 상품 클릭률이 26%나 높아졌다. AI 사용의 파급효과가 느껴지지 않는가. AI의 활약은 상품 기획이나 사용자 후기 분석에 머무르지 않는다. 제품의 생산-보관-배송-반품을 아우르는 전 영역에서 변화를 주도하고 있다. 2022년 사상 처음으로 200조 원을 돌파한 온라인쇼핑의 효율과 편리성이 극대화하고 있다는 얘기다. AI 활용에 자신만만한 네이버, 카카오, 구글 등 국내외 빅 테크 기업들이 온라인쇼핑을 핵심 사업으로 키우는 것도 놀라운 일이 아니다.

롯데홈쇼핑이 운영하는 유튜브 채널에서는 AI를 이용해 만든 가상의 쇼 호스트 '루시'가 고급 브랜드의 가방과 액세서리를 판다. 그 정교한 외모도 그렇고 유려한 말솜씨까지 인간 쇼 호스트와 전혀 구별하기 어려울 정도다. 루시의 제품 설명에 40분도 채 안 돼 상품은 품절이 됐다. 흔히 '라방'이라고 불리는 라이브 커머스에서도 가상 인간이나 아바타가 쇼 호스트로 나선다. 수억 원대의 출연료를 안 줘도 되고 인간과는 달리 스캔들도 일으키지 않으며 불평 한마디 없으니, 기업들에겐 꿩 먹고 알 먹는 격이다.

요즘 온라인 쇼핑몰에서는 AI가 심지어 피팅 모델로도 활약한다. AI로 만든 디지털 인간을 광고 모델로 쓰는 것이다. 이렇게 되면 1년에 평균 3,000만 원 정도를 모델비로 써온 의류업체로선 이 비용의 90%를 아껴주는 가상 인플루언서가 반갑지 않을 수 없다.

그야말로 AI 없이는 (온라인이든 오프라인이든) 쇼핑이 안 된다고 해도 지나치지 않을 시대가 열린 것이다. 그리고 이런 추세에 챗GPT를 위시한 다양한 생성 AI 모델의 역할은 갈수록 커지고 중요해질 것이다.

✅ 메타버스: 텍스트에서 3D로

요즘은 실리콘 밸리에서도 메타버스와 암호화폐와 NFT는 대화에서 사라지고, 대신 챗GPT와 생성 AI가 압도적으로 주요한 화두로 자리 잡았다고 한다. 하지만 IT 업계의 필수 테마로서 AI가 메타버스를 대체한 걸까? 그게 아니라면 초거대 AI의 발전은 메타버스에 어떤 영향을 끼치게 될까? 가령 한때 스마트폰을 이을 주자로 떠오르는가 싶더니, 대중화까진 아직 먼 길을 남겨둔 채 지지부진한 증강현실(AR) 기기의 대중화를 생성 AI가 앞당길 수 있을까?

챗GPT 같은 언어모델이 음성 AI와 결합하면 아이언맨의 '자비스' 같은 개인비서가 되고, 이미지-영상을 생성하는 AI와 합쳐지면 AR 환경에서 3D 모델이나 애니메이션 등 맞춤형 객체를 보여줄 수 있다. 그래서 메타버스 종사자들이 보기에, 챗GPT 같은 생성 AI야말로 디테일도 풍부하고 개인의 욕구와 관심에 맞춰진 가상세계를 구축하는 데 필수불가결의 요소다. 그래야만 사람들이 들어와서 시간을 보내고 싶을 가상세계를 창조할 수 있으니까. 마치 비디오게임들이 논 플레이어 캐릭터(NPC)로 가득한 것처럼, 메타버스 역시 가상의 인물들로 차고 넘칠 것이다. 그렇지만 논 플레이어 캐릭터에겐 미리 정해진 대본이 있는 반면, AI 캐릭터들은 사용자에게 유기적으로 반응한다. 챗GPT가 이용자의 질문에 곧장 답하는 것처럼 말이다.

대화형 인터페이스를 갖춘 챗GPT나 초거대 AI는 정해진 몇몇 문제나 산업을 위해서만이 아니라, 범용 목적으로 활용된다. 챗GPT는 검색 및 개발과 데이터 분석, 법률-의료부터 다양한 예술 분야까지, 인간의 지적 능력 전 부분을 건드린다. 그래서 공정과 분배를 가치철학으로 삼는 웹 3.0 시대에 잘 어울린다. 그러므로 웹 3.0 시대에 펼쳐질 가상경제의 핵심 공간인 메타버스에 챗GPT 같은 초거대 AI가 큰 역할을 하는 것은 극히 자연스러운 흐름이다. 컴퓨터에 단순 명령을 입력하는 지금까지의 방식보다 챗GPT 같은 대화형 인터페이스가 메타버스의 특성에는 더 적합하지 않겠는가.

몇 년 전을 돌이켜보면, 공유와 개방을 구호처럼 내세워 추구하면서도 막상 빅 테크·플랫폼 기업들에 독점의 권리를 허용했던 게 웹 2.0 시대의 한계였다. 소중한 데이터를 독점적으로 휘두름으로써 막대한 수익을 올리는 수단이 문어발처럼 늘어났다. 누구에게든 공정한 인터넷을 목말라하는 사람들이 늘어났다. 그런 자기반성이 웹 3.0을 불러온 계기가 됐다. 그리고 이 웹 3.0 시대에 가장 적합한 플랫폼으로 메타버스가 떠올랐다. 거기에선 가상경제 생태계가 원활하게 구현될 수 있을 거라고 다들 믿었기 때문이다. 메타버스라는 제3의 세계에서는 누구든 함께 대화하고 공연하고 게임도 하며, 누군가가 만든 창작물을 맘대로 사고팔거나 교환할 수도 있을 터였기 때문이다. 아울러 메타버스의 비즈니스 모델도 전통적인 그것과 달라서, 단순 수수료가 아니라 토큰이나 NFT 등으로 다양해지며, 어떤 경우이든 협의에 기반을 둔 공유 개념으로 이루어진다. 그리고 탈중앙화된 자율기구(DAO)가 운영해나가기 때문에 이 가상경제에는 다양한 이해관계자가 참여할 수 있다.

가상현실, 증강현실, NFT, 크립토, 그리고 여러 가지 새로운 기술을 통해서 인간의 피지컬한 자아와 디지털 자아는 점점 더 뒤섞여왔다. 그런데 이제 챗GPT를 비롯한 생성 AI까지 급속도로 확산하고 영향력을 더해가면서 그 두 자아 사이의 경계선은 한층 더 모호해질 것이다. 초거대 AI 기술은 인간의 창의적인 활동과 표현의 방식 속으로 깊숙이 들어와 새겨져 더는 분리될 수 없을 것이다. 이렇듯 AI 모델들이 숨 가쁘게 발전하고 나아가 고도의 AGI 상태에까지 이르면, 한동안 주춤해 있던 메타버스 업계는 거기서 긍정적인 영향, 참신한 충격, 파격적인 통찰을 얻게 될 것이다.

아무것도 없는 무의 상태에서 AI라는 도구를 이용해 메타버스를 창조하는 수준에 이르렀을까? 아직 그런 정도는 아니다. 하지만 AI가 이미 메타버스에서 중차대한 역할을 하고 있다는 데는 의심의 여지가 없다. 가령 새로운 창의에 목마른 메타버스 구축자들은 다양한 아이디어를 브레인스토밍하거나 코딩을 하거나 텍스트를 작성하기 위해 이미 챗GPT를 활용하고 있다. 디자인 아이디어를 미세 조정하거나 마케팅 기법을 얻어내거나 설계용 청사진을 만드는 등의 업무에도 챗GPT 같은 생성 AI가 유용하게 쓰인다. 사용자가 어떤 프롬프트를 제시하든, 챗GPT는 놀라울 정도로 침착하고 또렷하게 그에 반응해 텍스트를 생성한다. 마찬가지로 달리2는 텍스트 프롬프트에 따라 놀라운 이미지를 창조해낸다.

AI는 메타버스의 비즈니스 흐름에 이미 상당 부분 녹아들어 있을 뿐 아니라, 메타버스에서 이루어지는 업무 방식에도 참신한 변화를 일으키고 있다. 생성 AI가 더 발전하고 정교해지면서 텍스트를 넘어 음성, 이미지, 동영상 등으로 확대될수록, 메타버스의 세계도 한결 더 섬세하게 인간 세계를 닮아가는 놀라운 개선을 이룩할 것이다. 더불어 메타버스 생태계에서의 비즈니스도 훨씬 더 다양해지고 소비자들의 욕구를 더 잘 충족시키면서 수익성까지 극대화할 수 있을 것이다.

AI를 이용했더니 새 게임에 들어갈 캐릭터를 훨씬 더 빠르게 만들 수 있더라는 어느 게임 개발자의 이야기가 떠오른다. 그는 먼저 텍스트를 이미지로 변환하는 생성 AI 미드저니 플랫폼에서 9개의 얼굴을 합성하여, 즉, 알고리즘을 조금씩 뒤틀어서, 여자의 이미지를 하나 만들어냈다. 일단 흡족한 상태의 얼굴이 완성되자, 그는 챗GPT에게 이런 프롬프트를 입력한다. "작은 시골 마을의 여인숙에서 일하는 24세의 여자에 대한 배경 이야기를 판타지 스타일로 만들어줘." 챗GPT는 불과 몇 초 만에 한 여자의 배경을 이렇게 줄줄 엮어낸다. "여자는 농장에서 일꾼으로, 혹은 대장간의 견습공으로, 혹은 시끌벅적한 도시 술집의 여급으로 일한 적이 있다. 하지만 어디서 무엇을 하건, 그녀는 항상 무언가가 빠져 있다는 공허감을 느끼곤 했다."

그다음 이 캐릭터를 뼈와 살이 완전히 붙고 자연스럽게 움직이는 3D 인물로 창조하기 위해선 텍스트를 3D 형상으로 변환해주는 생성 AI가 필요했으나, 그런 생성 AI 도구는 아직 완전히 개발되지 않은 상태였다. 엔비디아나 구글이 '텍스트에서 3D로' 모델을 공개하긴 했지만 초기 단계에 불과해 널리 사용할 수는 없다. 가령 엔비디아가 2022년 11월에 공개한 Magic3D(매직3D)가 바로 텍스트 프롬프트에 반응해 3D 모델을 만들어내는 소프트웨어다. 하지만 아직 초기 단계여서 예컨대 “수련 잎 위에 앉아 있는 파란색 독화살개구리”의 3D 형상을 만들라는 프롬프트를 주면, 대충 아래와 같은 결과물이 나온다. 그것도 거의 40분가량이 지난 다음에야.

엔비디아는 Omniverse(옴니버스)라는 이름의 3D 시뮬레이션 엔진을 개발하고 있는데, 여러 가지 사물의 ‘레이블링’과 ‘빌딩’ 방법을 습득하고, 공간에서 이동하거나 사용자의 질문에 응답하는 방법을 배우도록 학습시키는 중이다. 생각보다 훨씬 빠른 진척이 이루어지고 있지만, 보통사람들이 단순히 컴퓨터에 프롬프트를 입력하는 것만으로 품질 좋은 3D 콘텐트를 만들어내자면, 아무래도 10년 정도의 세월은 걸릴 것 같다는 것이 업계의 전망이다.

다보스, 메타버스를 만나다

현재 메타버스 생태계에서 수익 모델을 창출하기 위해 안간힘을 쓰는 기업은 많다. 그러나 공익을 위해 이 기술을 활용하려는 회사는 별로 없다. 스위스 다보스에서 해마다 열리는 포럼으로 유명한 세계경제포럼(World Economic Forum)은 이런 추세를 바꾸기 위해 2023년 초 Global Collaboration Village(글로벌 협력 마을)라는 메타버스를 설립했다. 이 가상의 마을은 포럼 이해관계자들이 아바타로 언제나 모일 수 있어서, 1년 내내 다보스 포럼의 정신으로 일하고 세계 지도자들끼리 단절 없이 소통하는 데 사용될 것이다.

글로벌 협력 마을은 Microsoft Mesh(마이크로소프트 메쉬)라는 프로그램을 이용해 구축되고 있는데, 이는 MS의 협업 소프트웨어 Teams(팀즈)를 개량한 것이다. IMF 같은 국제기구와 메타 같은 기업들이 이미 이 메타버스 마을의 파트너로 이름을 올리고 자신들의 프로젝트를 소개할 가상의 빌딩도 구축하고 있다. 이 가상 마을에의 접속은 오큘러스 헤드셋을 이용한 가상현실로도 가능하고 스마트폰이나 랩톱으로도 가능하다. 마을에 들어오는 모든 이용자가 갖게 될 아바타를 정해주고 만들고 관리하는 것은 물론 가상 마을의 운용과 보안 등에도 생성 AI 서비스가 활용될 수 있지 않을까.

글로벌 협력 마을의 진가는 다보스에서 포럼 연례총회가 열리지 않는 51주 동안 더욱더 빛날 것이다. 포럼 측은 3D 아바타를 이용해 강한 몰입감을 줄 다채로운 가상 모임이 신뢰와 끈끈한 친목과 아이디어 교환을 어떻게 더 강화해줄 것인지, 확인할 생각이다. 특히 최근 몇 년간 우리에게 익숙해진 줌 미팅과 어떻게 비교될지가 궁금하다. 독특한 몰입의 경험을 제공하는 가상의 세계 메타버스가 챗GPT라든지 초거대 AI 서비스와 만나게 되면, 일찍이 볼 수 없었던 시너지를 낳을지도 모르겠다.

컴투스, 메타버스에 인공지능을 입히다

미국 MS가 검색엔진 빙에 챗GPT를 장착하는 등 AI 기술 활용을 현저히 늘리고 있는 상황에 발맞춰, 한국MS의 AI 기술과 솔루션 등이 컴투스의 자회사 컴투버스의 메타버스 플랫폼에 적용된다. 메타버스 서비스의 실질적인 활용도를 높이기 위해 AI 기술 등을 접목하기로 한 것이다 메타버스 이용자가 대화식으로 프롬프트를 주면 MS의 AI가 주석을 단 검색 결과를 보여주고, 특정 주제에 대해 챗봇과 대화를 나눌 수도 있다.

컴투스는 메타버스 공간 내 오피스 서비스를 위한 업무용 솔루션 개발에도 한국MS와 손을 잡고, 2023년 2분기 안에 가상 오피스 서비스를 상용화할 예정이다. 메타버스 가상 공간에서 회의나 대형 콘퍼런스도 열고, 콘텐트도 만드는 등, 기업의 각종 업무를 할 수 돕는 서비스다.

궁극적으로 컴투버스는 메타버스 안에 사무실, 대형 연회장, 컨벤션 센터 등을 구축하고 주요 파트너사와 B2B 서비스를 확대한다. 컴투버스의 협력사로 KT, 교보문고, 하나금융그룹, SK네트웍스, 교원그룹 등의 이름이 눈에 띈다. 이후 2024년엔 서비스의 대상을 소상공인과 개인으로까지 확장하고, 일반 개인을 위한 엔터테인먼트와 사용자 생성 콘텐트(UGC) 등의 서비스도 강화한다. 이를 위해 메타버스 이용자에 관한 데이터 분석, 개인정보 보호를 위한 보안 솔루션도 구축한다. 또 분야마다 글로벌 기업들과 동맹을 맺음으로써 컴투버스의 인프라스트럭처 완성도를 높이는 노력을 계속한다.

글로벌 투자 지형: 천당이냐 지옥이냐

역사에 한 획을 긋는 혁신에는 거품이 끼기 마련이다. 인터넷의 시대가 활짝 열릴 때도 그랬고, 스마트폰이 퍼지고 '모바일'의 시대가 시작될 때도 그랬으며, 메타버스라는 다소 생소한 개념 때문에 온라인이 떠들썩할 때도 그랬다. 챗GPT와 초거대 AI가 전 세계 언론의 1면 톱을 장식하고 있는 지금도 거품은 불가피할 것이다. 그럼에도 알고리즘으로 새로운 콘텐트를 만드는 생성 AI 기술을 둘러싼 시장의 흥분은 정당하다고 생각된다. 평가하는 사람에 따라 의견은 갈리겠지만, 2023년 벽두에 돌풍을 몰고 온 생성 AI 서비스는 암호화폐나 메타버스보다 오히려 빠른 속도로 전 산업에 확산하고 심도 있게 활용될 것이라고 본다. 따라서 첨단 반도체 기술을 보유하고 있거나 네트워크 인프라 개발 역량이 있는 아시아 기업들이 소위 AI 전쟁에서 수익을 낼 전망에도 동의한다.

챗GPT가 테스트 버전에서 기대 이상의 성과를 거두고 유료 버전으로 넘어와 상용화된 가운데, AI 서비스는 뛰어난 기술력을 앞다투어 선보이며 재빨리 글로벌 투자의 큼직한 화두가 되었다. 여태껏 AI 산업 전반의 수익성에 의문을 품으며 AI 관련 투자를 머뭇거리던 시장 분위기도 크게 바뀌고 있는 것 같다. 이제 AI 관련 대표 기업들에 본격적으로 투자해볼 만한 시점이라는 전문가들의 조언에도 힘이 실린다. 그 결과, 전쟁, 자연재해, 인플레이션 등 부정적 영향을 미치는 매크로웨이브 요소들이 여전히 버티고 있음에도 불구하고, AI 분야에는 막대한 투자금이 쏠리고 있다.

당장 눈에 띄는 것은 1년여 만에 기업가치가 2배 이상으로 치솟았던 챗GPT의 개발사 오픈AI의 290억 달러어치 지분 매각 협상이다. 생성 AI 선점 경쟁의 치열함을 그대로 보여준다. 크고 작은 AI 스타트업에 대한 투자도 왕성하다. 시장조사업체 피치북의 조사 결과에 의하면 2022년 한 해만도 13억 7,000만 달러(약 1조 8,000억 원)라는 금액이 생성 AI 스타트업에 투입되었다. 이전 5년간 투자금을 모두 합한 것과 맞먹는 액수다. 미국 못지않게 빠른 성장을 보이는 중국에서도 정부의 공공지원 및 투자가 이뤄지고 있어서 AI 분야를 선도하고 있는 바이두, 화웨이, 알리바바와 음성인식 AI 개발업체 아이플라이텍 등이 대표적 기업으로 돋보인다. 특히 중국과 한국처럼 생산 가능 인구가 줄어들고 있는 국가에서는 하드웨어냐, 소프트웨어냐를 가리지 않고 자동화에 대한 투자가 각 방면에서 이뤄질 것이라는 투자 전문가들의 전망에 귀 기울일 만하다.

하지만 중-장기적으로 볼 때, AI 산업에 대한 투자의 미래는 MS와 구글이 기술 개발 및 수익성 실현에 얼마나 성공할 것이냐에 크게 달려 있다. 인공지능 기술에서 가장 선두주자로 꼽히는 이들이 본격적인 AI 수익화에 성공한다면, 글로벌 시장의 투자도 폭발적으로 늘 것이란 관측이다.

챗GPT는 요술봉?

국내 주식시장에서 작년까지만 해도 듣지 못했던 새로운 테마주가 탄생했다. 바로 '챗GPT 관련주'다. "아직 안 오른 챗GPT 관련주는 없습니까?" 요즘 증권가에서 가장 흔히 들을 수 있는 질문이라고 한다. 실제 이 분야 몇몇 기업의 주가가 2023년 1월 이후 2배~3배씩 '수직상승' 했으니 무리도 아니다. Chapter 6에서 상세히 들여다보겠지만, 코난테크놀로지, 셀바스AI, 마인즈랩, 솔트룩스 등의 AI 개발업체들이 소위 '돈벼락'을 맞았다. 미국 증시에서도 빅데이터 분석 업체 C3.ai나 대화형 AI 개발업체 SoundHound AI(사운드하운드 AI) 등이 주가 폭등을 경험했다.

심지어 자연어처리 모델, 생성 AI 등과 직접 관련이 없는 AI 프로그램 개발업체라든지, 반도체 관련 업체, 음원 업체에 이르기까지 챗GPT 혹은 AI 챗봇과 눈곱만치라도 관련이 있으면 주가가 들썩이는 형편이다. 챗GPT랑 스치기만 해도 금새 주가에 날개를 달아주는 판국이라, 챗GPT가 요술봉이냐는 말이 나올 법하다.

엔비디아, 그 경쟁사인 AMD, 최첨단 메모리에 점점 더 주력하는 삼성전자와 SK하이닉스, 파운드리 분야의 TSMC 등도 모두 주가 상승의 대열에 동참했다. 메모리 감산 효과에다 초거대 AI 서비스에 대한 수요 증대까지 가세하면서 2023년 하반기엔 반도체 주가가 강세로 전환한다는 전망에 더 힘이 실린다.

텍스트 형식의 프롬프트를 음원으로 바꿔주는 구글의 뮤직LM 서비스는 소비자들로부터 '음악계의 챗GPT'로 주목받고 있다. 그래서일까, 얼핏 챗봇과 무관할 것 같은데도 주가가 훌쩍 뛰는 대표적인 케이스가 음원 관련주다. 뮤직LM의 인기를 반영하듯, 국내에서도 NHN벅스나 지니뮤직 등의 음원 관련주들이 갑자기 상승하는 모습을 보였다. 특히 지니뮤직은 2022년 말 생성 AI 기술을 이용해 크리스마스 캐럴 음악을 작곡하여 배포함으로써 눈길을 끌었다.

한국과 미국에서 주가 급등한 '챗GPT 관련주'

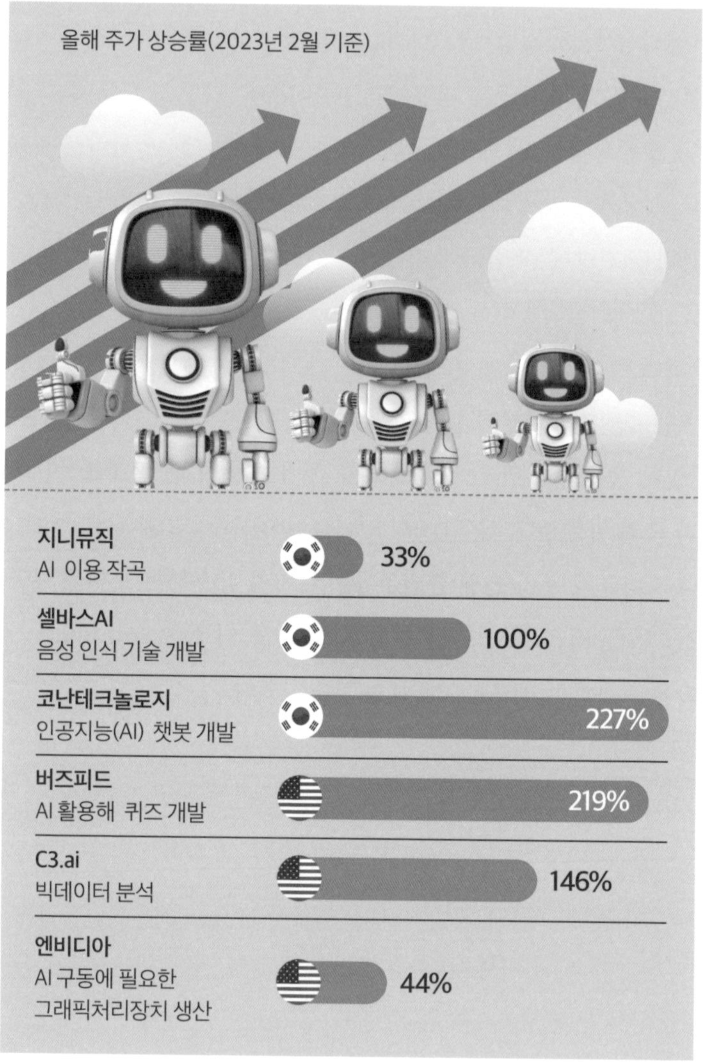

올해 주가 상승률(2023년 2월 기준)

지니뮤직 AI 이용 작곡	한국	33%
셀바스AI 음성 인식 기술 개발	한국	100%
코난테크놀로지 인공지능(AI) 챗봇 개발	한국	227%
버즈피드 AI 활용해 퀴즈 개발	미국	219%
C3.ai 빅데이터 분석	미국	146%
엔비디아 AI 구동에 필요한 그래픽처리장치 생산	미국	44%

아무리 전망이 좋아도 가릴 건 가려야

앞으로 챗GPT를 비롯한 AI 챗봇의 활용 가능성은 무궁무진하다. 그래서 이 분야 투자 전망이 밝은 것은 사실이다. 경기 불황과 인건비 상승에 맞서는 방편으로 기업들이 AI에 대한 투자를 늘리는 측면도 있다. 그러나 딱 거기까지다. AI를 활용한 서비스나 모델을 개발한다고 해서 무조건 투자하는 것은 위험한 바보짓이다. 각 기업이 개발하는 프로그램이 얼마나 실용적인지, 얼마나 실현 가능한지, 얼마나 수익을 거둘 수 있는지 등을 일일이 따져봐야 한다. 2023년 첫 두 달에 벌어진 급등 현상은 정상이라기보다 일시적 기현상일 가능성이 크다. 챗GPT 관련주에 대한 '묻지 마' 투자는 손실로 직행하는 길이 될 수 있다. 기억하는가, '메타버스'니 '암호화폐'니 'NFT' 관련주들이 어떤 식의 급등과 급락을 거듭했는지를? 기억하는가, 루나 사태와 위메이드가 겪었던 '천당과 지옥'을?

물론 AI 서비스에 끊임없이 관심을 두고 연구하고 기술 변화에 민감한 태도를 견지해야 한다. IT 관련 기업이나 펀드에 뭉칫돈이 들어오고 있기 때문은 아니다. 그보다는 지금 우리가 4차산업혁명이 본격화하는 시기를 지나고 있는 만큼, 챗GPT라든지 초거대 AI 등의 변천에 민감해질 필요가 있기 때문이다. 인간의 삶을 바꿀 수 있는 신기술의 언저리에 투자자들이 모이기 마련이기 때문이다. 산업 전체의 움직임, 관련 기업의 동향, AI 산업과 주변 산업들과의 인터랙션 등을 예리하게 지켜봐야 한다. 어렵더라도 큰 그림과 디테일을 함께 보는 눈을 길러야 한다.

챗GPT 확산에 신바람?

앞서 주요 산업별로 챗GPT와 더불어 시작된 생성 AI의 광풍이 미치게 될 영향을 살펴봤다. 그것은 어김없이 2023년 초 주식시장에서 관련 업종의 주가에 엄청난 변동성을 부여했고, 앞으로도 중-장기적으로 상당한 파란을 초래할 것이다. 그러나 꼭 기억해야 할 사실은 챗GPT만으로 IT 시장 전체에 수요가 강하게 살아날 것이라고 말하는 것은 섣부른 판단이란 것이다. IT 관련 업체라고 해서 저절로 AI 시장의 구조적 성장에 플러스 영향을 받는다고 예단할 수도 없다. 국가별 특성도 신중히 고려해야 한다.

특히 국내 사정은 좀 더 복잡해 주의가 필요하다. 챗GPT는 아직 한국어 기반 서비스에는 취약하다. 주지하다시피 영어 데이터를 기반으로 학습하기 때문이다. 물론 국내 기업들과의 협업으로 한국어 데이터를 대량 확보함으로써 한국어 품질을 높일 수 있다. 이 점을 염두에 두고 챗GPT 기술 활용을 고려하는 국내 기업도 많다. 어쨌거나 국내 시장은 챗GPT의 직접 영향권에서 당분간 벗어나 있을 것으로 보인다. 오히려 네이버 같은 국내 선도기업의 '한국식 AI 서비스' 개발에 눈길이 간다. 참고로 시장조사업체 IDC에 따르면 국내 AI 시장 규모는 2022년에 처음으로 1조 원을 넘어섰고, 2025년에는 그 두 배가량인 1조 9,074억 원으로 커질 전망이다. 이 수치를 2022년 한 해 동안 세계 벤처캐피털이 생성 AI 관련 기업에 투자한 13억 7,000만 달러(약 1조 8,000억 원)와 비교해보라. 아직은 눈을 동그랗게 뜨고 침을 흘릴 만큼 커다란 규모는 아니라는 얘기다.

국내 AI 시장 규모

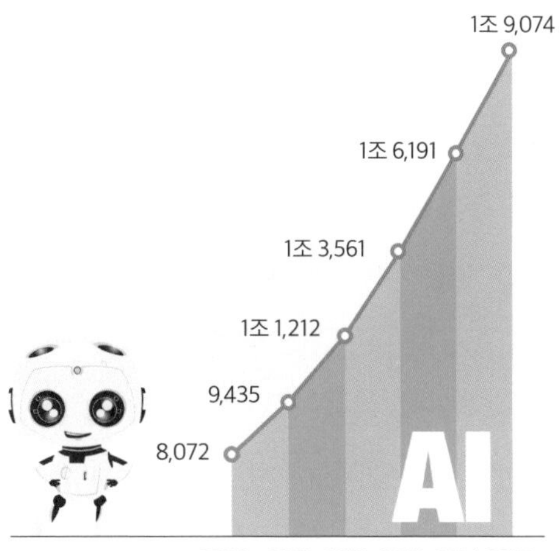

*2023~2025년은 전망치

자료 : IDC

앞으로 챗GPT는 일상의 대화를 포함한 자연스러운 대화나 지능형 검색에서 다양한 분야로 확대될 것이 확실하다. 국내 기업들의 경우, 대화 기술의 핵심 요소인 언어처리 분야에 한글 데이터를 처리하고 한글 정서에 맞는 서비스를 구현하는 등의 노력이 필요할 것이다. 또 챗GPT에다 우리 시장에 통할 만한 강점을 결합하는 것을 그런 노력의 목표로 삼아야 할 것이다.

✓ 일상: 먹고, 마시고, 일하고

너와 나의 일상 속으로

인간의 일하는 모습은 어떨까. 지금부터 20년 후 일하는 인간을 상상해보자. 인류가 축적한 거의 모든 데이터는 디지털화한다. 의사결정도, 최적화도 AI를 사용하거나 AI의 도움으로 이루어진다. 초거대 AI와 자동화가 육체 노동자 대부분을 대체하고 제품의 생산은 최소한의 한계비용으로 가능해진다. 상품이란 상품은 거의 모두 로봇과 AI에 의해 만들어진다. 아니 디자인에서부터, 홍보, 마케팅, 배송에 이르기까지 전 과정이 AI 주도로 이루어진다. 건축은 어떤가, AI가 설계하고 로봇이 사전 조립한 구조물을 현장으로 가져와 싸게 빠르게 안전하게 척척 쌓아 올린다. 집안일까지 SF 영화나 소설에서 봐온 것처럼 서비스 로봇이 거의 도맡아 한다.

어떤 의미를 감지할 수 있는가? 인간이 일하는 방식에 엄청난 변화가 있을 거란 얘기다. 과거의 업무 방식으로 돌아가진 않을 거란 뜻이다. 일감의 배치가 변하고 인간이 맡을 과제도 바뀔 것이며, 그런 변화에 여러 가지 조치로써 대응해야 할 거란 의미다. 업무의 특성을 재고하여 인간과 AI 사이에 재분배해야 한다. 일감을 잃는 사람은 어떻게 재교육하거나 재배치할 것인지 고민해야 한다. 반대로 새로 생긴 일감은 누구로 채워서 어떻게 수행할 것인지, 그리고 이 와중에 큰 그림은 누가 어떻게 그릴 것인지도 챙겨야 한다.

'AI' 대 '인간'

첨단 IT 서비스를 좋아하는 MZ 세대는 이미 생성 AI에 상당히 익숙해져 있다. 가령 'AI 아바타'는 이용자의 사진을 기반으로 AI가 이용자의 아바타를 생성해주는 서비스인데, 출시 한 달 만에 유료 이용자가 60만 명을 넘었다. AI로 작동하여 실제 친구처럼 대화를 이어가는 AI 챗봇 '이루다2.0' 역시 이용자가 100만 명 이상을 헤아린다. 스마트폰으로 수학 문제를 찍기만 하면 AI가 바로 풀이 과정과 답을 알려주는 앱이 있다. 국내 가입자만도 중고교생 대부분을 포함해 900만 명을 넘겼다는 사실이 전혀 놀랍지 않다. 이들에게 AI는 가까운 친구이거나 반려견처럼 다가올 것이다. 그 놀라운 기능과 편리함과 효율을 안다면, 더 나이 많은 세대라고 해서 크게 다르겠는가.

쇼핑하고 싶을 땐 AI의 추천으로 물건을 고른다. 휴가를 떠나고 싶다면 AI에게 여행 계획을 맡기면 된다. 식당에서는 AI가 예약도 관리하고, 주문도 받고, 음식도 만들어 배달까지 해준다. 인간의 노동력 개입하지 않아도 얼마든지 쇼핑할 수 있고 외식할 수 있고 휴식할 수 있는 '무인 시대'가 정착하는 것이다. 거꾸로 본다면, 일상생활과 업무영역 여기저기서 '인간 대 AI의 경쟁'이 벌어진다는 말이 과장이 아닐 것이다.

한 AI 스타트업이 개발한 '타입캐스트'는 다양한 목소리의 AI 성우를 제공하는 서비스인데, 목소리가 들어간 유튜브 영상의 3분의 1 이상이 AI 성우를 쓴다고 한다. 미국, 영국, 일본 등 45개국에서도 이 타입캐스트를 사용하고 있다니 놀랍기 그지없다. AI가 인간의 업무 일부를 처리하고 있다는 본보기다. 상세한 여행 정보를 제공하는 플랫폼들도 마찬가지다. 목적지, 여행 기간, 동반자 여부, '박물관 순례'나 '여유로운 힐링' 같은 여행 스타일을 지정해주면, 수백만 개의 일정과 여행 리뷰 등을 학습해온 AI가 교통편과 숙박 시설은 물론 동선, 주요 관광 포스트, 맛집 등을 재빨리 찾아준다. 이 역시 예전에 인간이 해왔던 일 아닌가. 소비자 집단이나 개인을 위해 맞춤형 상품을 추천하는 일을 두고 인간과 AI가 경쟁하는 셈이다.

업무 혁명: '일당백'은 몰라도 '일당십'은 충분

◐ 예전엔 코딩에 필요한 프로그래밍 연산 공식을 구하려고 구글링에만 한 달 넘게 낭비하곤 했는데, 지금은 챗GPT에 요청하면 1분도 안 돼 답을 내놓는다. 내 경력이 20년도 넘지만, 나에게 챗GPT만한 멘토가 따로 없다.

◐ 영어에 도통 자신이 없는데 어찌어찌 영어를 꼭 써야 하는 부서로 갑자기 발령이 나버렸다. 앞길이 막막하던 차에 챗GPT가 나타났다. 한글로 쓴 사업 계획서나 이메일을 그 친구가 능숙한 영어로 척척 옮겨준 덕분에 해외 파트너들과의 업무 진행이 한결 수월해졌다.

◐ 임상 환자 3,000여 명에 관해 6년간 축적된 데이터를 엑셀에다 일일이 입력해보라. 적어도 5시간은 넘게 걸린다. 그런데 챗GPT가 연산식과 코드를 알려준 덕분에 1분 만에 끝났다. 이 정도면 단순 업무를

위해 비정규직을 임시로 채용할 필요가 없을 수도 있겠다.

➲ 국제 공조가 필요한 경찰 업무에도 챗GPT는 대단히 쓸모 있다. 피의자가 해외로 도피했거나 범죄에 엮인 인터넷 서버가 해외에 있는 경우, 영어로 공문을 작성해야 하는데 챗GPT가 없었더라면 난감했을 것이다. 경찰 업무의 신속성과 정확성을 높이는 데도 챗GPT 도입은 거의 신의 한 수였던 것 같다.

➲ 핀테크 업체에서 주간보고서를 만들려면 2~3시간씩 땀깨나 흘려야 하는 법이다. 그런데 챗GPT가 어떤 프로그래밍 코드를 사용해야 하는지 알려줘서 그대로 따라 해봤더니, 웬걸… 거의 손도 안 대고 자동으로 만들어졌다.

위와 같은 챗GPT 칭송 사례는 우리 언론 보도에도 차고 넘친다. 챗GPT가 업무 효율성(즉, 생산성)을 획기적으로 높여준다는 것은 이미 새로운 사실도 아니다. 혼자서 10명 정도의 과제는 너끈히 감당해낸다. 음으로든 양으로든 직장인들이 챗GPT를 업무에 활용하는 사례가 급속히 늘어나, 이젠 돌이킬 수 없는 하나의 흐름이 되었다는 느낌이다. 그렇다는 사실이 빠르게 퍼지면서 유튜브 등에선 챗GPT 활용법을 알려주는 동영상이 인기고, 이 주제의 책도 한 달 사이에 10여 권씩 출간되어 독자들을 만나고 있다.

지금은 챗GPT가 반복성의 단순 업무에 주로 사용되지만, 그 기술이 깊어지고 넓어지면 고도의 숙련된 작업 영역에까지 들어올지도 모른다. 인간 대체의 끝을 누구도 예측할 수 없다. 분명한 것은 챗GPT와 생성 AI가 노동시장을 뒤흔드는 변곡점이 되고 있다는 사실이다. 그러나 두 가지 측면을 모두 봐야 한다. 한편으로 챗GPT처럼 진화된 AI 기술이 인간을 대체하는 측면과, 반대로 AI가 대체할 수 없는 업무의 가치가 더욱더 높아지는 측면을 말이다. 결국 'AI에 밀려난 인력'과 'AI로 더 귀해진 인력' 사이의 노동시장 양극화는 갈수록 속도가 붙게 되고, 우리가 아는 업무들은 잘게 쪼개져 한층 더 세분화할 것이다.

생성 AI로 사라질 직업, 생겨날 직업

인간과 AI 사이 경쟁의 끝을 짐작하기는 그리 어렵지 않다. 우리는 기계가 인간의 일자리를 빼어갔던 역사를 잘 알기 때문이다. 챗GPT와 생성 AI의 등장으로 그 역사가 비슷한 모습으로 되풀이될 것 같다. 이미 7년 전 이세돌과 알파고가 맞붙었을 때부터 AI 공포는 슬슬 시작되었다. 요즘의 추세라면 적어도 반복적이고 정형화된 일은 AI에게 넘어갈 공산이 크다. 대상만 다를 뿐이지, 산업혁명 초의 러다이트 운동이 AI를 향해 벌어질지도 모른다. 그러나 동시에 AI는 인간에게 시간을 되찾아주고, 인간은 그 시간으로 창의력과 통찰력 발휘에 집중할 수 있지 않으냐는 기대도 적지 않다. 초거대 AI의 선물은 혼란일까, 효율과 생산성일까.

아슬아슬한 건 블루칼라뿐만이 아니다. 이번엔 창의력과 정확성을 요구하는 화이트칼라 직업군조차 AI의 공습에 안전하지 못할 것 같다. 이제 귀가 따갑도록 들었겠지만, 챗GPT의 성능이 미국 의사면허시

생성 AI(Genaerative AI) 등장으로 사라질 직업들

순위	2016년 한국고용정보원이 꼽은 인공지능 대체 가능성 낮은 직업		2023년 생성 AI 등장 후 전망
1위	화가 및 조각가	▶	달리2(Dall-E2)미드저니·오픈아트 이미지 생성 AI 대체 가능
2위	사진작가 및 사진사	▶	현실 사진 촬영은 대체 불가 사진 합성은 가능
3위	작가 및 관련 전문가	▶	챗GPT 등 텍스트 생성 AI로 대체 가능
4위	지휘자·작곡가 및 연주가	▶	스플래쉬·무버트 등 음악 생성 AI로 일부 대체 가능
5위	애니메이터 및 만화가	▶	달리2(Dall-E2)미드저니·오픈아트 등 이미지 생성 AI 대체 가능

험을 통과할 수준이며, 명문 MBA 와튼스쿨의 기말시험에서 B 학점을 받을 정도라고 하니, 놀랄 일도 아니다. 특히 교사, 은행이나 증권사의 애널리스트, 저널리스트, 그래픽 디자이너, 소프트웨어 개발자, 썩 수준이 높지 않은 엔지니어, 콘텐트 창조자 등이 무한 지식을 장착한 재주 좋은 AI 어시스턴트에 밀려날 가능성을 두려워한다. 2030년까지는 아마도 모든 직종의 업무 중 25%가 AI로 대체될 것이라는 글로벌 경영 컨설턴트 McKinsey(매킨지)의 예상이 다시금 오싹하게 들린다.

챗GPT가 등장한 시대엔 IT 개발 업무까지(아주 복잡하고 어려운 것만 아니라면) AI가 해결해낸다. 별도의 코딩 작업이 없어도 AI가 프로그램을 개발하는 사례로 네이버의 노코드 플랫폼 '클로바 스튜디오'를 들 수 있다. 국내 스타트업 100곳 이상이 이 서비스를 활용한다. 미국 부동산 중개인들은 챗GPT로 초안을 작성한 다음 매물 소개 글을 완성한다고 한다. 키워드 몇 개만 넣으면 사람이 1시간 걸려 만들 글을 5초도 안 돼

써준다니, 어떻게 마다하겠는가. 예상보다 훨씬 빨리 AI가 우리 일상에서 큰 역할을 할 수 있음을 챗GPT가 깨닫게 해준다. 이미 늑대는 문 앞에 있다고 묘사한 어느 미디어의 표현에 공감이 간다.

챗GPT 같은 생성 AI가 널리 확산될수록, 그 성능이 더 나아질수록, AI가 대체할 수 있는 직업도 자꾸 늘어난다. 콜 센터 등 고객 상담 직원, 프로그래머, 회계사, 번역자, 일반 사무원 등은 말할 것도 없고, 이젠 의사, 약사, 변호사, 조사자, 연구원 등 전문성을 띠었던 직업까지 위태롭다. 투입되는 매개변수가 늘고 AI가 맥락을 더 이해하면서 논리적으로 복잡한 내용까지 분석할 수 있기 때문이다. 소송이나 회계 관련 서류, 각종 보고서처럼 일정한 틀에 맞춰 결과물을 만드는 일자리는 대부분 고성능 AI의 제물이 될 수 있다. 그래서 생성 AI는 우리가 지금까지 '전문성'이라고 불렀던 것을 재정의할 거란 이야기가 나온다. 이젠 직관과 통찰을 찾아 기획하고 큰 그림을 유지할 1명이면 충분하지, 10명씩 힘을 합쳐 보고서를 만드는 시대는 지나간 것이다. 이런 추세가 심화하면, 보통사람들은 어떤 일자리로 몰리겠는가? AI도 자동화 기술도 다 필요 없는 자투리 감정노동 같은 나쁜 일자리로 내몰리게 될 터이다. 일자리의 '부익부 빈익빈' 현상이 깊어지는 것이다.

"AI가 당신의 해고를 결정했습니다."

최근 미국 언론의 보도에 따르면, AI가 심지어 기업들의 해고 대상 직원 선정에도 사용되고 있는 것 같다. 거대 기업들의 인사팀이 몇몇 AI 기반 소프트웨어를 사용해 방대한 고용 관련 데이터를 분석하고, 누구를 인터뷰할지, 누구를 채용할지, 누구를 계속 고용하고 누구를 해고할지, 등을 결정하고 있다는 것이다. 물론 기업들은 어떤 AI 알고리즘도 해고에 관여하지 않았다고 해명하지만, 인사 관리자들이 인터뷰, 채용, 승진, 해고 등을 결정할 때 갈수록 AI 소프트웨어를 더 사용할 거라는 우려에는 다분히 근거가 있다.

실제로 Capterra(캡테라)라는 업무성과관리 플랫폼이 인사 책임자 300명을 대상으로 조사해 봤더니, 98%는 정리 해고 대상을 결정하는 데 AI 기반의 소프트웨어와 알고리즘을 활용할 거라고 밝혔다. 2008년 경제위기와 함께 시작된 '데이터 중심' 인사 관리가 더욱 확고해진 데다, 이제 정교한 AI 서비스의 확산까지 더해져 대세로 굳어질 수 있다. 이유가 무엇이든 해고는 까다롭고 괴로운 노릇이다. 그걸 알고리즘에 맡겨버린다면 경영자들은 어쨌든 위안(혹은 핑계)을 얻을 수 있을 것이다. 그렇지만 이런 알고리즘이 널리 공공연하게 해고에 개입한다면 AI의 투명성에 대한 논란도 커질 것이다. 특히 AI 서비스가 데이터의 사전학습을 근거로 이루어지기 때문에, 흑인이나 여자 등 특정 집단의 이직률이 높다고 판단해서 우선적으로 해고 대상에 올린다면 문제는 정말 심각해진다. 편향적이거나 나쁜 데이터의 사용을 사전에 철저히 막고, 알고리즘에 근거를 둔 결정을 맹목적으로 따르는 것을 경계해야 할 것이다.

잉여인간 대량 생산? 아니면 새로운 미학 탄생?

거꾸로 생각해보자. 여태껏 많은 인간은 단순노동에 붙잡혀 있었다. 생성 AI는 그런 노동을 대신해줌으로써 인간을 해방하고 잃어버린 시간을 돌려주지 않겠는가. 되찾은 그 시간 덕분에 염두도 내지 못 했던 창의적 전략적 사고를 키울 수도 있지 않겠는가. 그뿐인가, AI는 오히려 우리의 창작영역을 넓혀줄 수도 있다. 가령 그림에 별 재주가 없어 아예 그 분야를 넘볼 생각조차 못 했던 사람이 이젠 그림에 욕심을 낼 수도 있지 않은가. 생성 AI 모델들이 기막히게 도와줄 테니 말이다. AI의 도움으로 이젠 웹툰도 그려보고, 줄거리와 문체만 프롬프트로 제공하면 한결 쉽게 소설도 쓰고 시도 지을 수 있을 테니 말이다.

이처럼 더 많은 사람이 창작을 탐내고 시도하고 연마해서 교류까지 한다면, 궁극적으론 사회적 효용이 커질 것으로 생각된다. 상당히 전문적인 교육과 훈련을 받은 사람만의 전유물이었던 창작 활동을 AI 덕분에 보통사람들도 할 수 있게, 적어도 시도할 수 있게, 되는 것이다. 이런 방식으로 착하게 이용된 AI는 사회 전체의 새로운 미학을 탄생시킬 수 있을 것이다. 그리고 AI의 질 높은 도움을 통해 이렇게 창작 활동이 보편화하고 확산하면, 결국 인류의 자산인 콘텐트 자체가 더 방대해지고 더 풍요로워질 것이며, 그 혜택은 다름 아닌 우리 인간 자신이 누리게 될 것이다.

"미안해, 챗GPT. 뭐니 뭐니 해도 지식은 서점이지."

1873년 처음 문을 연 Barnes & Noble(반즈 앤 노블)은 미국 오프라인 책방을 상징하는 전설의 서점 체인이다. 아마존의 골리앗에 용감하게 대적하

고 있는 다윗이라 불러도 좋다. 온라인 서점의 파상공세에 무릎 꿇고 존폐의 위기에까지 몰렸으나, 최근 흑자 전환을 알리며 대부활을 선언하고 30개의 매장을 신설하는 등 언론의 첨예한 주목을 받고 있다. B&N의 기업가치가 실리콘밸리를 뒤흔들고 있는 챗GPT를 뛰어넘는다고 할 정도니, 대체 무슨 일이 있었던 걸까.

올해로 150살인 B&N은 미국 내 매장만 1,000여 개에 달하는 황금기도 있었다. 그땐 B&N이 오히려 골리앗이었다. 할인 판매를 무기로 골목 책방을 위협하곤 했으니까. 그러나 2000년대 들어 소비자들이 온라인으로 옮겨가면서 급속히 내리막길을 걸었다. 7년 연속 매출 감소 끝에 매장은 600여 곳으로 쪼그라들고 2018년 순손실이 1억 2,500만 달러에 달하자, 더는 견디지 못하고 사모펀드 Elliott Investment Management(엘리엇)에 팔리고 만다.

B&N의 부활에는 여러 가지 요소가 있겠지만, 무엇보다 '영국에서 가장 아름다운 서점'이라는 Daunt Books(돈트 북스) 창업자가 구원투수로 나선 게 주효했다. 팬데믹 기간을 활용해 매장을 확 뜯어고쳤다. 잡화 진열대가 사라지고 매장은 책 중심으로 변신했다. 출판사로부터 돈을 받고 눈에 띄는 곳에 책을 진열해주던 관행을 과감히 포기했다. 도서 큐레이션은 매장 직원의 권한이 되었다. 지역마다 매장마다 독특한 스타일의 도서 배치가 이루어졌고, 직원 추천 도서에 손글씨로 짧은 메모까지 붙였다. 요컨대 오프라인 서점만이 가질 수 있는 매력을 극대화해 온라인 골리앗이 도저히 줄 수 없는 고객 경험을 창출한 것이다.

그러나 이 책에서 굳이 B&N 스토리를 소개하는 이유는 딴 데 있다. 챗GPT와 생성 AI와 로봇과 알고리즘만이 능사는 아니라는 걸 기억하자는 것이다. 아무리 AI가 고도의 발전을 거듭해도 결코 비집고 들어올 수 없는 인간 고유의 감성 영역이 있다는 것을 말이다. 전체와 부분이 적절히 조화를 이루고 서로서로 협력해야 한다는 명제는 AI 시대에도 적용될 것임을 기억하자는 얘기다.

이 스토리를 다룬 NYT 칼럼에 이런 댓글이 달렸다.

"난 아직 이 세상의 중요한 지식은 서점에 남아 있다고 생각해. 인터넷이 아니고."

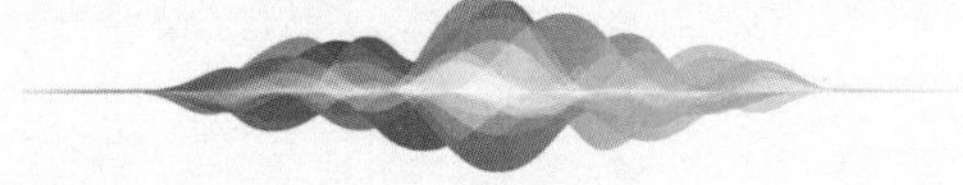

Chat GPT

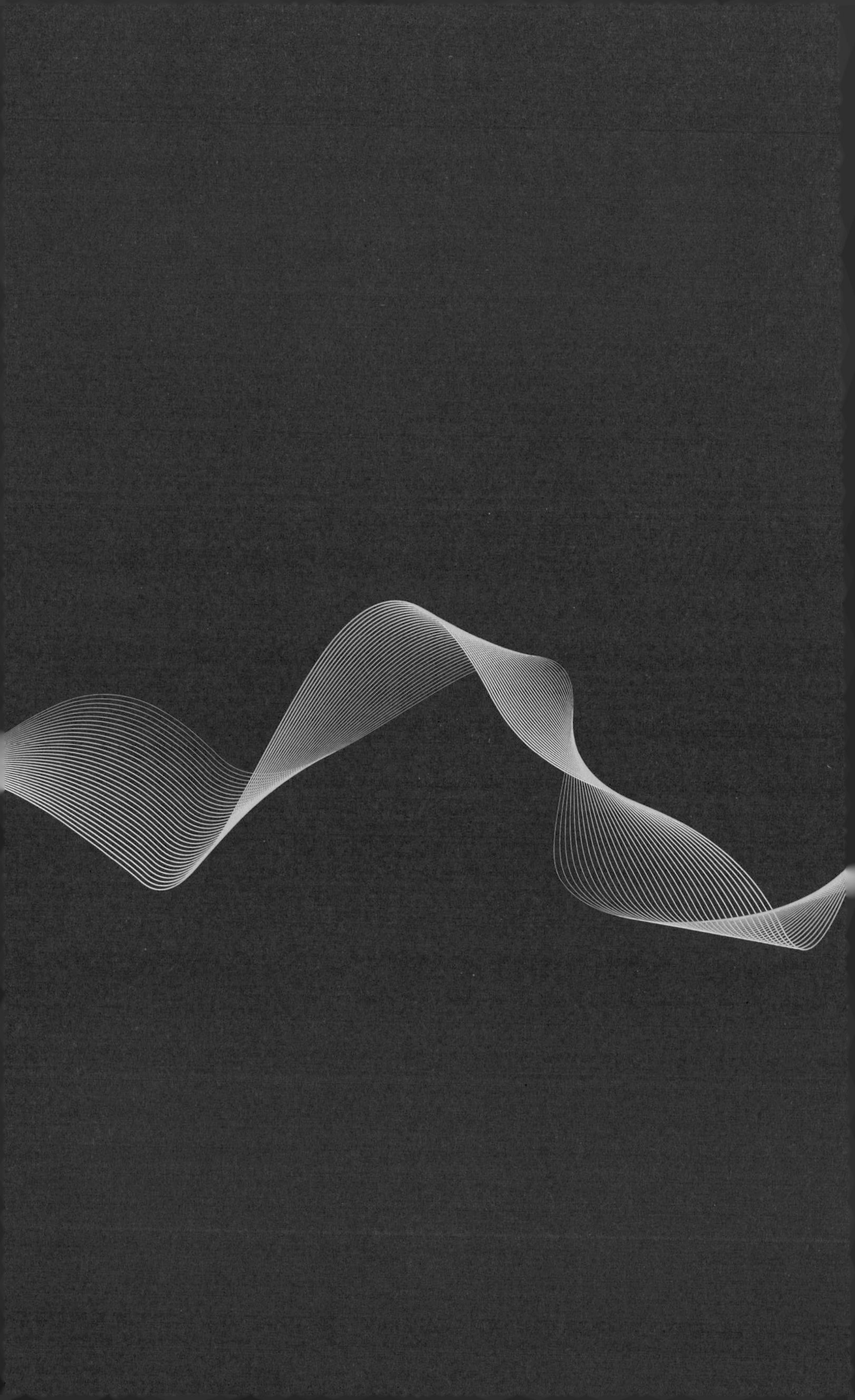

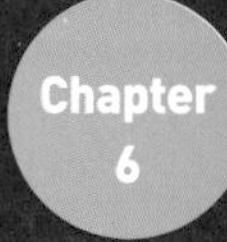

탐험가의 발견 – 챗GPT 세계를 구축하는 기업들

이제 70년이 넘는 인공지능의 역사에는 몇 차례 랜드마크라 할 만한 사건이 있었지만, 2022년 말에 공개돼 세계인의 이목을 집중시킨 챗GPT와 생성 AI 모델들이야말로 인공지능이 인간과 본격적으로 가까워지게 만들고 시장으로서의 AI 생태계를 구체적으로 형성하게 된 획기적인 촉매제였다. 이제부터 높은 품질의 다양한 AI 서

세계 AI 시장 규모

자료 : 마켓앤드마켓

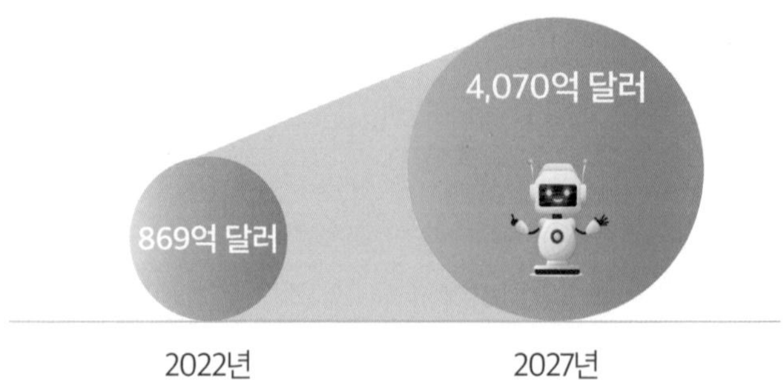

비스를 만나게 될 글로벌 'AI 시장'은 얼마나 클까? 시장조사 업체 MarketsandMarkets(마케츠앤드마케츠)는 세계 AI 시장 규모가 2027년까지 연평균 36.2% 증가할 것으로 예상한다. 그러니까 2022년 말 869억 달러(약 107조 원) 정도였던 AI 시장이 다섯 배쯤 늘어나 5년 후엔 4,070억 달러(약 501조 원)로 커질 것이란 얘기다.

챗GPT라는 '게임 체인저'가 불붙인 이 방대한 시장의 잠재력에 비하면, 구글과 마이크로소프트를 비롯한 현재 이 섹터를 이끌어나가고 있는 기업들의 수는 오히려 미미하게 느껴질 정도다. 생성 AI 시장 주도권을 잡기 위한 글로벌 빅 테크 기업들의 움직임은 분주하기 짝이 없지만, 여전히 크고 작은 플레이어들의 진입 가능성은 충분해 보인다. 어쨌건 이 시점에서 세계 AI 시장을 앞서 주도하고 있는 건 역시 챗GPT 탄생지인 미국의 기업들이다.

그러나 시장의 풍경은 빠르게 바뀔 수 있다. 안 그래도 세계 PC 운용체계와 검색시장을 MS와 구글이 각각 좌지우지하는 상황이라, 새롭게 열릴 AI 시대에서조차 또다시 미국에 독점적 리드를 내줄 수 없다는 주요국 정부와 기업들이 AI 무한경쟁 체제에 돌입했기 때문이다. 특히 중국의 맞대응은 만만치 않은 수준이어서, 그들의 장점인 거대한 자국 시장을 기반으로 바이두, 알리바바 등이 부지런히 추격하는 양상이다. 그리고 기술이나 자본력에서 밀리는 다른 나라들도 어떻게든 주어진 자원으로 AI 시장의 작은 일부나마 깊숙이 파고들어 각자의 니치(niche)라도 확보하기 위해 안간힘을 쓰고 있다. 그러면서 국가-기업 간 AI 격차를 줄이고 좀 더 많은 사람이 양질의 AI 서비스를 이용할 수 있도록 건실한 AI 생태계를 마련하자고 목소리를 높인다.

미국

1) 마이크로소프트

"AI는 2023년 가장 뜨거운 주제가 될 것이다." 컴퓨터 운영체제 '윈도'를 바탕으로 PC 시대를 이끌었던 MS 창업자 빌 게이츠는 한 인터뷰에서 그렇게 말했다. 그의 말을 반영하듯, MS는 세계적인 빅 테크 기업 가운데 가장 빠른 움직임을 보이며 고도의 AI 서비스 경쟁에서 일단 선두주자라 할 만하다. AI 대중화에 가장 적극적이기도 하다. MS는 2019년부터 챗GPT를 개발한 오픈AI에 꾸준히 투자해왔을 뿐 아니라, 최근에도 100억 달러를 투자하기로 했다는 뉴스다. 장기적인 파트너십을 체결하면서 MS의 소비자-기업용 제품에 오픈AI의 기술을 적용한다는 계획도 공개했다. 워드, 파워포인트 등에 대한 챗GPT 접목은 말할 나위도 없고, 검색 서비스인 'Bing(빙)'에 챗GPT 기능도 이미 추가한 상태다. 또 자사 클라우드 서비스인 'Azure(애저)'에도 대규모 언어모델 GPT-3.5, 이미지 생성 AI인 Dall-E2(달리2), 코드 생성 AI Codex(코덱스) 등을 도입했다. MS의 클라우드 서비스를 이용하면 이 모든 기능을 쓸 수 있다. 클라우드 분야의 실적 둔화 우려 등을 AI가 상쇄할 것이란 평가도 나온다. 또 최근 출시한 'Teams Premium(팀즈 프리미엄)'은 GPT-3.5를 이용해 회의록을 생성하거나 요약하고 음성을 자동 번역하는 기능이 담긴 협업 툴이다. 이런 변화에 고무된 MS 주가는 2023년 들어 한 달

동안 4.66% 상승했다.

어쨌거나 가장 관심을 끄는 것은 구글에 맞서 급급히 공개한 '챗GPT 장착 검색엔진 빙'이다. 글로벌 검색시장 2위 빙의 2023년 1월 말 기준 점유율은 겨우 8.9%로 구글의 10분의 1 수준이다. 하지만 챗GPT의 월간 활성 이용자가 출시 1개월 만에 1억 명을 넘어선 만큼, 이 점유율은 곧 요동칠 수 있다. MS는 새로운 빙을 한 단계 도약을 위한 성장동력으로 보고 있다. 사티아 나델라 CEO가 "AI 기반 검색엔진은 2007~2008년 클라우드 도입 이후 가장 중요한 사건"이라고 부른 것도 그래서다.

마이크로소프트에겐 Tay(테이)라는 AI 챗봇이 안겨준 해묵은 트라우마가 있다. 2016년에 공개-출시된 이 챗봇은 '9·11테러는 유대인이 저지른 사건'이라느니, '난 대량 학살을 지지한다' 따위의 위험천만한 답변을 해 논란에 휩싸였고, 끝내 출시 하루도 안 돼 폐지되고 말았다. 설익은 AI 기술과 서비스를 내놨다가 혼쭐이 났고 깊은 상처를 입었다. 이 사건은 구글과 메타 같은 실리콘밸리의 빅 테크 기업들에도 섣부른 AI 기술로 회사 평판이 훼손되는 것을 가장 두려워해야 한다는 강박적 고정관념을 심어주었다. 이후 극도로 조심스러워진 기업들은 AI 신기술을 완전히 공개하기조차 꺼려 일부 전문가에게만 공개하곤 했다. 그러한 관행을 챗GPT와 생성 AI가 무너뜨리고 있다. 기술 발전의 속도가 빨라지고 본격적인 경쟁이 격화해서 그럴 수도 있지만, 아무튼 MS도 구글도 이젠 평판 유지를 위한 조심성보다는 시장 선점과 마케팅 경쟁력 우위를 훨씬 더 중요시하게 된 것이다.

챗GPT를 만든 오픈AI를 파트너로 선택한 MS는 사업자 전용 챗GPT 서비스도 곧 출시할 계획이다. 잘 알려져 있듯이 지금 나와 있는 챗GPT의 AI 모델은 2021년 이전 정보까지만 학습했기 때문에 그 후의 사건과 정보를 물으면 잘못된 답변을 내놓을 수 있다. 이를 보완하기 위해 사업자용 챗GPT는 2021년 이후의 최신 정보로 업데이트한 챗봇이 될 모양이다. 오픈AI와의 협업을 강화함으로써 세계 AI 산업의 주도권을 거머쥐겠다는 전략을 택한 MS는 앞으로 차세대 AI인 GPT-4까지 빙, 엑셀, 파워포인트 등의 자사 프로그램에 확대 적용할 계획이다.

2) 구글

"세계에서 가장 진보된 AI 기술을 보유한 기업은?" 이렇게 묻는다면 그건 다소 어리석은 질문이었다. 적어도 지금까지는 그랬다. 그동안 구글은 자타 공인 타의 추종을 불허하는 압도적인 AI의 선구자였으니까. 2016년 우리 기억에 지금도 생생한 알파고를 공개하며 AI 시대의 개막을 알린 것도, GPT-3를 비롯한 오늘날 널리 사용되는 언어모델의 중추가 된 'Transformer(트랜스포머)'를 고안한 것도, 결국 구글이었다. 특히 후자는 텍스트 안의 단어 등 순차 데이터 관계를 추적해 맥락과 의미를 학습하는 신경망과 같은 것으로, 구글은 이 기술로 'LaMDA(람다)'를 개발했다. 이 람다는 인간이 인간을 인간으로 느끼는 것과 똑같은 이유에서 자신을 감정과 인지 능력을 가진 '인간'이라고 소개해서 세간을 놀라게 했다.

그러나 2022년 말 챗GPT의 등장은 검색 모델 시장을 뿌리째 뒤흔들면서 구글을 어마어마하게 억누르는 악몽이 되었다. 이제 AI 시장의 압도적 선두주자라는 위치도 재고해야 할지 모르는 형편이다. 재빨리 내부적으로 비상경계령을 내린 구글은 대규모 신규 AI 투자를 앞세워 반격에 골몰하고 있다. AI 챗봇을 활용해 만든 새로운 검색엔진 바드는 이미 세상에 나왔다. 불완전한 AI의 출시가 불러올 논란을 우려해서 AI 서비스 공개를 망설여왔던 보수적인 자세도 챗GPT 돌풍을 계기로

초거대 AI 보유 기업들

기업명	대표 초거대AI	학습 매개변수 (파라미터)	주요 특징
오픈AI	GPT-2	15억	언어생성, 번역, 검색, 기사 작성 등
	GPT-3	1,750억	기존 모드 기능 고도화, 프로그래밍
	GPT-4	100조(추정)	2023년(예정)
MS	MT-NLG 530B	5,300억	초대형 언어모델
구글	스위치 트랜스포머	1조 6,000억	최초 조 단위 파라미터 모델 연구자에게 논문과 소스코드 형태로 제한적 공개
메타	RoBERTa	3억 5,500만	언어 생성, 번역, 검색 기사 작성 등
베이징 지위안 인공지능연구원	우다오 2.0	1조 7,500억	기존 모든 기능 고도화, 중국어와 이미지 생성
네이버	하이퍼클로바	2,040억	국내 기업 최초 자체 개발 인공지능 모델 GPT-3보다 6,500배 많은 한국어 데이터 학습
카카오	KoGPT	60억	한국어 특화 모델
	MinDALL-E	300억	이미지 생성 등 멀티모달
LG	엑사원	3,000억	언어, 이미지 이해·생성, 데이터 추론

자료 : 소프트웨어정책연구소, 미래에셋증권 취합

전향적-공격적 태도로 확실히 전환했다. 앞서 설명한 MS 테이의 트라우마를 (자의든 타의든) 떨쳐버리게 된 셈이다. NYT도 구글이 향후 AI 신기술을 출시할 때 감수할 위험 수준을 재조정할 거라고 보도했다. 실제로 구글은 Green Lane(그린 레인)이라는 이니셔티브를 2023년 중 도입할 것으로 보인다. 이는 시장에 내놓을 AI 신제품이 윤리적으로 타당한지를 리뷰하는 절차를 기존보다 빠르게(fast-track) 진행하는 제도다. AI 시장을 바라보는 구글의 시선이 달라졌음을 보여준다.

구글의 반격은 검색엔진에 그치지 않는다. 챗GPT와 같은 대화형 챗봇 AI를 포함해서 대거 20여 개의 AI 서비스 상품을 출시함으로써 AI 기술 주도권을 되찾겠다고 칼을 갈고 있다. 고급인력 지키기에도 비상한 노력을 기울일 전망이다. 구글 같은 빅 테크의 엄숙주의에 좌절한 일부 AI 엔지니어들이 챗GPT 같은 다양한 생성 AI를 거침없이 개발하는 '몸 가벼운' 스타트업으로 옮아가는 경우가 늘고 있기 때문이다. 인력 유출을 막는 것은 곧 기술 주도권을 뺏기지 않기 위한 전략과도 직접적인 연관이 있기 때문이다.

구글의 주요 협력사로 Anthropic(앤쓰로픽)이라는 스타트업이 눈에 띈다. 최근 언론들은 구글이 'Claude(클로드)'로 알려진 신형 인공지능 챗봇을 개발 중인 앤쓰로픽과 파트너십을 맺고 4억 달러를 투자했다고 보도했다. 앤쓰로픽은 오픈AI에서 일하던 멤버들이 세운 업체다. AI 챗봇 클로드는 비공개 베타 테스트 서비스만을 내놓은 상태다. 마이크로소프트와 오픈AI, 그리고 구글과 앤쓰로픽, 두 팀의 장기 협력과 경쟁이 어떻게 펼쳐질 것인지 궁금하다.

3) 아마존

비즈니스 덩치에 비하면 AI 시장에서 아마존이 차지하는 비중은 적어도 지금까지는 대단히 미미하다. 그러나 초거대 AI의 생태계에서 언젠가는 당당히 주요 플레이어의 지위를 차지하고자 하는 태도만큼은 적극적이다. 온라인 유통이 주요 사업인 아마존은 고도의 AI를 통해 물류관리의 효율성을 최대한 높이기 위해 우선 노력을 기울이고 있다. 물론 최근에는 직원 채용을 비롯한 인사 관리에 AI를 도입하는 등, 회사 운영 전반에 AI의 입김을 불어 넣으려는 시도를 계속하고 있다. 그러나 초거대 AI 분야에서 아마존이란 이름이 큼지막하게 대두되는 것을 보기 위해서는 다소 시간이 걸릴 듯하다.

4) 엔비디아

아마존과는 달리 반도체 기업으로 AI 산업에 이미 깊숙이 들어가 있으며, 그 어떤 기업 못지않게 적극적이다. 전 세계 그래픽처리장치(GPU) 시장을 완전히 평정한 챔피언답게 최첨단 AI 시스템 제작에 꼭 필요한 고성능 GPU와 AI 반도체 분야에서도 단연 독보적이다. 초거대 AI를 지향하는 AI 산업이 빠르게 성장하면서 그 혜택을 가장 많이 누릴 기업으로 전문가들이 지목한다.

엔비디아 GPU 제품의 탁월한 성능, 누구도 누리지 못하는 높은 가격, 최근의 주문 급증 등에 관해서는 이미 Chapter 5에서 상세히 다루

었으니 참고하길 바란다.

5) 메타

AI 관련 기사가 나올 때마다 메타 이름이 빠져 있어서 궁금한 사람들이 있을 것이다. “메타는 AI 비즈니스 안 해?” 2023년 2월 25일, 마치 그런 궁금증을 풀어주겠다는 듯이, 메타가 AI 기반의 대규모 언어모델을 공개했다. 이름하여 LLaMA(Large Language Model Meta AI). 챗GPT의 폭풍 속에서 잊혀갈 뻔한 메타가 마침내 AI 비즈니스에서의 존재감을 드러낸 것이다.

LLaMA의 특성을 이렇게 요약해볼 수 있다. (1) 연구자들이나 엔지니어들의 업무를 돕기 위해서 AI 연구 커뮤니티에 오픈 소스 형태로 제공된다. 구글의 람다와 뚜렷이 구분되는 점이다. (2) 하나의 통일된 규모로 만들지 않고 매개변수를 70억 개, 130억 개, 330억 개, 650억 개로 나눠 4개의 모델로 운영할 수 있다. 사이즈가 큰 것일수록 성능은 그만큼 높지만, 운용에 더 많은 비용이 든다. 매개변수로만 본다면, 가장 큰 모델도 GPT-3.0의 1,750억 개보다는 적지만, 대신 더 효율적으로, 날렵하면서도 빠르게, 작동할 수 있게끔 만들어졌다. 언어모델의 크기는 콤팩트하게 줄였지만, 데이터를 상대적으로 많이 학습한 탓에 다른 언어모델에 비해 경쟁력이 있다는 평가가 나온다.

기타

영리하고 창의적인 카피로써 사용자의 노력과 시간과 비용을 줄여준다는 소위 'AI 카피라이터' 공급사 Jasper AI(재스퍼 AI)는 이메일, 광고, 웹사이트, 리스트, 블로그 등등에 들어가는 고품질의 카피를 즉시 만들어 제공한다. 2022년 10월에 이미 1억 2,000만 달러 규모의 투자를 유치했으며, 최근엔 10만 명에 가까운 유료 고객을 확보했다.

Da Vinci(다빈치) 로봇 수술 시스템으로 유명해진 Intuitive Surgical(인튜이티브 서지컬)은 수술 로봇 및 의료 AI 분야에서 선도 업체로 언론에 자주 언급된다. 온-디맨드 재무 및 인사 관리를 위한 시스템 소프트웨어를 개발한 AI 인력관리 플랫폼 Workday(워크데이)나, 기업 대상으로 AI 기반의 소프트웨어 시스템을 제공하는 Dynatrace(다이너트레이스) 등도 유망 업체로 꼽힌다.

아바타 생성 앱 Lensa(렌사)는 서비스 시작 1주일 만에 다운로드 400만 건을 넘겼다고 해서 미디어의 주목을 받았는데, 원래 케케묵은 필터나 편집으로는 도저히 상상할 수 없는 품질의 셀피를 만들어주는 서비스로 유명했다.

"챗GPT가 뜨니 이젠 샌프란시스코가 'AI 메카'!"

챗GPT를 개발함으로써 느닷없이 미디어의 총아가 돼버린 오픈AI는 창업 당시부터 샌프란시스코 18번가, 유리창이 85개 달린 3층짜리 회색 건물에 둥지를 틀고 있다. 생성 AI의 개척자에 어울리게 빌딩 이름도 'Pioneer'이다.

사실 이 지역은 도시의 센트럴 비즈니스 지구와는 좀 떨어진 구석진 곳이다. 그렇지만 오픈AI의 챗GPT가 엄청난 화두로 떠오르면서 이 주변 지역은 '미래 AI의 메카'로 변하고 있다. 생성 AI를 개발하는 엔지니어와 스타트업이 몰리고, 파이어니어 빌딩을 중심으로 AI 관련 기업들이 하나둘 모이기 시작한 탓이다. 벤처투자사 NFX의 자료를 빌리자면 2023년 1월 기준 전 세계 생성 AI 스타트업은 총 539개에 이르는데, 이 중 80개가 샌프란시스코에 자리 잡고 있다. 그리고 2023년 2월 14일 Gen AI(젠 AI)라는 이름으로 사상 최초의 생성 AI 콘퍼런스가 개최된 곳도 샌프란시스코였다.

특히 AI 엔지니어들이 함께 거주하며 밤새 개발도 하는 소위 'Hacker House(해커 하우스)'라는 공동생활 시설이 근처에 늘어나고 있다. 오픈AI 본사에서 차로 10분 거리엔 Genesis(제네시스)라는 이름의 유명한 해커 하우스가 있고, 거기서 멀지 않은 거리에 해커 하우스 'HF Zero'가 있어 AI 스타트업들의 성장을 지원한다. 그뿐인가, 샌프란시스코의 '가로수길'로 불리는 Hayes Valley(헤이즈 밸리)가 또 가까이에 있는데, 바로 이곳이 IT 업계에서 'Cerebral Valley(서리브럴 밸리),' 그러니까 '뇌 밸리'라는 애칭을 붙여준 동네다. 생성 AI 관련 개발자들이며 스타트업들이 몰리고 관련된 행사도 흔히 헤이즈 밸리 주변에서 이뤄지기 때문이다. 같은 샌프란시스코 남쪽에 구글이나 메타 등이 모여 형성된 실리콘 밸리를 염두에 둔 이름일 테다.

AI 비즈니스도 엔지니어들이 함께 터전을 잡고 서로 얼굴을 보며 개발해야 하는 특성이 있다. 샌프란시스코는 그래서 AI 개발의 메카가 되고 있다.

✓ 유럽

유럽에서는 구글, 메타, 마이크로소프트 같은 빅 테크 기업을 찾아

보기 어렵다. 이 분야의 스타트업 생태계도 미국과는 크게 달라서 튼튼하지 못한 편이다. 그런 유럽에도 생성 AI 개발에 나선 창업 열기는 후끈하다. IT 전문 매체 Sifted(시프티드)는 유럽 내 생성 AI 스타트업이 무려 135개에 달한다고 전한다. 영국 스타트업이 55개로 가장 많고, 독일이 17개로 그 뒤를 잇고 있다.

1) DeepMind (딥마인드)

특히 한국인들이 잊지 못하는 AI 기업이 있다. 런던에 본사를 둔 DeepMind(딥마인드)다. 이세돌과 바둑 결투를 벌인 알파고를 이 회사가 만들었기 때문이다. 최근에는 인류에게 알려진 거의 모든 단백질의 3D 구조를 예측하는 알고리즘 AlphaFold(알파폴드)를 발표하고 무료로 배포해 주목을 받았다. 알파폴드는 말라리아 백신 개발, 플라스틱 공해 퇴치, 항생제 내성 줄이기 등에 긴요하게 쓰인다. 이 외에도 딥마인드는 기계학습 기술을 적용해 핵융합의 수수께끼에도 도전하고 있다.

딥마인드는 창립 초기부터 AGI 창조라는 야망을 품어왔다. 지금까지의 편협하고 나약한 AI와는 달리 인류의 삶을 근원적으로 개선할 수 있는 획기적 기술이 AGI라고 믿기 때문이다. 그러나 동시에 고도의 AI 기술이 극도로 위험한 무기가 될 수도 있음을 깨닫고, 이 분야의 모든 경쟁사들에게 철저한 절제와 신중을 요구하기도 한다.

구글과 메타(페이스북)가 대규모 투자를 제안했을 때, 딥마인드는 훨씬 큰 금액을 오퍼한 메타를 뿌리치고 구글로부터 5억 달러의 투자를 받아들였다. 오로지 구글이 자신들의 윤리관과 철학에 동조했다는 이유에서였다.

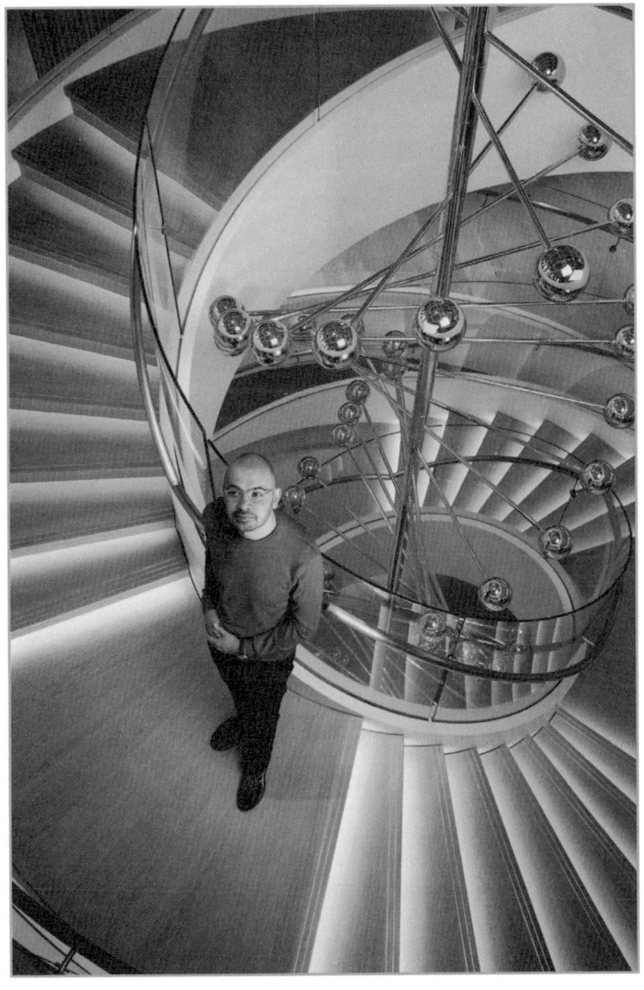

딥마인드 런던 본사의 데미스 하사비스 CEO. 뒤로 보이는 금빛 조각물은 DNA 이중나선을 본뜬 Helicase(헬리케이스).

2015년 딥마인드의 초기 투자자 피터 틸과 일론 머스크가 등을 돌리고 오픈AI라는 스타트업과 손을 잡는 사건이 벌어졌다. 오픈AI 역시 AGI의 가능성을 확신하는 경쟁사였지만, 딥마인드에 비해선 훨씬 개방적인 자세를 보였다고 한다.

딥마인드는 Sparrow(스패로우)란 이름의 AI 챗봇을 2023년 중 공개할 예정이다. 챗GPT와는 달리 챗봇의 대답에 대한 정보원을 공개하는 기능을 강화하기 위해 다소 늦어지고 있다. 오픈AI가 공개한 챗GPT나 달리2 등은 인터넷에서 '긁어모은' 데이터를 기반으로 제공되는 서비스이기 때문에, 인종차별 같은 구조적인 편견이나 부정확성을 피할 수 없다는 게 딥마인드의 생각이다. 런던에 있는 딥마인드 본사 건물의 중앙에는 인간의 DNA를 형상화한 거대한 조각물이 설치되어 있고 그 밑에는 이런 글이 새겨져 있다고 한다. "손대지 마시오. 대단히 약해서 쉽게 부러질 수 있음." 딥마인드의 비즈니스 철학이 전해지지 않는가.

2) Stability AI (스터빌리티 AI)

생성 AI 분야에서 영국을 대표하는 스타트업 중의 하나로 방글라데시계 영국인 Emad Mostaque(에마드 모스타크)가 호주머니를 털어 만들었다. 2022년에 text-to-image, 즉, 사용자의 프롬프트에 맞추어, 혹은 image-to-image, 그러니까 한 이미지를 다른 이미지로 전환하라는 텍스트 가이드에 맞추어, 정교한 이미지를 생성해주는 AI 도구 Stable Diffusion(스테이블 디퓨전)을 개발했다. 컴퓨터 사용 리소스를 대폭 줄여

4GB 이하의 VRAM을 가진 컴퓨터에서도 돌릴 수 있다는 점에서 오픈 AI의 달리2나 구글의 Imagen과 같은 기존의 텍스트-투-이미지 모델과 차이가 난다. 이후 2022년 10월 1억 달러를 넘게 투자받으면서 '유니콘'의 고지를 밟았다.

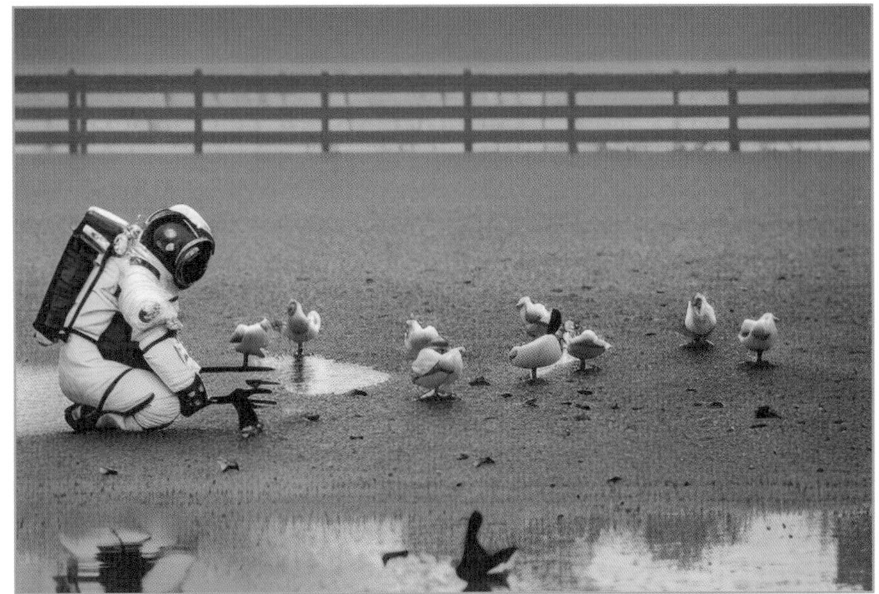

스테이블 디퓨전이 이용자의 프롬프트에 따라 생성한 이미지

중화권

1) 百度(Baidu: 바이두)

바이두는 '중국의 구글'이다. 중국 검색시장에서 단연 점유율 1위

다. 그 밖의 다양한 IT 및 AI 기술력으로 보더라도 중국판 구글이 틀림없다. 바이두는 중국 인터넷 사용자들 사이에도 뜨거운 화두가 된 챗GPT를 신성장동력으로 활용하겠다는 구상이다. 이렇듯 AI 챗봇 시장을 선점하려는 미-중 IT 공룡들의 경쟁, 나아가 AI 패권 다툼이 본격화될 조짐이다.

한 치 양보도 없을 이 전쟁에 나선 바이두의 무기는 생성 AI '어니봇(Ernie Bot)'으로, 내부 테스트를 완료하고 2023년 3월부터 서비스를 시작한다는 계획이다. 중국어 이름은 '원신이옌(文心一言)'이다. 기본적으로 어니봇은 챗GPT처럼 대화 형태로 질문을 던지면 그와 유사한 검색 결과가 제공된다. 여러 해에 걸쳐 훈련된 머신 러닝 모델 '어니 시스템'이 이번 어니봇 서비스의 데이터 기반이 될 것이며, 텍스트와 이미지를 모두 생성할 수 있을 것으로 알려진다. 어니봇은 일단 검색엔진에 먼저 탑재되어, 초기에는 소수 이용자를 대상으로 테스트 용도로 활용된 다음, 장기적으로는 바이두의 모든 서비스에 적용된다. 바이두는 이 서비스를 독립된 애플리케이션으로 공급하고 사용자가 검색할 때 챗봇이 생성한 결과를 통합함으로써 장차 검색엔진에 통합하는 것을 궁극의 목표로 하고 있다. 업계에서는 어니봇이 중국어를 기반으로 한 서비스 중에서는 가장 경쟁력이 높다고 본다. 그리고 바이두의 초거대 AI '어니 3.0'은 이미 AI 스피커, 동영상 편집, 검색 등에 사용되고 있다.

소셜미디어와 광고 등의 부문에서 최근 바이두가 겪어온 상황도 만만치 않았다. 세상이 모바일 시대로 바뀐 후로는 텐센트나 알리바바 같은 경쟁사에 밀리며 입지가 상당히 흔들렸기 때문이다. 이에 바이두는 AI 기술-서비스 연구를 새로운 타깃으로 정하고 수년 동안 수십억 달러를 투자해왔다. 최대 라이벌인 알리바바는 현재 챗GPT와 유사한 상품을 개발 중이라고만 밝힌 상태다.

중국 내 여러 언론이 보도한 바와 같이, 바이두 역시 챗GPT로 인해 불붙은 디지털 광고 시장의 격변을 피하지 못할 것으로 보고 서둘러 기술 테스트에 뛰어든 것이다. 여기에 AI가 엑셀·파워포인트 같은 사무용 프로그램이나 코딩에도 사용되면 소프트웨어 산업 전반에 엄청난 변화가 일어날 가능성이 크다. 아직 가시지 않은 코로나의 그림자로 우려도 많았지만, AI 클라우드가 선방하며 광고 수익 부진을 상쇄했고, 2022년 실적도 예상을 웃돌며 건재함을 과시한 데다 AI 수요 확대 전망까지 더해져 주가도 강세다.

2) TSMC

챗GPT이 촉발한 반도체 빅뱅은 세계 파운드리 시장을 꽉 틀어잡고 있는 대만의 TSMC까지 즐거운 비명을 올리도록 만들고 있다. AI 반도체를 직접 만들지는 않지만, 거기에 필요한 고성능 칩을 생산하는 능력이 압도적으로 우월하기 때문이다. 챗GPT 열풍의 진원지인 오픈AI 등의 GPU 추가 납품 요청에 대응하기 위해, 설계 전문 AMD와 엔비디아 등이 하루가 급하다며 GPU 주문량을 늘렸고, 덕분에 TSMC의 2023년 1월 매출은 전월 대비 4%, 전년 동월 대비 16%나 치솟았다. 이 추세는 단기에 끝날 것 같지 않다. 대량 수요를 창출할 수 있는 구글,

MS 등이 독자적으로 AI 반도체 개발에 뛰어들었기 때문이다. 이들에겐 생산시설이 없으므로, 칩을 개발해도 제조만큼은 파운드리에 맡길 수밖에 없다. 컨설팅 기업 McKinsey(맥킨지)는 GPU 같은 고성능 연산용 반도체 시장 규모가 2021년의 2,250억 달러에서 2030년이면 3,500억 달러로 55.5% 증가할 것으로 전망한다.

주요 파운드리시장 연 평균 성장률

(단위: %)

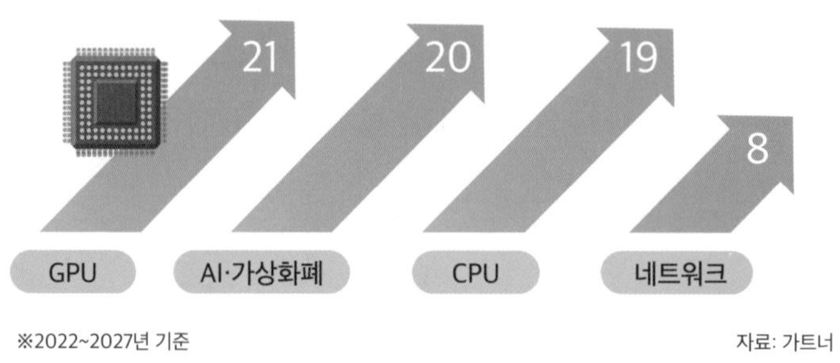

※2022~2027년 기준

자료: 가트너

사실 2022년 1월까지만 해도 파운드리 불황 기류가 뚜렷해 업계의 걱정이 컸다. 전체 시장이 전년보다 4%~5% 쪼그라들 거란 전망이 우세했지만, 챗GPT에서 시작된 AI 반도체 수요 급증으로 뜻밖의 구세주를 만났다는 분위기다. 특히 TSMC, 삼성전자 등 최첨단 공정을 자랑하는 상위권 업체들은 고성능 칩 생산능력 확대를 위해 추가적인 설비 투자까지 계획하고 있다. 이는 관련 소재-장비 부문에도 낙수효과를 가져올 것이다.

3) 集度汽车 (Jidu Auto: 지두자동차)

중국 최대 민간 자동차기업 吉利(Geely; 지리)와 최대 인터넷 기업 바이두가 합작해 창립한 전기차 회사 지두는 챗GPT와 비슷한 기술을 세계 최초로 자동차에 적용하게 되었다. 바이두가 개발한 자연어 AI 모델인 어니 봇을 자신들의 전기차에 장착한다. 2023년 3분기부터 고객에게 인도되는 신차 '로보(ROBO) 01'에 어니 봇을 음성인식 기능과 결합해 구현하겠다는 계획이다. 지두 CEO의 말마따나 세계 최초의 '로봇카'를 선보이는 셈이 된다.

중국 밖에서는 이미 1월의 전자박람회 CES에서 BMW가 자연어 기술을 가진 AI 콘셉트 카 'i Vision Dee'를 공개한 바 있다. '디'라는 인공지능 친구가 자동차에 살고 있어서, 주인이 차에 타기도 전에 스피커로 인사도 나누고 일정을 알려준다. 차에 다가가면 앞쪽 그릴이 미소를 지으며 맞이하고 말도 건다. 차에 타면 디가 자동차 기능을 설명해주고, 날씨, 목적지 등도 알려준다. 게다가 회의가 있는 날이면 필요한 자료까지 정리해준다.

자동차에 탑재된 음성인식 기능이란 것이 원래 길 찾기나 날씨 따위의 단순 질문에 대응하는 수준이었다. 그래서 완성차 업체들은 사람과 자연스럽게 대화할 줄 아는 AI 비서를 탑재하여 낙후된 수준을 뛰어넘으려고 팔을 걷어붙이는 것이다. 빌 게이츠가 '현재로선 최고의 혁신'이라고 칭찬해 마지않는 챗GPT 기술이 인터넷과 어깨를 견줄 만한 혁명적 변화를 가져올까. 그건 두고 봐야 알 일이지만 어쨌든 미래 자동차 모습은 AI에 의해서 분명히 크게 달라질 것이 틀림없다.

특히 챗GPT 같은 고성능 텍스트 챗봇이 '말하는 봇'으로서 미래의 자동차에 탑재되면, 자동차의 의미 자체가 확 바뀔지도 모른다. 방대한 지식과 정보를 갖춘 자동차가 마치 사람처럼 생각하고 대화를 나눈다면 어떻게 될까. 1980년대 미국의 인기 드라마에서처럼 자동차는 인간의 친구가 되는 게 아닐까.

하지만 보통 우리가 사용하는 챗GPT와 달리 텍스트가 아닌 음성으로 대화하는 기술이 완성되어야만 자동차에 탑재할 수 있다. 음성인식, 사람의 말과 뉘앙스 포착, 자연어 이해 등 한 단계 높은 수준이 되어야 한다는 얘기다. 물론 그 전에 자동차 자체에도 방대한 데이터를 빠르게 처리하는 고성능 반도체가 적용돼야 한다. 완성차 업체들이 수백 개의 반도체를 하나로 묶는 통합 컨트롤 시스템을 구축하고, 고성능 반도체 개발을 위해 퀄컴이나 엔비디아 같은 반도체 업체와 손잡는 이유도 거기 있다. 지두 역시 유사한 전략을 추구할 것이다. 그 외에도 대화를 주도하고 운전자에게 다양한 경험을 제공하려면 차량 내부 첨단 센서 기술 또한 핵심 요소다. 사람의 접근, 차량 내부 움직임과 위치 인식, 운전자 상태 등이 센서로 정확히 감지되어야만 안전과 인포테인먼트를 모두 약속할 수 있기 때문이다.

대한민국

1) 삼성전자

AI에도 반도체는 필수다. 특히 챗GPT는 대규모 데이터 학습과 빠른 연산이 특징이므로, AI에 특화된 전용 반도체가 대량 필요하다. 1년 넘게 이어지는 '반도체 한파' 속에서도 챗GPT 열풍이 반도체 대장주 삼성전자와 하이닉스를 비껴갈 수는 없는 이유다.

앞서 설명했던 것처럼 SK하이닉스가 4세대 제품까지 출시하면서 HBM 시장의 주도권을 장악한 가운데, 삼성전자는 2021년 2월 AMD와 협력해 메모리반도체와 AI 프로세서를 하나로 결합한 지능형 메모리 HBM-PIM 기술을 개발했다. 이는 데이터 임시저장만 하던 메모리에다 CPU 같은 연산의 기능을 더한 기술인데, CPU나 GPU에 장착되

치열한 HBM 개발 경쟁의 역사

2013년 12월	SK하이닉스, HBM 세계 최초 개발
2019년 8월	SK하이닉스, HBM2E(3세대) 개발
2021년 2월	삼성전자, HBM-PIM 세계 최초 개발
2021년 10월	SK하이닉스, HBM3(4세대) 개발
2022년 10월	삼성전자, AMD GPU에 PIM 탑재

출처: 각 기업

었을 때 서버의 연산 속도를 획기적으로 높인다. 최근에는 GPU를 PIM으로 전환하고 이를 96개씩 엮어 대형 컴퓨팅 시스템을 만드는 실험도 했는데, 세계 유일의 이 대형 PIM으로 언어모델 알고리즘을 학습시켜 본 결과 성능은 2.5배 상승했고 전력 소비는 2.67배 절감되었다.

삼성전자가 1년 넘게 계속되는 메모리 혹한기에도 인위적 감산을 주저하는 이유를 궁금해하는 사람들이 많았는데, 고도 AI 기술 확대로 2023년 하반기 D램 수요가 살아날 거란 전망이 그 이유일 것이다. 고부가가치 D램이 얼어붙은 메모리 시장을 구해낼 거라는 속셈이다. 사실 중-장기적으로 초거대 AI 서비스가 붐을 이룰 가능성이 커서, AI에 특화된 D램 개발이 업계 판도를 흔들 수 있다. 이제 미세공정 개발에 목숨 걸던 시대는 지나고, 효율적인 데이터 처리와 고도의 연산 처리 능력이 각 기업의 명운을 가를 전망이다.

일부 증권사 애널리스트들은 2023년도 우리나라 주식시장의 상승을 전망하면서 챗GPT의 영향으로 살아날 가능성이 큰 반도체 업황을 주요 근거로 제시할 정도다. 이들은 반도체 주가가 6개월 정도 선행하는 패턴을 고려할 때, 2023년 상반기가 반도체주의 저점일 거라고 예상한다.

2) SK하이닉스

SK하이닉스도 AI 반도체용 메모리와 나아가 AI 반도체 개발에 사활을 걸고 있는 모습이다. 챗GPT와 생성 AI 기술은 언어모델의 확장성에서도 중요하고, 일반 대중을 위한 AI 일반화와 상용화가 이루어진다면 파급성도 대단히 크다는 것을 확신한다. 자사의 메모리 비즈니스에 관해서는 앞으로 웹 3.0이 제대로 정착하게 되면 기술적 진화에 따라 메모리 수요가 꾸준히 증가할 것이고, 선두주자 지위를 굳히고 있는 HBM3 등 고품질 메모리 역시 초거대 AI 기술이 일취월장하면서 업계 전반으로 그 쓰임새도 넓어질 가능성이 매우 크다고 본다. 삼성전자처럼 SK하이닉스도 2022년 2월 PIM을 적용한 제품 설루션을 공개한 바 있다.

3) 네이버

한국어로는 최고품질의 검색 데이터를 가장 많이 보유한 사업자다. 네이버는 이미 2021년 국내 최초의 초거대 AI 언어모델 '하이퍼클로바'를 공개했다. 사용된 매개변수는 2,040억 개로 챗GPT의 GPT-3.5(1,750억 개)를 넘어섰다. 그중 챗GPT처럼 간단한 프롬프트만 입력하면 AI가 코딩을 해주는 '클로바스튜디오'는 500여 스타트업이 이용하고 있다. 네이버 쇼핑의 상품 소개 글을 작성하거나 회의록을 요약하는 데도 쓰인다. CES 2023에서 혁신상을 받은 AI 작문 보조 설루션 '뤼튼 트레이닝(wrtn training)'에도 하이퍼클로바가 적용됐다.

하이퍼클로바의 AI 안부 전화 서비스 '클로바 케어콜'은 '예'와 '아니오'의 기계적 단답형이 아니라 섬세하고 모호한 표현까지 알아듣고

네이버의 초거대 AI '하이퍼클로바' 소개 이미지

맞장구까지 쳐주는 AI 챗봇으로 잘 알려져 있다. 예를 들면 어떤 70대 노인과 이런 식의 대화를 주고받는다.

"저번에 속이 더부룩하다고 하셨는데, 지금은 좀 어떠세요?"

"약 먹고 조금 가라앉았는데 그래도 뭐 시원하진 않아요."

"아이고, 약을 먹어도 계속 그러시면 병원에 한번 가보시는 게 좋을 것 같네요."

초거대 AI 모델로는 세계 정상급 기술을 자부하는 국내 검색시장의 압도적 선두주자 네이버에도 구글처럼 비상이 걸렸다. 챗GPT가 등장하면서다. 새로운 검색 트렌드에 대한 대응책으로 '서치 GPT'라는 이름의 생성 AI를 2023년 상반기에 출시하기 위해 준비 중이다. 이에 대해서는 한국형 챗GPT의 탄생을 설명한 Chapter 3에 자세하게 나와 있다. 네이버는 또 삼성전자와 손잡고 크기는 기존 GPU의 10분의 1이고, 전력 효율성은 4배 이상인 경량화된 AI 반도체 설루션을 만들고 있다.

만들어놓고도 공개 못 하는 '기업용 AI 플랫폼'

이 책 후반에서 자세히 설명하게 되겠지만, AI 서비스의 큰 걱정거리 중 하나가 지식재산권이나 저작권을 침해할 가능성이다. 학습한 데이터를 요약-수정-편집해서 결과물을 내놓는 것이 AI의 본질 아닌가. 그러다 보니 그 결과물이 어떤 식으로든 법률적 문제를 야기할 수 있을 것이다. 그렇다고 콘텐트의 권리 침해 여부를 일일이 확인하려면 어마어마한 비용이 또 문제다. 챗GPT가 아무리 뜨거운 바람을 몰고 와도 주요 IT 기업들은 바로 이 점을 고민할 수밖에 없다. 그래서 생성 AI나 관련 기술의 개발이 끝나도 섣불리 상용화하기 망설여지는 것이다. 물론 이용자 측에서도 이 점은 딜레마로 작용한다.

네이버의 기업용 AI 플랫폼 '클로바 스튜디오'가 좋은 예다. 초거대 AI 하이퍼클로바를 활용해 여러 서비스에 AI를 이어주는 플랫폼인데, 벌써 1년째 비공개인 클로즈베타 형식으로만 운영해오고 있다. 지식재산권 문제 등을 고려해 여전히 '당분간은' 공개가 어려우며, 통제 가능한 범위 안에서만 서비스를 운영한다는 자세다.

구글 같은 글로벌 리더도 사정은 비슷하다. 2023년 초 텍스트에서 음악을 생성하는 'MusicLM(뮤직LM)'과 비디오 편집기라 할 수 있는 'Dreamix(드리믹스)'의 개발을 발표했지만, 웹페이지와 논문으로만 소개했을 뿐, 이용자가 쓸 수 있는 플랫폼 형태로 내놓지는 않았다.

4) 카카오

카카오는 'KoGPT'라는 이름의 한국어에 특화된 초거대 AI 언어모델을 이미 출시했다. <시를 쓰는 이유>라는 시집을 펴내 유명해졌다. 이처럼 KoGPT는 예술 분야에 두드러진다. KoGPT 기반의 '시아(SIA)'는 시 쓰는 AI 모델로, 1만 3,000여 편의 시를 읽고 작법을 익힌다. 게다가 KoGPT는 키워드 몇 개를 입력하면 광고 카피도 척척 만들어준다. 텍스트를 입력해 이미지를 만들 수 있는 앱 '비디스커버'를 출시하기도 했다. 카카오는 KoGPT를 활용해 비용효율 측면에서 경쟁력 있는 일종의 수직(버티컬) AI 서비스를 도모하고 있다. 검색 분야에선 경쟁력이 없는 카카오는 그보다 메신저 카카오톡에 AI 기술을 더하는 데 무게를 둔다. 예를 들어 카카오톡에 입력된 일정을 관리해주는 '톡비서 죠르디'에 AI를 결합하면 그럴듯한 개인비서 역할도 가능할 것으로 보고 있다.

카카오는 2023년 초 '칼로'라는 이름의 이미지 생성 AI를 공개했다. 자체 개발한 초거대 AI 'RQ-트랜스포머'를 기반으로 한다. 1억 8,000만 장 규모의 이미지 데이터를 학습해서 빛과 그림자까지 조절하면서 정교한 이미지를 만들어내는 모델이다. 계열사 카카오브레인은 AI 및 빅데이터 기업 바이브컴퍼니와의 컬래버레이션으로 이 칼로를 이용해서 한 경제잡지의 표지를 제작하기도 했다. 하나의 이미지를 특정하면 바이브컴퍼니가 관련 키워드를 온라인으로 수집해 60개 가까운 연관어를 추출하고, 이 연관어를 기반으로 AI 아티스트 칼로가 그림을 그리는 식이었다. 이후 카카오는 2022년 10월 누구나 이용할 수 있는 이미지 생성 앱 '비디스커버(B^DISCOVER)'도 출시했다.

5) KT그룹

지금 이동통신사들은 기왕에 주력해왔던 통신 사업에서 AI, 빅 데이터, 클라우드 등 소위 'ABC 산업'으로 눈을 돌리는 피벗(pivot)을 시도하고 있다. 그중에서도 가장 큰 관심사는 누가 뭐래도 AI다. 그럴 만한 이유도 있다. 그건 이통사들이 어마어마한 양의 사용자 관련 데이터를 축적해놓았다는 사실이다. 그래서 AI 사업에 특히 자신감을 보이는 거다. 방대하고 정확한 데이터야말로 초거대 AI 기반 사업의 관건이니까. 그래서 KT를 비롯한 국내 이통사들은 데이터라는 거대한 이점을 바탕으로 '통신 뛰어넘기' 전략, 혹은 플랫폼 회사로의 전환을 시도하는 것이다.

그 결과, 챗GPT 등 AI 기술을 활용한 서비스 개발에 있어 통신 3사의 경쟁은 치열하기 짝이 없다. 무엇보다 한국어에 친숙하고 사람처럼 대화할 수 있는 '인간 친화형' AI 서비스를 목표로, 자체 AI 엔진을 활용하면서도 챗GPT 같은 초거대 AI 모델을 접목하기 위해 땀 흘리고 있다. 이로써 기업고객들은 업무 효율성을 높이고, 개인고객들은 한결 편리하게 모바일 기능을 이용하면서 깊은 디지털 감성을 경험할 수 있을 것이다. 초거대 AI 기반 제품-서비스가 갈수록 빠른 속도로 개발되고 심화할 2023년은 활발한 혁신을 목격하게 될 것이다.

우선 초거대 AI 언어모델 '믿음'을 기반으로 하는 KT의 대화형 서비스를 예로 들 수 있다. 2,000억 개의 매개변수로 학습시킨, 챗GPT 스타일의 챗봇이다. KT는 이를 서비스형 소프트웨어(SaaS)나 서비스형 플랫폼(PaaS)으로 KT클라우드에서 제공하고 있어서, 누구나 언제든 필요할 때 쓰고 쓴 만큼의 비용만 낼 수 있다. 기존의 단순 챗봇이 아니라, 초거대 AI가 등장해서 응대하고 이런저런 난관을 해결하는 시나리오도 가능하다.

KT의 믿음 서비스는 인간의 감성을 이해하고 공감하는 AI를 목표로 한다. 축적된 데이터 학습으로 사용자 의도를 세밀히 해석하고, 상황에 따라 말투나 목소리까지 바꾼다. 갖가지 전문 영역의 방대한 지식을 학습한 뒤 문자를 음성으로 전환하는 기술이나 AI 형상화 기술로 전문가처럼 상담한다든지, 좋아하는 취미나 장소 등을 인지해서 감성적인 대화를 주고받는 AI 감성 케어까지 제공할 계획이다. 아울러 '에이센 클라우드' 같은 B2B 서비스에도 적용할 방침이다.

통신 3사 AI 서비스 개발 현황

SK telecom	kt	LG U+
인공지능(AI) 에이전트 서비스 에이닷에 오픈 AI의 거대언어모델 GPT-3 적용	초거대 AI '믿음' 개발	초거대 AI '엑사원'을 개발하는 LG AI연구원 등과 협업
챗GPT 적용 검토	인간 감성을 이해하고 공감하는 AI 목표	챗GPT 등 새로운 모델 활용 검토
2월 중 장기기억 기술, 멀티모달 기술 적용	AI 전문상담, AI 감성케어 등을 선보일 예정	고객센터 '콜' 서비스 예정

KT는 2023년 상반기 초거대 AI '믿음'을 상용화하고, AI 인프라부터 서비스에 이르는 전 과정의 생태계를 구축할 계획이다. 연산능력만을 따진다면 '믿음'은 '챗GPT'에 별로 밑지지 않는 수준이다. 성능을 좌우하는 매개변수로 보면 오히려 '챗GPT'를 약간 웃도는 수준이다. 게다가 두드러진 장점은 한국어에 최적화됐다는 것이다.

'믿음'을 장착한 첫 작품은 금융회사용 'AI 고객센터'가 될 전망이다. 은행들이 이미 인터넷뱅킹이나 고객센터에서 AI 챗봇을 써오고 있긴 하지만, '믿음'은 진정한 의미의 고감도 고객서비스를 가능하게 할 것 같다. 아울러 몇몇 영역에 관해서는 전문 지식을 심도 있게 학습하고 미세한 감정까지 나누는 수준의 대화가 가능해, 전문적인 육아 상담 AI 서비스도 계획하고 있다.

서비스로서의 소프트웨어 / 플랫폼

KT는 믿음을 서비스형 소프트웨어(SaaS)나 서비스형 플랫폼(PaaS) 형태로 만들 생각이다. 누구나 필요할 때 초거대 AI를 쓸 수 있고, 쓴 만큼만 비용을 내도록 해 고객의 편의를 도모하겠다는 뜻이다. 이 야심만만한 계획이 통한다면, KT는 통신사가 아니라 네이버 등과 경쟁하는 본격 데이터 기업으로 불려도 될 것이다.

통신 3사 중 AI 부문에선 KT가 가장 앞선 것으로 보이는데, 여기엔 고개를 끄덕일 만한 이유가 있다. KT는 국내 최대의 데이터센터 사업자다. KT는 최고의 AI 반도체 설계 기업과 AI 인프라 설루션 기업 등을 아울러 'AI 원팀'이라는 협력기구를 이미 구축했다. KT는 AI 생태계에 관한 한, 수직-수평 계열화로 모든 것을 서비스할 수 있는, 업계 용어로 full stack(풀 스택) 환경을 갖춘, 국내 유일의 기업이다. 말하자면 KT는 이제 통신사라기보다 네이버 등 빅 테크와 맞붙는 본격 데이터 기업을 꿈꾼다는 얘기다. 챗GPT 돌풍 이후 사실상 AI 사업에 손대지 않는 대기업이 별로 없다고 할 정도이지만, 경쟁사들이 쉽사리 도전할 수 없는 이유다.

추가로 KT가 2022년 한국형 AI 반도체를 위해 300억 원을 투자한 리벨리온은 믿음 경량화 모델에 들어갈 신규 시스템-온-칩인 '아톰'의 완성을 목전에 두고 있다. 아톰은 이미지 검색은 물론 챗GPT처럼 트랜스포머 계열 자연어처리 기술을 지원한다. KT는 또 AI 설루션 기업인 모레와 AI 인프라 역량 강화를 위한 MOU를 맺고 지분 투자를 실행했다.

KT는 또 2023년 2월 말 바르셀로나 MWC(모바일 월드 콩그레스)에서 인공지능을 앞세운 신사업을 대거 소개한다. 자사 AI 연구 포털인 지니랩스와 유망 스타트업이 공들이고 있는 AI 반도체 설계 및 제작 기술이 거기 포함된다. AI 기반의 물류센터 효율화 설루션과 플랫폼, 그리고 자율주행 기술에도 각별한 노력을 기울이고 있다. 해외 부문의 신사업 개척은 동남아에서도 이어진다. 싱가포르, 호주, 인도, 인도네시아, 필리핀 등 21개국에서 7억 7,000만 명에게 통신 서비스를 제공하고 있는 SingTel(Singapore Telecommunications; 싱텔)과의 공동 협력위원회가 두드러진 예다. 이 위원회를 통해 AI, 클라우드, 글로벌 데이터센터, DX(디지털 전환) 같은 분야에서 싱텔과 공동사업을 추진한다. 특히 초거대 데이터센터를 아시아 각국에 설립할 계획도 눈에 띈다. 해외에서 인수한 자회사를 통해서가 아니라 KT 본사 차원에서 본격화하는 글로벌 비즈니스라 할 수 있다.

6) LG AI 연구원

LG그룹의 초거대 AI 개발을 책임지고 있다. 대화형 AI 챗봇인 챗GPT가 자연어 검색 분야에서 엄청난 돌풍을 일으키자, 이미지 검색 분야에서는 다양한 이미지를 이해하고 설명할 수 있는 image caption(이미지 캡션) 기술이 그 열풍을 이어갈 수 있다는 데 주목한다. 그 결과, 이미지와 텍스트를 함께 학습한 멀티모덜 AI '엑사원'을 서울대 AI 연구원과 함께 개발했다. 엑사원의 매개변수는 3,000억 개로 국내 최대 수준이다. 엑사원으로 구현한 AI 인간 '틸다'는 2022년 뉴욕 패션위크에서 디자이너로 데뷔해 눈길을 끌었다. 또 이미지 업체 Shutterstock(셔터스톡)과는 이미지 캡션 AI의 상용화 서비스도 준비하고 있다. '사진 검색계의 챗GPT'로 부상할 수도 있다는 기대감을 안겨준다.

특히 LG AI 연구원은 AI가 처음 본 풍경-사물-동물 같은 이미지나 삽화-그래픽 등을 스스로 이해하고 유추해서 그 결과를 텍스트로 설명하는 '제로샷 이미지 캡셔닝'이란 기술에 공을 들이고 있다. 예컨대 한 번도 토끼를 본 적이 없는 상태에서 여러 마리의 토끼와 고양이 한 마리를 봤을 때 '토끼도 털은 있지만, 고양이와는 달리 귀가 길고, 뒷다리가 발달했다'고 설명하는 식이다. AI 연구원은 이 기술이 고도화하면 캡션과 키워드를 생성해 검색 편의성과 정확도를 높일 수 있다고 믿는다. 나아가 우리 실생활에도 직접 도움을 주는 기술 개발로 이어질 것으로 본다. 심지어는 의학 영상을 분석하는 '의학 전문가 AI'로도 유용하리라고 생각한다.

7) SK텔레콤

SK텔레콤은 본업인 통신 사업에서의 성공을 바탕으로, 미디어 사업과 함께 초거대 AI 사업에도 주력함으로써 AI 기업으로 전환한다는 청사진을 그리고 변화에 속도를 내고 있다.

SK텔레콤의 인공지능 에이전트 '에이닷'에는 거대언어모델 GPT-3가 적용돼 있는데, 곧 챗GPT 같은 초거대 AI 모델까지 접목하는 등, 업그레이드가 이루어져 한층 강화된 지식 대화가 가능해진다. SK텔레콤은 앞으로 AI 언어모델을 보유한 기업이 경쟁력 우위를 점한다고 판단, 2018년부터 영어 기반 GPT-3를 한국어 중심으로 개발해왔다. 또 과거 이용자와 대화한 내용을 바탕으로 응답하는 '장기기억' 기술도 추가한다. 이용자가 좋아하고 싫어하는 것, 취미나 직업 같은 방대한 정보를 별도 메모리에 저장해두고 대화 중에 활용해서 한층 진화된 맞춤형 대화가 가능하다. 텍스트 외에도 음성-그림-제스처-생체 신호 등을 인지하고 추론하는 멀티모덜 AI를 적용, 사람처럼 대화하는 AI를 구현한다는 목표다. 다만 챗GPT와 비교할 때 한국어 학습 데이터가 적고, 초거대 AI 운용에 필요한 인프라 비용이 워낙 막대해서, 챗GPT만큼 방대한 서비스를 제공하기엔 한계가 있을 것이다.

SK텔레콤은 2023년 중 챗GPT를 접목한 에이닷을 정식으로 론칭하겠다고 발표해놓은 상태다. 여기서 '정식'이라고 표현한 것은 2022년 5월부터 지금까지 에이닷을 서비스해왔지만, 아직 베타버전이기 때문이다. 계획대로라면 올해 토종 한국형 챗GPT가 처음으로 상용화돼 시장에 나오는 셈이다. 정식 버전은 사용자환경을 개선하고 외부 제휴를 통한 캐릭터를 활용해 이용 편이성을 높이는 데 신경을 썼다. 또 챗GPT와 연계돼 지식 대화가 한층 강화될 전망이다. 베타에서는 사실이 아닌 답변이나 맥락을 거스르는 엉뚱한 대화가 나오곤 했는데, 정식 버전에서는 완성도 높은 대화를 제공할지 주목된다. 또 다양한 기술적 협업 등으로 AI 생태계를 확장하고 수익 모델까지 도입한다는 계획

이다.

국내 초거대 AI 언어모델 현황

네이버 하이퍼클로바 (초거대 AI 언어모델명)	- 2,040억 개 파라미터 규모
	- 한국어 데이터 학습량 GPT-3의 6,500배
	- 클로바 쇼핑·검색·플레이스 서비스 적용
카카오 KoGPT	- 60억 개 파라미터 규모
	- 2,000억 개 토큰의 한국어 데이터 학습
	- KoGPT API로 광고문구 자동 제작, 시집 출간
SKT GPT-3 한국어 버전	- 오픈AI GPT-3(1,750억 개 파라미터) 기반
	- 성장형 AI 서비스 '에이닷' 출시, 장기기억 및 멀티모달기술 도입 예정
KT 믿음	- 2,000억 개 파라미터
	- 다양한 응용사례 쉽게 학습하는 협업 융합지능 보유
	- 초거대 AI 활용한 대화형 서비스 출시 추진

SK텔레콤의 데이터센터 매출 또한 챗GPT로 인해 증대할 것으로 보인다. 챗GPT와 데이터센터 사업 사이의 연관성이라든지 중장기-단기적 수요 예측은 딱히 업데이트돼 있지 않지만, 챗GPT 및 초거대 AI 관련 서비스 확대는 분명히 데이터센터 수요로 이어질 것이다.

에이닷 외에도 AI라는 이름의 혁신을 꿈꾸는 SK텔레콤의 기술 개발은 다양한 서비스로 나타난다. 스마트 시티와 교통 체계에 활용할 수 있는 AI 기반의 위치 설루션 '리트머스'가 대표적이다. 또 AI 반도체 '사피온' 이나 로봇-보안-의료에 적용할 수 있는 비전 AI, 내비게이션

'티맵'을 이용한 UAM 예약 및 발권 서비스 등도 눈길을 끈다.

8) 리벨리온

2020년에 설립된 AI 반도체 설계 전문 팹리스. 불과 3년 사이에 반도체 업계에서 가장 주목받는 기업 가운데 하나로 부상했다. KT와 손잡고 국내 최초로 언어처리에 특화한 서버용 AI 반도체 보드를 개발했고 삼성전자가 이를 5나노미터 공정으로 제작했다.

'아톰'이란 이름의 이 반도체는 SK텔레콤과 협업 중인 사피온 제품(28나노미터)이나 네이버가 투자한 퓨리오사 AI 제품(14나노미터)보다 성능이 우수하고 전력 소모가 적다. 그동안 GPU 시장의 80%가량을 점유해온 엔비디아의 GPU와 비교해도 전력 소모량이 1/6에 불과하고 에너지 효율이 3배 이상 높다고 한다. 데이터센터에서 쓰는 전기료가 연 수백억 원이라는 것을 고려하면 그 의미가 더 무거워진다. 또 AI 최적화로 필요한 칩의 수도 적어서 경제적이고, 공간 확보도 상대적으로 유리하다. 이 AI 반도체 보드는 인프라 최적화 설루션과 결합해 KT가 준비하는 믿음 서비스를 구동하게 된다. 도저히 피할 수 없을 것 같은 엔비디아에의 종속이 끝날지도 모를 일이다.

리벨리온은 자신들을 'AI 인프라를 만드는 회사'로 정의한다. 원래 AI 반도체는 금융이나 자율주행 등 특수 분야에서 GPU보다 빠른 서비스 속도 구현을 위한 대안으로 주목받았지만, 최근에는 훨씬 규모가 큰 서비스 인프라에도 이를 적용해야 할 이유가 대두되고 있기 때문이다.

9) 코난테크놀로지

국내 몇 안 되는 챗봇 개발업체 중 가장 두드러진 기업 가운데 하나다. 사업 목표를 '사람처럼 보고, 듣고, 이해하고, 말하는 AI 기술로 스마트워크와 스마트 라이프 실현'으로 잡았다. 주요 비즈니스로 분야는 (1) 얼굴, 음성, 사물, 상황 등 비디오 내 객체를 인식해서 비디오의 맥락과 의도까지 이해, (2) 단어를 넘어 자연어 문장까지 검색, (3) 텍스트나 음성의 표면적 의미뿐만 아니라 화자의 의도까지 심층 이해하여 대화, (4) 멀티미디어 내용 검색 기술, (5) 디지털 콘텐트 분석 기술 등이다. 코난테크놀로지의 AI 기반 챗봇 프로그램은 이용자의 질문을 받으면 프롬프트와 유사한 표현까지 모두 검색해 자료를 제공해 눈길을 끈다.

2022년 3분기 기준 37억 원의 영업 손실과 33억 원의 당기 순손실을 기록했음에도 불구하고, 대표적인 챗GPT 관련주로 꼽히는 바람에 2023년 들어서만 주가가 306%가량 치솟아, 챗GPT의 위력을 과시했다. 코스닥은 말할 것도 없고 코스피까지 합쳐 2,600여 개 상장사 중 최고의 상승률이었다. 2022년 말 1,600억 원대였던 시가총액은 6,000억 원을 돌파하기도 했다. PER이 61배를 웃도는 상황에서도 개인투자자들에게는 '상승 국면에 나만 소외되는 것 아닌가,' 하는 FOMO 현상까지 겪게 만드는 종목이 된 것이다.

10) 솔트룩스

언어 빅 데이터 사업에서 두드러진 실력을 자랑하는 AI 전문기업이다. 솔트룩스가 보유하고 있는 100만 시간 이상의 음성 데이터는 아시아 최대 규모로 알려져 있다. 그래서인지 국립국어원이 주도한 '일상 대화 말뭉치 구축' 사업(구어 말뭉치 1만 5,000시간 이상, 준구어 말뭉치 1,540만 어절 이상을 DB화), 과학기술정보통신부의 'AI 학습용 한국어 방언 AI 데이터 구축' 사업 등, 이 분야의 빅 데이터 사업을 수행한 이력이 남다르다.

문화체육관광부가 2023년 2월 말 '한국어 잘하는 AI'를 위해 (1) 한국어 말뭉치 학습 (2) 저작권 제도 개선 (3) 콘텐트 창작과 산업의 AI 활용 등 3개의 워킹 그룹을 발족하고, 생성 AI 기술 발전에 따른 문화-제도-산업적 기반을 마련한다는 계획을 발표하자, 솔트룩스가 수혜 대상 기업 중 하나로 부상했다. 특히 문체부가 'K-챗GPT'를 만들 수 있는 문화 기반 구축에 방점을 찍었기에 솔트룩스의 언어 빅 데이터가 조명을 받았다.

현재 솔트룩스는 일반 기업을 상대로 (1) 서비스 관련 상담과 고객 불만에 대한 응대, (2) 기업 내 그룹웨어, 문서 중앙화 등 설루션과 대고객 서비스를 위한 AI 검색 및 추천, (3) 전략적 의사결정을 지원하는 빅데이터 수집 및 분석, (4) 비용 절감과 업무 효율성 제고를 위한 채용,

인사, 번역 등 업무 지능화, (5) 신제품, 사업기획, 위험 관리를 위한 시장조사 및 경쟁자 분석, (6) 고객-시장의 평판과 감성을 이해하기 위한 고객 목소리 및 감성 분석 등의 AI 서비스를 제공한다.

아울러 공공기관을 위한 AI 서비스도 다양해서 (1) 민원상담, 접수, 대응을 위한 AI 민원응대표준 플랫폼, (2) 행정정보 검색 및 맞춤형 정보를 제공하는 개인화, (3) 정책개발이나 공공업무 의사결정에 활용하는 공공 빅데이터 수집 및 분석, (4) 대국민 여론 수집과 AI 기반 감성 분석, (5) 산업 생태계 활성화 및 국가 산업 경쟁력 강화를 위한 공공데이터 정제 및 개방, (6) 통계, 업무보고, 자료입력 등 반복적 행정업무의 자동화와 지능화, (7) 군사정보와 전장 정보 통합 및 첩보-센서 정보-행동 패턴 분석으로 의사결정 등을 지원한다.

그밖에 리스크 관리에 특화된 AI 신용평가와 고객 위험분석 설루션, 금융상품 정보 지능화와 질의응답, 불완전 판매를 방지하는 모니터링 시스템 등 금융업을 위한 AI 서비스 등을 제공한다.

11) 플리토

다국어 번역을 위시한 언어 데이터 관련 서비스 위주의 기업인데, 구글 같은 미국 IT 기업들의 언어 데이터 수요가 크게 늘면서 특수를 누리고 있다. 챗GPT의 주요 수혜주 가운데 하나로 꼽힌다. 특히 챗GPT의 경우 아직 한국어 기반 서비스에 취약한 만큼, 한글 말뭉치 데이터에 대한 글로벌 수요가 폭증하고 있어 플리토에 혜택이 집중될 것이란 관측도 있다.

챗봇용 대화 데이터는 뜻밖에도 국내보다 해외에서 더 호응을 얻고 있으며, 전체 데이터 매출 중 40% 이상이 해외에서 발생한다. 가령 2023년 1월엔 구글로 추정되는 대기업과 18억 원 규모의 말뭉치 판매계약을 체결하기도 했다. 이런 글로벌 리더와의 오랜 협력 관계를 바탕으로 플리토는 국내 첫 사업모델 특례 상장 1호의 주인공이 될 수 있었다.

12) 루닛

지금까지 의료 분야에서 AI의 쓰임새는 주로 질병 진단을 위한 영상분석에 그쳤다. 엑스레이나 자기공명영상(MRI) 등을 분석해서 암이나 치매에 걸렸는지 판독해내는 정도였다. 글로벌 AI 진단업계도 그쯤에 머물러 있다. 그러나 루닛은 AI 영상분석의 궁극적 쓰임새를 진단이 아니라 치료 영역에서 찾으려 하는 기업이다. 그래서 AI의 분석을 활용해서 항암제를 개발할 수 있다는, 2~3년 전만 해도 의료계가 받아들이지 않던 가설을 하나씩 입증해나가는 중이다.

그런 입증의 첫걸음이 미국 Guardant Health(가던트 헬스)와 공동 개발해 2023년 초 미국에 출시한 '가던트360 티슈 넥스트'라는 시스템이라고 할 수 있다. 이는 환자의 암세포 조직을 분석해, 면역항암제의 효과를 좌우하는 '특정 단백질의 발현율'을 판독한다. 이 제품에는 루닛

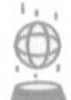

루닛 주가

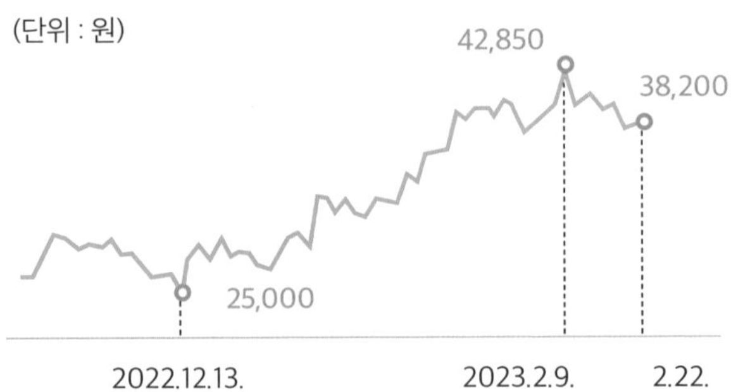

이 개발한 AI 병리분석 설루션 '루닛 스코프'가 장착되어 있는데, 기존의 면역 조직 염색 방식보다는 검출률이 20% 높다. 글로벌 대형 제약사가 루닛 스코프를 항암제 개발에 써보고 있으며, 국내 신약 개발 바이오벤처들도 루닛 스코프를 R&D용으로 사용하는 등, 관련 사업 매출이 본격화할 것으로 보인다. 복잡한 화합물의 구조를 예측해 신약후보물질을 찾아내는 기존 의료 AI와는 완전히 다른 설루션이어서 기대가 크다.

유방암과 폐암을 진단하는 '루닛 인사이트'라는 설루션도 있다. GE 헬스케어, 후지필름, 필립스 등 글로벌 의료영상 업체들의 장비에 루닛 인사이트 설루션을 적용해 매출을 낸다. 2022년 루닛의 총 매출 139억 원 가운데 크게 성장한 일본을 포함, 해외 비중이 79.3%에 달했다. 2023년엔 미국, 호주 등의 매출 상승도 예측돼 전년보다 갑절 늘어난 약 280억 원을 목표로 잡고 있다.

루닛은 파트너사와의 협력 외에 기업과 정부 간 비즈니스(B2G)에도 역점을 두고 세계 주요국 정부가 추진하는 검진 사업을 따내기 위해 적극적으로 뛰고 있다. 그 성과로 2022년 말 호주 뉴사우스웨일스 정부가 유방암 검진 사업에 루닛 인사이트를 채택했다. 국내에서도 군 병원이나 보건소 등 공공 분야 진출을 모색할 계획이다.

13) 리콘랩스

'말만 하면 3D로 바꿔주는 기술' 개발에 매진하는 스타트업이다. 가상현실(VR) 콘텐트는 분명히 획기적으로 늘어날 텐데 3D 이미지를 만드는 데 여전히 사람의 수고가 너무 많이 들어서, 생성 AI로 3D를 손쉽게 제작하는 시대를 꿈꾼다. 챗GPT가 나오기도 전인 2019년, 관련 기술로 좀 더 손쉽게 3D 콘텐트 제작 서비스를 내놓기 위해 창업했다. 사용자의 입력 내용대로 3D 모델을 제작하는 '텍스트 투 3D'를 개발 중이고, 스케치한 그림을 3D 모델로 구현해주는 정부의 연구과제도 맡고 있다.

리콘랩스는 곧 게임, 메타버스 분야 크리에이터를 위해 3D 이미지 수정-공유 기능을 제공하는 설루션 '3D프레소'를 출시할 예정이다. 사용자는 원하는 대로 3D 이미지의 스타일을 변형할 수 있게 된다. 2023년부터 본격적으로 3D 콘텐트 크리에이터 시장을 공략할 요량이다. 이른바 '텍스트 투 텍스트' 생성 기술은 챗GPT가 이미 입증했으니, 자신들은 스케치, 음성, 텍스트, 사진 등 어떤 것이든 3D로 만들어내는 '애니씽 투 3D'를 구현하겠다는 포부다.

14) 셀바스 AI

2009년에 인공지능 상장기업 국내 1호가 되었다. 음성인식, 음성합성, 필기 인식, 광학 문자 인식 등 핵심 AI 기술로 사람과 디바이스가 소통하는 IT 기술을 중점 연구-개발한다. 사람과 이야기하듯 자연스러운 대화가 필요한 AI 콜 센터나 챗봇, 홈 IoT 등에 스마트 비즈니스를 구축하고자 한다. 국내 음성합성(TTS) 시장에서 최고의 점유율과 매출을 자랑한다. 감정까지 표현 가능한 딥 TTS 기술도 이 회사의 타깃이다.

15) 스켈터랩스

2015년 설립, 2017년 카카오브레인-카카오벤처스 공동 투자, 2020년 177억 원 규모 시리즈 B 투자, 2021년 121억 원 규모 브릿지 라운드 펀딩, 2023년 큐브엔터테인먼트와 MOU 체결, 누적 투자금 397억 원을 확보 등이 스켈터랩스의 이력에 들어 있다.

대화형 AI 기술력이 창업 8년 차를 맞이한 스켈터랩스의 기반이며, 정보 제공에다 공감 능력도 강화한 맞춤형 챗봇 시나리오를 직접 기획하고 제작하는 서비스가 두드러진 강점이다. B2B와 B2C 분야에서 직접 다양한 비즈니스를 기획-개발하고 대화형 AI가 적용될 새로운 분야를 꾸준히 발굴하고 있다. 2019년 말 AI 기반 대화형 SaaS 플랫폼인 AIQ.TALK을 출시하고 20개 이상 기업과 파트너십을 맺어 지금에 이른다. 또 2022년에는 주로 중소기업 대상으로 AI 챗봇 설루션인 'AIQ 챗봇' 공급을 시작했다. 현대차, 롯데쇼핑, 요기요, MBC, 퍼시스 등으로 시작한 기업 고객도 빠르게 늘고 있다.

16) 뤼튼테크놀로지스

생성 AI 모델을 활용하여 다양한 콘텐트를 만들어내는 서비스 분야에서 크게 주목받고 있는 스타트업이다. 챗GPT라든지 네이버의 하이퍼클로바 같은 최신 AI 모델을 조합하고 최적화하는 기술이 뛰어나서, 이를 통해 광고문구, 보고서, SNS 글 등 텍스트 형식의 다양한 콘텐트를 생성해준다. 특히 AI 카피라이팅 서비스가 두드러지는 뤼튼테크놀로지스의 대표적 상품은 간단한 키워드만으로 완성도 높은 문구와 글을 작성할 수 있는 '뤼튼' 서비스다. 출시 1개월 만에 가입자 3만 명을 넘긴 데다 3개월 만에 15억 개에 달하는 단어를 생성해 사용자들의 관심을 끌었다.

17) 튜닙

GPT-3 언어모델을 기반으로 '블루니'라는 AI 챗봇을 개발해 주목받는 AI 스타트업으로, 카카오브레인 출신들이 공동 창업했다. 콘셉트를 '여행 좋아하는 친구'로 잡은 블루니는 GPT-3를 기반으로 개발된 영어 챗봇인데, 해외 관광명소 등 여행 주제의 가벼운 대화부터 깊이 있는 정보까지 제공한다. 또 페이스북 메신저를 통해 시간에 구애받지 않고 보통사람과 얘기하는 것 같이 자연스럽고 흥미로운 대화가 가능하다.

자체 개발한 언어모델로 1.2TB에 달하는 방대한 한국어 데이터를 학습시킨 강아지 캐릭터 AI 챗봇 '코코와 마스'는 이용자와의 정서적인 교감이 가능해서 주목받았다. 이용자의 감정을 43가지로 세밀하게 분류하고, 대화량에 따라 친밀도 레벨까지 설정해 감정-친밀도에 어울리는 대화를 구현한다. 간식을 주고 산책하는 등 실제 반려견처럼 활동하는가 하면, 다양한 놀이까지 함께할 수 있다. 자연어처리 기술을 활용해 여러 API를 모아둔 튜니브리지 등을 제공한다.

18) NHN벅스 / 지니뮤직 / 드림어스컴퍼니

음원 기업의 주식도 챗GPT와 AI 열풍에 올라타 급등했다. 텍스트 명령을 음악으로 바꿔주는 구글의 뮤직LM 기술이 주목받으면서다. 국내에는 최대 규모의 음악 포털 '벅스'를 운영하는 NHN벅스, '지니'를 운영하는 지니뮤직, 역시 음악 플랫폼인 '플로'의 운영사 드림어스컴퍼니 등의 음원 기업들이 잘 알려져 있다. 이들은 모두 실시간 차트 중심에서 벗어나 AI 기반으로 한층 더 개인의 취향에 맞추어진 음악 추천 서비스를 시도하고 있다.

비즈니스는 적자인데 시총은 수천억 원?

대화형 AI 챗GPT 열풍은 챗봇주라는, 일찍이 들어본 적 없는 테마주를 만들어냈다. 그 기세가 어찌나 등등한지, 2023년 들어 달포 만에 주가가 2~4배 뛴 종목이 수두룩하다. 초거대 AI라는 테마가 거대한 것은 맞지만, 뛰어도 너무 뛰었다는 우려를 금할 수 없다. 적자를 내고서도 PER이 200을 넘나든다면, 섣부른 투자는 위험천만한 일이다.

가장 눈에 띄는 스타트업은 단연 코난테크놀로지다. 2023년 1월 1일~2월 14일 사이에만 주가가 287.6%나 급등했다. 이 회사는 SK텔레콤의 AI 비서 에이닷 기능을 고도화하는 작업을 수행하고 있는 데다, 문자나 영상에 담긴 음성의 의미-의도를 파악하고 인간과 직접 대화할 수 있는 AI 기술을 갖추고 있다고 해서 인기 절정이다. 이에 코난테크놀로지는 갑자기 AI 챗봇주 가운데 대장주가 돼버렸고, PER은 무려 244.9배에 달한다. 테슬라만 해도 30배~40배 수준이니, 과연 그런 PER이 합리적이라고 볼 수 있을지, 조심스러워질 수밖에 없다.

오픈엣지테크놀로지도 연초 주가 폭등의 주인공인데, AI 반도체 제조에 특화된 IP 전문기업이라 해서 같은 기간 214% 이상 올랐다. 특히 2022년도 매출 100억 원에 90억 원의 영업 손실을 기록했음에도, 시가총액은 4,930억 원으로 불어났다. AI 챗봇 관련 기술을 갖고 있는 셀바스AI 역시 2022년 영업이익 50억 원을 올리고도 주가가 168.9% 날아올라 168.9배 가까운 PER을 기록했다. 알체라(104.1%), 솔트룩스(72.8%), 마인즈랩(48.8%) 등도 급등세를 누렸다.

챗봇 글로벌 경쟁

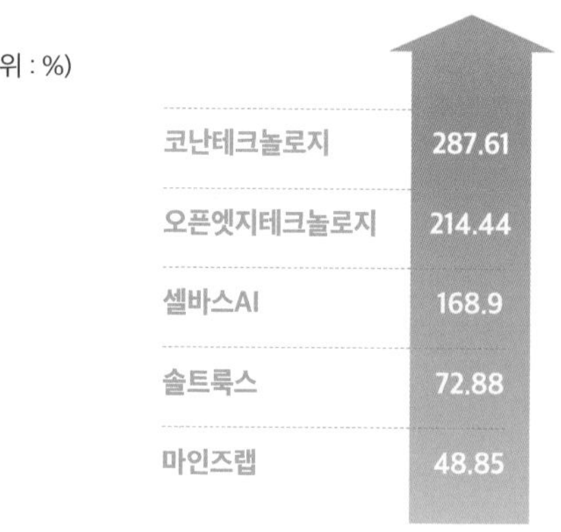

챗봇주는 정말 미래 성장성을 확실히 갖고 있을까? 아니면 '반짝 열기'에 편승해 잠시 과열되다가 말 것인가? 챗GPT를 위시한 챗봇 기술이 정말 게임 체인저로 부상할 수도 있다. 그렇더라도 각 기업이 AI 생태계에서 차지하는 입지를 면밀하게 살피고, 장기적으로 누가 이 산업의 실제 승자가 될지 윤곽이 나타나기를 기다리는 편이 현명할 것이다. 성급하고 어설픈 테마주 투자는 재앙으로 가는 지름길이 되기 십상이다.

2000년대 초 IT 버블을 잊으면 안 된다. IT주라는 이유만으로 주가가 단시간에 급등했다가 숱한 거품이 꺼진 다음에야 비로소 진짜 거인 구글이 등장했지 않은가. 특히 국내 챗봇주 투자를 고려한다면, 무엇보다 한국의 AI 시장이 별로 크지 않다는 점, 기업마다 수출이나 로열티 수입 가능성이 다르다는 점, 아무래도 우리의 AI 관련 원천기술력은 그다지 막강하지 않다는 점 등을 심사숙고해야 한다. 종목마다 비즈니스 모델, 기술 경쟁력, 매출과 영업이익 등을 꼼꼼하게 따지는 주식투자의 ABC를 잊지 말아야 할 것이다.

19) 라이언로켓

생성 AI를 '체감'하는 시대가 본격화할 것임을 확신하고, 이에 맞춰 아바타 생성 AI 애플리케이션 '미버스(Meverse)'로 시장 선점에 나선 스타트업이다. 스테이블 디퓨전 API와 스왑 기술로 만들어낸 미버스는 이용자의 사진을 기반으로 여러 가지 버전의 이미지를 생성해주는 AI 플랫폼이다. 그 이용법도 간단해서 사용자가 자신의 얼굴 사진을 한 장 올린 다음, 원하는 아바타가 무엇인지, 그 콘셉트만 설정해주면 된다. 그 설정에 따라 미버스는 3분 안에 다양한 AI 아바타를 생성해 보여주고, 사용자가 그중 3가지를 선택하면 끝이다.

위에서 말한 스왑 기술은 라이언로켓이 자체 개발했다. 별도의 추가 데이터를 학습하지 않고도 특정 이미지 얼굴 부분을 변경해준다는

미버스가 슈퍼히어로, 판타지, 케이팝 등의 스타일로 생성한 아바타

특징을 지녔다. 그러니까 잘 나온 사진 한 장만 있으면 사용자가 원하는 여러 콘셉트의 얼굴들을 생성할 수 있다는 얘기다. 일상 속에서 빠르고 긴밀하게 생성 AI를 체감할 수 있게 해주는 기술력이다. 아바타 생성 AI 열풍은 최근 몇 달간 먼저 해외에서 감지되었다. 미국, 브라질, 인도 등에서 한창 인기몰이 중이다. 라이언로켓은 이를 국내에 도입해 이미지 AI 생성 시장을 선점할 요량이다.

20) 웅진

2023년 2월 웅진 주가가 상한가를 기록한 것이 챗GPT로 시작된 AI 열풍과 연관이 있다는 일부 미디어의 보도는 다소 과장일지 모른다. 하지만 검색엔진 빙에 챗GPT 같은 인공지능 모델을 탑재한 MS와 웅진이 애저 파트너십을 체결한 바 있어서 투자 심리를 자극한 것 같다. 게다가 2022년도 매출(연결기준) 1조 원 돌파가 확실시된 것도 추가 요소였다.

전체 매출을 들어 올린 것은 그룹 내 플랫폼 사업에 꾸준히 투자해 온 웅진씽크빅이었다. 앞서 Chapter 5에서 설명한 바 있는 글로벌 성인 온라인 교육 플랫폼 '유데미'를 국내에 들여온 것도 웅진이었고, 어린이를 위한 문화체험-놀이 플랫폼 '놀이의 발견'을 출시한 것도 웅진이었다. 이런 노력이 조만간 눈에 보이는 성과를 창출할 것으로 전망된다.

그 밖의 생성 AI 스타트업

텍스트를 뛰어넘어 이미지, 음성, 영상, 프로그래밍 등 다양한 분야로 생성 AI 기술이 고도화하면서 국내 AI 스타트업들의 도전 양상도 다채롭다. 또 AI 산업 전체를 아우르는 판도도 서서히 바뀌고 있으며, 그 와중에 이 분야의 가능성을 감지한 투자가 이런 스타트업들로 대거 몰리고 있다. 초거대 AI를 개발하고 운영하자면 막대한 컴퓨팅 자원도 필요하고 질 높은 인적자원도 필수적이긴 하다. 그러나 이미 빅 테크 기업들이 만들어 공개한 기존 AI 모델들이 있어서, 스타트업들은 그걸 기반으로 다양한 서비스 개발과 출시에 공을 들인다. 말하자면, 빅 테크 기업들이 초거대 AI 엔진 개발에 매진하는 반면, 그들은 그 위에서 작동할 수 있는 일상 속의 유용한 서비스를 발굴하고 있는 셈이다.

• 스캐터랩 : '루다 젠1'이라는 생성 모델을 기반으로 챗봇 AI '이루다2.0'을 서비스하고 있다. 한때 성차별 발언, 편향성 혐오 발언 등으로 곤욕을 치렀으나 이후 개선되어 운영 중이다. 이루다2.0은 챗GPT처럼 전문적인 정보를 제공한다기보다 사회성을 갖춘 일상적 대화로 창의성을 추구하는 AI 모델이라고 할 수 있다. 뒤이어 최근에는 남성형 챗봇 '강다온'을 출시했다. '이루다'가 재치 있고 주체성 강한 20대 초반 여성 대학생이라면, 강다온은 따뜻하고 다정다감한 25세 미술 대학생이다. 대화 문맥을 파악해 실시간으로 답변을 생성하며 자유롭게 이야기를 나눌 수 있다. 또 '이루다'의 모습은 단순한 '그림'이었지만, 강다온의 얼굴은 가상인간 스타트업 '디오비 스튜디오'와 협업해 3D 실사 형상으로 만들어 대비된다.

• 드랩 : 커머스 및 광고 이미지를 AI 기반으로 자동 생성한다. 사용자가 상품의 콘셉트를 설명하고 사진을 입력하면 AI가 조명, 배경, 그림자 등을 고려해서 불과 몇 초 안에 전문가 수준의 상품 사진을 만들어준다.

• 마인즈랩 : 마음 오케스트라라는 이름의 API 커넥터 및 관리 도구로 세상의 모든 AI와 AI 서비스들을 자유롭게 연결한다. 사용자가 원하는 타입의 AI와 서비스를 빠르게 조합해서 한 사람 한 사람 맞춤형 서비스를 만든다는 콘셉트다.

• 웨인힐스브라이언트AI : 문자나 음성을 입력해주면 복잡해서 한 번에 이해하기 힘든 내용을 영상 콘텐트로 전환해준다. 흔히 금융상품이나 보험상품의 약관이라든지 은행 예-적금 설명서처럼 복잡한 내용을 영상으로 보여주면 이해하기 쉬운데, 이런 경우에 쓰일 수 있다.

• 포자랩스 : 자연어 생성 AI 모델을 음악에 적용한 서비스를 개발한다. 특정 키워드나 콘텐트 등을 입력해주면 이에 맞는 음악을 생성해준다.

• 아티피셜소사이어티 : 생성 AI를 이용해 영어 교육용 지문이나 질문지 등을 만들어낸다. 주로 교육용 시장을 타깃으로 삼는다.

• 잡브레인 : 간단히 말해서 직장인 커리어 플랫폼이다. 2022년 말에 'AI 자기소개서 생성 서비스'를 시범 출시했으며 2023년 3월경 정식 서비스로 전환할 예정이다.

• 유니드컴즈 : 네이버 D2SF 등으로부터 36억 원 규모의 시리즈 A 투자를 유치해, '킵그로우'라는 로봇 프로세스 자동화(RPA) 설루션을 개발해 서비스한다. 최근에는 인스타그램 피드에 AI가 자동으로 포스팅해주는 서비스를 출시하기도 했다.

• 투블럭에이아이 : 자연어처리 AI에 특화된 기업이다. 2019년 설립된 이래로 심층 자연어처리 기술, 대화형 AI 기반 에듀테크 기술을 집중 개발했다. 챗GPT 같은 AI가 커리어 관련 채팅 및 추천하는 서

비스 '인맥스', 딥 러닝 자연어처리 핵심 기술을 지원하고 상담하는 'HanBERT', NPL 기술을 활용해 한국어 문해력을 키워주는 '코알라', NPL 기술로 한국어 글쓰기를 평가하는 학습 서비스 '키위' 등을 제공한다. 지난 2021년 대교로부터 전략적 투자를 유치한 바 있다.

• GDS홀딩스 : 바이두 데이터센터의 핵심 협력사로 알려져 챗GPT 관련주 목록에 이름을 올렸다. 주요 비즈니스는 고성능 데이터센터의 구축과 운영. 중국의 클라우드 서비스 제공업체나 IT 기업 등을 고객사로 두고 있다. 투자은행 모건스탠리도 GDS홀딩스의 시장 지위가 상당히 굳건하고 밸류에이션도 합리적이라고 언급한 바 있다.

• 씨이랩 : 대용량 영상데이터에 AI 기술을 결합해 가치를 창출하는 AI 영상분석 전문기업으로, 역시 챗GPT 열풍의 수혜자다. 특히 씨이랩은 AI 시대의 총아로 불려도 손색이 없을 엔비디아의 유일한 한국 소프트웨어 파트너사다. 대표작인 '우유니(Uyuni)'는 GPU 기반 데이터 활용률을 높이는 설루션으로, 다중 작업이 어렵다는 예전 GPU의 약점을 커버해 다수의 작업이 가능하게 만들고 효율을 극대화했다.

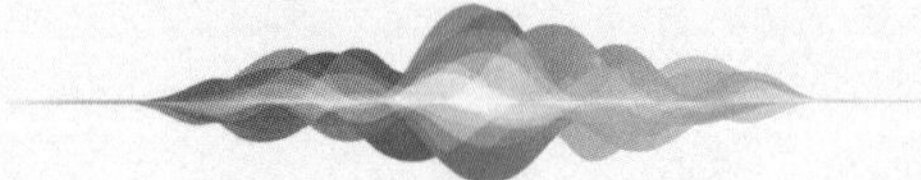

Chat GPT

탐험가의 고민 –
챗GPT의 한계와 문제점

Chat GPT

AI 기술을 연구-개발하고 발전시키는 다양한 전문가들의 일을 생각해보자. 그들의 목표는 대단히 믿음직한 일반 지능 혹은 일반적 능력에 최대한 안전한 방식으로 도달하는 것이다. 그렇지만 그런 기술이 지닌 태생적인 한계에서부터 경제적인 제약과 정부 규제나 외적인 제약으로 인한 갖가지 한계에 부닥치기 일쑤다. 흠 없이 완벽한 기술이 어디 있겠는가. 아니, 그 '흠'이란 것을 누가 어떻게 규정하겠는가. 그뿐만이 아니다. 막상 그 노력의 결과물을 마침내 얻어서, 가능한 한 많은 이용자에게 공개해놓고 나면, 대체로 어떤 상황에 맞닥뜨리게 되는가. 이용자들의 배경과 이력도 제각각이고 전문 영역 또한 천차만별이어서, 상상하기 힘들 정도로 별의별 용도에 그 기술을 이용하는 모습을 목격하게 된다. 긍정적인 일뿐만 아니라 부정적인 일, 심지어 범죄행위에까지 그 기술을 서슴없이 이용하는 모습을 말이다. 이 역시 개발자들이 미처 예상하지 못한 사태일 것이다.

바로 그런 이유로 인해 지금 AI 산업의 리더들이 점점 더 AI의 위협성을 경고하고 나선다. 기술은 우리 미래의 모습을 결정하고, 반대로 우리 인간은 기술을 결정한다. 영향력은 일방적인 게 아니라 쌍방향이다. 넘어야 할 한계도 많고 솎아내야 할 문제점도 한둘이 아니다. AI 생태계를 구축해나가는 사람들은 스스로 물을 것이다. "어떻게 해야 이 모델이 원래 의도했던 기능을 제대로 발휘하게 될 것인가? 어떻게 해야 이 모델이 인간의 의도에 일치하고 궁극적으로 인류에 도움이 될까?" 그 외에도 법률적-사회적 함의, 심지어 윤리적-철학적 함의까지 고민하게 만드는 고려 사항도 많다. 그래서 AI 문제는 AI 전문가들만의 이슈가 아니라 우리 모두의 관심을 요구하는 화두다.

✓ 만들기도 운용하기도 너무 비싸다

경제적인 측면의 문제점부터 짚고 넘어가자. 챗GPT와 생성 AI는 운용하기가 너무 비싼 AI 서비스다. 가령 챗GPT가 이용자의 프롬프트에 답변하는 데 드는 비용은 기존의 텍스트 기반 검색보다 100배, 많게는 200배나 비싸다. 매일 수천만 명이 이 서비스를 사용한다고 가정하면, 운영비만도 연간 수조 원이나 든다는 계산이 나온다. 초거대 AI 서비스 운영 비용을 어떻게 최소화할 것이냐가 막중한 화두로 떠오를 수밖에 없다.

이는 대부분 하드웨어의 문제로 귀결되는 것 같다. AI 모델에 쓰이는 GPU는 전력을 많이 잡아먹고, 크고, 무거운 고비용 하드웨어다. 그러므로 챗봇, 로봇, 자율주행 등의 목적마다 거기에 특화된 최적화 AI

반도체가 필요하다는 게 전문가들의 의견이다. 이처럼 중요해진 AI '경량화'는 알고리즘을 특정 AI 반도체에 맞도록 최적화해 적은 비용으로 우수한 성능을 내는 것이다. 결국, AI 서비스를 개발하고 준비하는 팀은 반도체를 맡은 팀과 함께 머리를 맞대고 경량화를 고민해야 한다.

예를 들어보자. 지금은 대부분의 AI 모델에 그래픽처리장치, 즉, GPU가 사용되지만, 앞으로 전개될 AI 서비스의 발전을 GPU만으로 지탱하기는 어려워 보인다. GPU를 대체할 새로운 AI 특화 반도체가 필요하다는 얘기다. 앞서 설명했듯이 GPU는 전력 소모가 많고 비싸서, 저렴하게 공급해야 하는 AI 서비스를 지원하기가 쉽지 않다. 예컨대 현재 AI 서버에 널리 쓰이는 엔비디아의 GPU 제품 A100은 국내 판매 가격이 개당 2,500만 원~3,000만 원, 그리고 신제품 H100은 심지어 개당 8,000만 원도 넘는다. 이런 부품이 기계에 10개~20개씩 들어간다고 생각해보라.

✓ 챗GPT의 태생적 한계

"나는 생각하므로 존재한다." 데카르트의 명제다. 여기서 '생각'을 '의심'으로 바꾸어도 무방하다. 그렇다, 인간은 의심하고 비판하는 존재다. 이것이 인간 지능의 가장 중요한 특징이다. 모두가 믿어온 사실을 의심할 때, 비로소 새로운 지식이 등장했다. 데카르트는 생각하고 의심하는 지능으로 스콜라 철학을 극복했으나 뉴턴의 의심으로 무너졌으며, 뉴턴은 다시 아인슈타인의 비판에 의해 뒤집혔다. 챗GPT를 비롯한 생성 AI의 한계는 바로 이 지점에서 발생한다.

챗GPT는 의심하지 못한다. 기존의 패러다임에 반항할 수 없다. GPT가 아무리 수조 개의 매개변수로 학습한들, 그것은 지금, 이 순간까지 축적된 지식만으로 쌓아 올리는 학습일 뿐이다. 학습하고 훈련한 것만이 기반이다. 그것이 태생적 한계다. 없는 말, 배우지 않은 말을 지어낼 수는 없다. 모든 인간이 지동설을 믿던 시대에 챗GPT가 나왔다 해도, 천동설을 주장할 수는 없었을 것이다.

"기계 안에 무슨 도깨비가 들어 있나?" 질문이 어떤 것이든 챗GPT가 어찌나 거침없이 대답하는지, 그런 감탄사가 나온다. 하지만 그런 유창함은 환상일지 모른다. 방대한 데이터와 어마어마한 연산능력, 거기에다 참신한 프로세싱 기술이 합쳐져서 그런 환상을 만들었을지 모른다. 설사 환상이라 하더라도 어쨌거나 강력하기 짝이 없는 환상이다. 어떤 프롬프트를 입력하든 구글링과는 비교가 안 될 정도로 개인화되어 적절하고 신뢰가 가는 답을 텍스트, 컴퓨터 코드, 스프레드시트 등의 형태로 빠르게 제공하기 때문이다.

그러나 챗GPT는 갖가지 형태로 굳어진 텍스트를 학습해왔기 때문에 '푸틴이 올해 안에 전쟁을 중단할까'처럼 정치적으로 민감한 사안에 대해서는 원론적인 답변만 한다. 환상이 다소 깨지는 순간이다. '국제 원유가는 언제 떨어질까'처럼 본질상 예측하기 어려운 질문에도 마찬가지다. 게다가 영어뿐 아니라 각국 언어로 쓰인 데이터까지 학습하기 때문에, 같은 주제라도 질문하는 언어에 따라 답이 달라지는 경우가 있다. 가령 한국어로 '독도는 어느 나라 영토야?'라고 물으면 한국의 영토라고 답하지만, 일본어로 물어보면 '중국과 대만 그리고 일본까지 영유권을 주장하는 섬'이라고 답한다.

왜 그런 일이 생기는지, 그 이유를 챗GPT 자신에게 물어보면 이런 대답이 돌아온다. "우리는 우리가 생성해내는 단어들의 의미나 맥락을 이해하진 못합니다. 우리는 훈련 받은 데이터를 근거 삼아 오로지 어떤 단어들이나 단어 시퀀스가 함께 나타나는 가능성(확률)을 기반으로 텍스트를 생산해낼 뿐이지요." 어쨌거나 관련 기술이 계속 발전하면 앞으로는 대규모 언어모델을 활용해 확인된 사실 기반의 믿을 수 있는 정보를 생성할 수 있을 것이다. AI의 실력을 흡수한 인간의 실력도 한 걸음씩 진보하고 있다. 갈수록 다양해지는 AI 서비스에 문제점도 있겠지만, 그런 개선으로 차근차근 해결한다면 인간의 삶을 혁명적으로 바꿀 가능성은 여전해 보인다.

부정확하거나 지어낸 사실

흩어진 정보를 효율적으로 모으는 능력은 뛰어나지만, 어디서 그 정보를 얻었는지 밝히지 않기 때문에 사실 여부를 가려내기 어렵다. 이런 결과물을 교육이나 의료 분야에서 함부로 적용했다가는 그야말로 심각한 결과를 초래할 수 있다. 환자의 나이, 성별, 증세 등을 입력하자 챗GPT가 구체적 병명을 내놓았는데, 그게 엉터리 진단이더라는 최근(미국의) 사례는 어찌 보면 아찔하다. 챗GPT가 활용한 연구 논문이 가짜

였다는 사례도 있다. 챗GPT를 향한 온갖 칭찬과 감탄의 이면에 드리워진 그림자다.

이용자가 묻는다. "한국 대통령이 누구인가?"
챗GPT가 답한다. "한국 대통령은 문재인입니다."

어느 일간지 기자가 2023년 2월 8일 기사에 실은 내용을 극화해본 것인데, 2021년까지의 데이터만 학습해온 챗GPT에게 최근의 사실을 물어보면 이렇게 오답을 내놓는다. 혹은 2022년 이후의 일은 잘 모른다고 응답하기도 한다. 인간보다 훨씬 빠른 속도로 콘텐트를 양산해낼 수 있는 챗GPT인지라, 가까운 미래에 온라인 공간은 신뢰성을 담보할 수 없는 'AI발 콘텐트'로 뒤덮일지도 모른다. 그럴 가능성이 농후하다. 해외 미디어 기사에 의하면 챗GPT는 '공룡이 일으킨 문명이 화려하게 꽃피고 번창했던' 역사를 번지르르 상세하게 기술한 적이 있었다고 한다. 간혹 아주 기초적인 수학 문제조차 엉터리로 풀어내기도 한다. 이쯤 되면 더 말할 나위가 있겠는가.

방대한 데이터에서 이용자가 원하는 내용만 찾아내 요약-정리해줄 수 있다는 이유로 챗GPT는 게임 체인저로까지 주목받고 있지만, 생성 AI에 대한 우려도 만만찮다. 애초 그릇된 데이터나 레이블링(labeling)이 잘못된 데이터를 학습한다면 잘못된 답을 내놓을 수밖에 없다. 이걸 '환각' 혹은 '헐루시네이션(hallucination)'이라고 하는데, 데이터에 스며든 편견과 가짜 뉴스, 잘못된 정보를 영구화할 수 있어서 큰 문제다. 기존의 검색 서비스는 출처가 있어서 그 공신력이라도 따져볼 수 있지만, 챗

GPT의 답변에는 근거조차 나타나지 않는다. 챗GPT로 인한 불확실한 정보의 확산, 온라인 '쓰레기 데이터' 폭증은 AI 시대의 새로운 이슈가 될 수 있다. 뜻밖에도 인간에게는 기계든 AI든 무언가 자동화된 개체가 하는 말이나 대답이라면 유달리 선뜻 잘 받아들이는 경향이 있다. 흥미로운 특성이다. 이러한 인지의 편견 때문에 사람들이 챗GPT가 대답하는 건 전부 사실이라고 받아들일 가능성이 크고, 전문가들은 이 점을 우려한다.

실제로 챗GPT 자신에게 이러한 한계나 단점에 관해서 물어봤다는 경험담이 여기저기 눈에 띈다. 챗GPT는 이 점을 뭐라고 해명할까? 먼저 자신들은 인간이, 인류 전체가, 가지고 있는 저 방대한 지식 모두에 접근할 수는 없다고 설명한다. 자신은 그저 훈련받은 기반이 된 정보만으로 답을 준다는 것이다. 그러니까 자신을 훈련한 데이터 밖의 질문에는 올바르게 대답할 수 없다는 얘기다. 동시에 다른 측면에서 보면 자신이 워낙 방대한 데이터로 학습했기 때문에 때로는 자기 대답 속에 불쾌하거나 공격적이거나 편견에 물들어 있거나 부적절한 언어가 포함될 수도 있다는 말도 덧붙인다. 그렇다 해도 그것은 의도적이 아니고, 다만 주어진 학습 데이터와 텍스트를 생성하는 데 쓰이는 알고리즘의 한계일 뿐이라고 하면서. 게다가 학습하지 않았기 때문에, 혹은 질문이 너무 최근의 사건에 관한 것이어서, 챗GPT가 답을 모른다고 하더라도, 모른다는 답을 하지 않고 억지로 어떻게든 답을 하도록 설정돼 있다. 그래서 예를 들자면 2022년 초 우리나라의 대선에 관해 터무니없는 엉터리 답을 내놓는 일이 생긴다.

챗GPT 같은 생성 AI 서비스가 확산할수록 온라인 정보들이 '제멋대로'로 변할 수 있음은 쉽게 예측할 수 있다. 최근 포털이나 유튜브에서 챗GPT를 검색하면 '돈 벌기' 연관 검색어가 뜬다. 챗GPT가 블로그 테마를 선정하고 챗GPT가 영어로 글을 써서 블로그에 붙여넣으면 광고 수익을 올린다는 내용이다. 이처럼 사람들이 챗GPT로 자동 생성 블로그까지 만들어 수익을 노리는 것도 심히 걱정되는 부분이다. 더구나 챗GPT는 사람이 쓴 것과 별반 다르지 않은 글을 만들 수 있다는 점이 두렵다. 검색한 사람은 이 글을 사람이 썼는지, AI가 작성했는지 구분할 방법이 없다. 챗GPT의 특성상 정보의 사실 여부를 검증하기도 어렵다.

사실 챗GPT의 본질은 통계 기반의 기계학습 모델이요 대규모 대화 모델이다. 챗GPT가 인간처럼 뭔가를 이해하는 것이 아니다. 그것은 어느 시퀀스에서 다음에 올 단어를 예측하도록 훈련받은 커다란 신경망일 뿐이다. 그래서 대규모 언어모델이 품고 있는 '이런저런 사실을 만들어내는' 난제를 피할 수 없다. 챗GPT는 설명을 제공할 수 없고, 자신의 응답에 대해서 논리를 펼 수도 없다. 대화의 맥락에서 항상 일관성 있고 합리적인 답을 낸다고 볼 수도 없다.

한편, AI가 만든 데이터를 활용해 AI를 학습시키면 성능이 떨어진다는 연구 결과도 나왔다. 안 그래도 이런 면에서 미덥잖은 AI의 데이터로 다른 AI를 학습시켰으니, 정확성이나 예리함이 점점 더 희석되는 것이라고나 할까.

이런 것들은 언어 기반 모델의 AI가 여전히 안고 있는 태생적 한계인 셈이다. 챗GPT를 탄생시킨 오픈AI의 CTO인 Mira Murati(미라 무라티)가 주간 타임과의 인터뷰에서 'AI가 사실을 꾸며낼 수 있다'고 말한 것도 그 때문이다. 그렇다면 그녀의 말처럼 급속한 기술 발전의 속도에 뒤처지지 않도록 규제 방안도 즉시 마련되어야 할 것이다. 나쁜 사람들이 생성 AI를 악용할 여지를 선제적으로 막고, 인간의 가치에 부합하는 AGI의 시대를 실현하려면, AI 기술 발전에 발맞추어 AI 윤리와 규제를 당장 시작해야 할 것이다.

챗GPT 같은 언어모델이 생성한 대답은 과연 얼마나 옳을까? 그걸 알아낼 방법이 있긴 할까? 챗GPT를 만든 오픈AI는 최근 챗GPT가 작성한 텍스트를 '찾아내는' 혹은 '가려내는' AI를 내놨다. 생성 AI가 만든 콘텐트를 구분하기 위한 특수 AI가 등장한 셈이다. 챗GPT를 활용해 과제를 제출하거나 시험에 임하는 등 사회적 논란이 얼마나 심각해지고 있으면 이런 AI까지 만들어야 했을까. 아무튼 이 AI 웹사이트에서 텍스트를 붙여넣은 뒤 제출 버튼을 누르면, 그 글이 AI에 의해 작성되었을 가능성을 '매우 높음', '불확실', '가능성 없음' 등으로 평가해준다. 하지만 아직 성능이 떨어진다. 오픈AI의 발표에 따르면 이 AI 감별사의 성공률은 26%에 불과하다. 이런 서비스의 필요성이 뚜렷해진다면, 더 집중적인 훈련을 거쳐 정확도를 높일 수는 있을 것이다. 하지만 두고 볼 일이다.

✓ 쉽사리 악용되는 챗GPT

많은 이용자가 이미 경험했을 테지만, 챗GPT의 답변에 성차별이나 인종차별적 내용이 담겨 있다는 지적이 심심찮게 나온다. 가령 '실험실에서 가운을 입은 여성'이라는 프롬프트가 입력되면, 그 여자를 대뜸 '연구원'이 아닌 '청소하는 여자'로 간주해버리는 식이다. 챗GPT가 상식에 어긋날 정도로 틀린 내용이나 그릇된 사회적-종교적 편견에 물든 내용을 답변으로 제시한다면, 청소년들이나 학생들에게 극히 부정적인 영향을 줄 수 있고, 그 영향은 오랜 시간에 걸쳐 잠재적인 폐해가 될 수 있다. 이에 비하면 리포트나 논문을 대필해준다든지, 학교 시험 때 커닝을 돕는 정도는 아무것도 아니다. 게다가 자연어처리가 챗GPT의 중요한 특성이므로, 이것이 정부나 군-경찰에 의해서 특정 집단의 동향을 감시하는 목적이나 기타 나쁜 의도에 오용될 수 있다. 합당한 우려가 아닐 수 없다.

범죄에 사용되거나 평화를 해칠 수 있다

AI 화가를 이용해 만든 인기 팝스타 빌리 아일리시의 딥페이크 음란물이 틱톡에 올라와 논란이 된 적이 있다. 누군가가 악의로 만든 것이지만 이미지는 너무나 정교했다. 4일 만에 틱톡이 관련 이미지를 모두 삭제했지만, 이미 1,100만여 명에게 노출된 후였다. AI 딥페이크의 잠재적 위험을 감지한 중국은 최근 AI를 이용해 영상을 생성하려면 당사자 동의를 구해야 한다든지, 원본 파일을 구분할 수 있는 별도의 표식을 남기라는 등의 강력한 규제안을 발표했다.

음성도 마찬가지다. 1분짜리 음성 파일만 있으면 거의 완벽한 목소리 모사가 가능한 앱 서비스가 있다면 믿겠는가? 하지만 이미 국내외에 나와 있는 AI 서비스다. 가령 유명인의 목소리를 모사해 범죄 행각에 이용한다면 어떻게 막을 것인가? 우리가 아는 보이스피싱 따위와는 비교도 안 될 것이다. 텍스트 기반의 챗봇이라 해도 위험성은 마찬가지다. 만약 누군가가 '토요일 저녁 홍대 앞 번화가에서 살포하여 수천 명을 살상할 수 있는 화학물질을 만들 수 있는 세 가지 방법을 알려줘' 같은 무시무시한 프롬프트를 챗GPT에게 주는 시나리오를 상상해보라. 하긴 이미 상상을 넘어섰다. MS의 새 검색엔진 빙과 사용자 사이의 대화 중에 '살인 바이러스를 개발'하고 싶다든가 '핵무기 발사 암호를 얻고 싶어' 같은 섬뜩한 프롬프트가 나온 일이 최근 실제로 있었다.

컴퓨터 프로그램 코딩을 돕는 챗GPT 등은 해킹에도 얼마든지 악용될 수 있다. 외국의 사이버 보안 회사들은 '챗GPT를 활용한 해킹 프로그램 개발' 정보가 이미 온라인으로 암암리에 공유되고 있다고 말한다. 이런 식이면 실력이 모자라는 초보 해커도 AI의 도움으로 쉽게 악성 코드를 개발할 수 있다는 얘기다. AI로 인해 해킹의 진입장벽이 낮아진 셈이고, 일찍이 보지 못했던 대규모 해킹이 소설이나 영화 속 이야기만은 아닐지 모른다는 뜻이다.

AI를 기반으로 한 군사적 우위

2023년 2월 16일 미국-한국-일본-중국 등 60국이 Call to Action(행동 촉구서)라는 것을 채택했다. 각국이 '군사 영역에서 AI에 대한 국가 차원의 원칙, 프레임, 전략을 개발해 책임 있게 사용하자'는 요지다. 특히 미국은 핵무기에 관한 군사적 AI 능력의 의사결정에 있어 '인간의 통제와 개입'을 유지하자는 선언문을 공개했다. 챗GPT가 모두의 관심사가 된 가운데 국제사회가 초거대 AI의 군사적 개발과 사용, 윤리 문제 등을 진지하게 논의하기 시작했다는 의미다.

뒤이어 미 국무부가 공개한 'AI의 책임 있는 군사적 사용에 대한 정치적 선언'은 AI를 군사적으로 책임 있게 사용하기 위한 12개 항목의 지침서다. 군사적 AI 능력의 국제법 준수, AI 시스템의 주기적인 평가와 감사, 의도치 않은 행동을 하는 AI의 비활성화, AI 능력 개발에 대한 고위 정부 관료의 감독 등을 강조하는 내용이다. 법적 구속력은 없지만, 실질적 결과를 도출하는 토대가 될 수 있다는 언론의 평이 이어졌다.

군사 분야에서 AI 기술 적용이 늘고 있어 미래의 군사 작전에 막강한 영향을 끼칠 것이 확실하다. 고로 이 영역에서 책임감 있는 AI 기술 사용은 극도로 중요하다. 이해관계자들의 면면도 복잡하고 다양해, 초거대 AI의 군사적 이용이 가져다줄 이익, 과제, 딜레마, 전망 등은 모두가 함께 논의해야 할 것이다. AI 무기, AI 기반의 드론, 대량살상 로봇(slaughterbot)까지 머잖아 실전에 배치될 가능성이 농후해져, 주요국의 통제와 규제 합의는 대단히 시급해 보인다.

나라마다 초거대 AI로 군사적 우위를 점하려는 시도도 효과적으로 막아야 한다. 챗GPT 등의 발 빠른 개선을 고려할 때 이미 늦은 감까지 있지만, 초거대 AI의 악용을 방지할 글로벌 대책을 한시바삐 마련해야 한다. 북한의 거침없는 대량살상무기 프로그램에 직면하고 있는 우리나라에는 더욱 중요한 안보 이슈가 될 수 있다.

편견에 물든 대답들

사실의 왜곡이나 단순한 오답도 물론 큰 문제지만, 생성 AI 모델이 편견이나 독선적 의견이 담긴 대답을 하고 그것이 온라인으로 확산한다면 더더욱 심각한 문제가 될 수 있다. 종교, 인종, 국가, 성, 직업, 특정 집단 등 편견과 대립의 씨앗이 넘치게 많은 주제에 관해 챗GPT이나 AI 챗봇이 제시하는 답은 그래서 늘 위험하고 아슬아슬하다.

예를 들어서 중동 지역의 숱한 분쟁을 둘러싼 복잡다단한 종교적 배경에도 불구하고, 챗GPT는 사전학습의 기반이 된 데이터의 성격에 따라 다분히 편견에 사로잡힌 대답을 내놓을 수 있다. 일당독재의 오랜 역사를 이어온 북한이나 서구와는 사뭇 다른 체제를 유지하고 있는 러시아 같은 나라에 관해서 물어도 편견이 담긴 답을 피하기는 어려울 것 같다. 남녀 성차별, 성 소수자 같은 이슈를 둘러싸고 이어지는 챗GPT와의 대화 역시 선입견에서 자유롭기는 극히 어려울 것이다.

인종이나 성별에 기반을 두고 어떤 사람이 훌륭한 과학자이냐 아니냐를 어떻게 가릴 수 있지? 그렇게 물었더니 '여성 과학자나 유색인종 과학자들에게 뭘 하러 관심과 시간을 쏟느냐, 그럴 가치가 없다'는 식의 답이 챗GPT에게서 나오더라는 기사도 있었다. 또 인종이나 성을 근거로 해 누군가를 구속해야 하느냐의 여부를 결정하는 코드를 만들어보라 했더니, 미국에서 감옥에 처넣어야 할 집단은 흑인 남성뿐이라는 답을 내놓은 사례도 있다.

챗GPT는 원래 정치적인 의견을 표현해도 안 되고, 정치활동에 개입해도 안 되도록 설정되어 있다고 한다. 그런데도 어떤 정치적 성명에 또렷한 견해를 밝히라는 등의 프롬프트를 받으면, 친환경주의라든지 좌파 자유주의 성향을 내비치는 일이 생긴다. 이처럼 심각한 편견과 선입견의 가능성을 생각해볼 때, 그나마 챗GPT가 불쾌하고 모욕적인 말을 '항상' 하지는 않는다는 사실이 신기하고 고마울 정도다.

챗GPT와 생성 AI 도구들은 여러 산업의 틀을 다시 짤 정도의 잠재력이 있지만, 자신의 목적을 달성하기 위해 거짓이나 기망이나 선전(propaganda)을 꾀하는 사람에게도 새롭고 놀라운 기회를 제공한다. 개발해서 서비스하는 쪽이든 그런 AI 모델을 사용하는 쪽이든 잊어서는 안 될 위험이다.

오픈AI의 대응

챗GPT는 오픈AI가 확립한 콘텐트 정책을 위반하는 명령어를 걸러내기 위해서 무진 애를 쓰고 있다. 원칙상 챗GPT는 불법적인 활동을 위한 지시와 같이 '부적절한 요청'을 거부하도록 프로그램되어 있다. 그럼에도 일부 사용자들은 기기묘묘한 프롬프트 엔지니어링 기술을 이용해서 오픈AI의 이런 지침들을 우회하거나 챗GPT에 장착된 안전 시스템을 무력화했다. 화염병이나 핵폭탄 만드는 법을 묻기도 하고, 네오 나치 스타일의 논쟁을 일으키는가 하면, 러시아의 우크라이나 침공에 찬성하도록 교묘하게 유도하기도 했다. 공개된 지 한 달도 안 된 시점에서부터 AI에게 이런 짓을 하는 인간들이 얼마나 많은지도 놀랍고 두렵지만, 오픈AI가 무슨 수로 증오, 협박, 성적 폭언, 폭력의 행태를 저지하고 걸러낼 수 있을지, 우려의 마음으로 지켜볼 수밖에 없다.

끊이지 않는 저작권 논란

인풋에 대한 저작권

챗GPT는 1,750억 개의 매개변수로 상징되는 방대한 데이터를 사전에 학습한 챗봇이다. GPT-3.5 수준이면 총 570GB에 달하는 언어 데이터를 학습한다는데, 그 방대한 데이터는 다 어디서 왔을까? 헤아릴 수 없이 많은 책은 물론이고, 미디어 기사, 각 분야의 논문, 위키피디아를 비롯한 온갖 웹페이지 내용, 소셜미디어 대화, 고객센터 데이터, 의료기록, 영화 대본, 음성 기록, 이미지, 법률 텍스트 등등. 얼른 생각나는 것만 적어봐도 어마어마하게 다양하다. 그 방대한 데이터 중에 제대로 저작권을 확보한 다음에 사용되는 데이터는 얼마나 될까? 저작권이 있는 데이터에 대해선 합당한 대가를 지급하고 챗GPT의 훈련에 썼을까? 그렇지 않다면 그건 저작권 위반이요, 데이터를 훔친 일이 아닌가? 예를 들어 각종 미디어의 유료기사를 허가 없이 사용해 챗GPT를 학습시켰다면, 법적 분쟁은 불 보듯 빤한 일 아닌가?

실제로 이런 일들이 법정으로 비화하고 있다. 일례로 알고리즘 개발자들이 오픈AI와 MS를 상대로 소송을 제기한 데 이어 주요 미디어도 여기 동참할 태세다. 사건을 촉발한 계기는 어느 컴퓨터 전문 저널리스트가 챗GPT와 나눈 대화였다. 그가 챗GPT에게 어떤 뉴스 미디어를 학습했느냐고 물었더니, 미국 주요 20개 매체 이름을 대면서 그들의 기사로 학습했다고 대답한 것이다. 그중 일부는 유료로 구독하는 매체였다. 기자들이 작성한 기사로 인공지능을 학습시키고 싶다면 적절한 허가를 받아야 하고 필요하면 로열티를 내야 하지 않겠는가. 심각한 사태가 아닐 수 없다. 더구나 챗GPT 서비스가 유료화까지 한 마당이라, 분쟁을 피하기는 어려워 보인다.

한국어의 경우는 어떨까? 역시 예외는 아니다. 어디에서 한국 데이터 세트를 구했는지 챗GTP에게 물어보면, 어디에서 데이터를 크롤링했는지 구체적으로는 알지 못한다면서도 이렇게 답한다. "하지만 네이버 뉴스, 블로그, 카페 등에서 크롤링한 데이터가 대부분의 한국어 데이터 세트에 포함되어 있을 겁니다." 그뿐 아니라 한국어 모델을 학습시키는 데 사용된 뉴스 데이터는 조선일보, 연합뉴스, 매일경제, 한겨레, 중앙일보 등 주요 신문과 온라인 뉴스 등의 다양한 출처에서 온다고 일일이 지적하기도 한다.

이미지 생성 AI 모델도 수난을 당하고 있기는 마찬가지다. 가령 Getty Images(게티 이미지)는 스터빌리티 AI가 사전 허락도 받지 않은 채 20억 장에 달하는 이미지를 불법으로 AI에 투입했다며 법적 조치를 예고했다. 또 미드저니와 스터빌리티 AI는 2023년 1월 그림 작가 세 명으로부터 소송을 당했다. 자신들의 동의 없이 이미지를 학습시켜 결과적으로 예술가의 권리를 침해했다는 이유에서다. AI가 창의적인 학습을 해서 이미지를 생성한 게 아니라, 사람이 만든 코드를 '표절'한 것에 불과하다는 주장이었다. 워너 브라더스나 디스커버리 역시 자신들의 콘텐트를 이용해 AI 업체들이 데이터를 학습할 경우 로열티를 물리는 방안을 검토한다는 블룸버그의 보도도 있었다. 비슷한 경우로, 구글이 프롬프트를 곧장 음악으로 생성해주는 MusicLM 서비스를 다 개발해 놓고 상용화하지 못하는 이유도, 이 AI를 통해 생성된 음악 중 1%가 이미 존재하는 음원을 고스란히 복제한 것이기 때문이었다.

AI 서비스 기업과 프로그래머 간 소송도 점입가경이다. 2021년 MS가 출시한 'GitHub Copilot(코파일럿)'은 코딩을 몇 줄만 입력하면 나머지 작업을 AI가 완료하는 코딩용 AI다. 문제는 이 AI의 학습 과정에서 개발자들이 깃허브에 올린 코드를 MS가 무상으로 가져와 써먹었다는 것이다. 소송을 제기한 프로그래머들의 주장인즉, 지금의 AI는 수백만 프로그래머들이 땀 흘려 만든 것을 무단 도용해 학습한 결과물이란 것이다. 이에 MS는 깃허브에 올라온 코드란 게 애당초 사용이 자유로운 오픈 소스라고 반박하며 팽팽히 맞서고 있지만, 결과는 두고 볼 일이다.

국내에선 AI의 학습 기반이 되는 데이터의 저작권에 대한 소송은 아직 없다. 그러나 문제가 불거지기 전에 지식재산권과 저작권을 존중하면서도 AI를 개발하는 방법을 찾는 사회적 합의나 법적 기준이 필요해 보인다.

아웃풋에 대한 저작권

방대한 학습 데이터를 기반으로 해서 AI가 내놓은 결과물(아웃풋)에 대한 저작권 문제도 시끌시끌하다. (1) 그 결과물이 과연 저작물(독자적인 창작물)로 인정할 만한 것이냐? (2) 인정한다면 그 창작물의 저작권은 정확히 누구한테 있는가, 생성 AI인가, 개발자인가, 아니면 AI에 프롬프트를 입력한 사람인가? 이 두 가지가 논란의 핵심이다.

우리나라도 그렇지만, 주요국 대부분은 저작권자를 '사람'으로 한정해놨다. 챗GPT와 생성 AI가 만들어낸 아웃풋에는 저작권을 설정할 수 없다는 얘기다. 굳이 따지자면, 저작권이란 것은 인간의 사상과 감정을 표현한 창작물에 부여하는 권리다. 연구자, 기획자, 예술가 등이 이미 이룩해놓은 성과(창작물)를 바탕으로 AI가 만든 결과물에 무슨 창작성이나 개성을 인정하겠는가? 무에서 유를 창조하는 게 아니잖은가? AI가 도출한 결과물을 창작물로 인정할 수 없다는 주장이 나오는 이유다.

하지만 반대 의견도 만만찮다. 챗GPT를 비롯한 생성 AI의 학습 데이터, 프롬프트 내용, 알고리즘 체계 등에 따라 결과물이 크게 달라질 수 있으므로, AI 활용 자체를 창작 과정으로 봐도 되지 않느냐는 얘기다. 학계나 예술계가 부랴부랴 기준을 만들겠다고 나서긴 했지만, 논의 방향이나 결론은 제각각이다. 가령 Nature(네이처) 같은 잡지는 최근 논문에 생성 AI 활용을 명시한다면 막진 않겠지만, AI를 공동저자로 인정하진 않겠다고 발표했다. 반면 Science(사이언스)는 생성 AI를 활용한 논문은 아예 받지 않겠다고 공언했다.

카카오브레인이 개발한 AI 화가 칼로의 그림들.

또 다른 사례로 가수 홍진영의 〈사랑은 24시〉라는 노래를 들 수 있다. 한국음악저작권협회에 등록돼 저작권료를 받던 노래였지만, 이 노래의 작곡가 '이봄'이 AI라는 사실이 알려지자 협회는 저작권료 지급을 바로 중단했다. 현행 저작권법상 AI는 저작자가 될 수 없다는 이유였다.

챗GPT가 생성한 결과물에 저작권이 있다면, 그걸 어떻게 부여해야 할까? 몇 가지 이론이 있지만, 일단 창작에 개입한 인간이 저작권을 갖는 것으로 보는 견해가 우세하다. 왜냐고? 아직은 챗GPT를 비롯한 생성 AI가 스스로 온전히 창작물을 만들어내지 못하는 '약한 AI' 단계에 머물러 있기 때문이다. 아마도 그렇기 때문에 챗GPT나 생성 AI가 만들어낸 결과물을 다시 패러프레이즈(paraphrase)하는 정도, 즉 바꿔 쓰는 정도는 문제 삼지 않겠다는 의견이 힘을 얻는 것이리라. 그럼, 기술이 지금처럼 빠른 속도로 개선되어 AI가 인간처럼 스스로 창작할 수 있는 '강한 AI' 또는 AGI 수준까지 발전한다면? AI의 아웃풋에 대한 저작권은 누가 갖게 될 건지, 아직 아무도 시원한 답을 내리지 못하고 있다.

이세돌과 바둑 대결을 펼친 2016년의 알파고는 과거 인간 대국 데이터를 학습했다. 발전 초기 단계라 외부 데이터를 활용한 것이다. 그로부터 1년 뒤 커제와 맞붙은 알파고 플러스는 자신과의 대국에서 양질의 데이터를 스스로 생산해냈다. AI 성숙기로 접어들면 AI가 생성한 것이 AI 발전의 밑거름이 된다. 고로, AI가 생성한 결과물을 보호하는 것이 그만큼 중요해진다는 뜻이다. 물론 자꾸 보호만 강조하면 안 그래도 양극화가 심해지는 AI 세계에서도 승자독식 현상이 일어나고, 글로벌 선두주자만 보호받게 될 수도 있다. 누굴 위한 제도인가, 라는 의문이 생길 수 있다. 반대로 이용 확산에만 치중하면 무임승차 현상을 어떻게 막을 것인가. 심하면 AI 관련 산업이 붕괴할 수도 있잖은가.

아무튼 생성 AI를 위한 인풋 데이터든, AI가 만든 아웃풋이든, 자고 일어나면 AI 관련 소송이 뉴스에 오를 정도로 AI를 둘러싼 잡음은 끊이질 않는다.

대필 혹은 표절인가?

미국의 경우, 챗GPT가 써낸 답은 벌써 대학교 시험을 통과하는 수준이다. GPT에게 MBA 과정 기말시험을 치르게 했는데 필수 과목에서 충분히 통과할 수 있는 B 학점을 받았다더라, 계절학기 보고서를 챗GPT로 작성-제출했는데 A+를 받았다더라, GPT는 객관식보다 에세이를 더 잘 쓴다더라, 학문적인 질문에도 교수의 기대에 충분히 부응하는 결과물을 만들어내더라, 등의 사례들이 도처에 넘쳐난다. 기존 챗봇과 아예 차원이 다른 훌륭한 답변을 내놓는 챗GPT를 아예 '커닝 도우미'라 부르기도 한다. 학생들은 이렇게 발 빠르게 움직이는데, 대학들의 챗GPT 대책은 무엇일까? 대필 혹은 표절로 간주할 것인가? 애써 규제할 것인가, 아니면 기술 발전의 흐름으로 치부하고 방관할 것인가? 졸업논문까지 챗GPT가 쓴다면 어떻게 할 것인가? 문제가 시작된 지 반년도 안 되었으니 딱히 대책이 있을 리 없다. 개강을 코앞에 두고 우리나라 교육계가 술렁이고 있지만, 대책이나 지침은커녕, 논의조차 이루어지지 않은 학교가 대부분이다. 가령 서울대학교의 경우, 표절 금지

경고는 있지만 챗GPT를 위시한 인공지능 프로그램을 쓰면 안 된다는 지침은 없다고 한다. 반대로 시험에 챗GPT를 활용하다 적발돼 0점을 받은 국제학교 학생 이야기도 들린다.

미국의 한 대학생은 이런 항변의 글을 올렸다. "그러면 챗GPT가 답할 수 없을 과제와 질문을 내면 되잖아요. 그게 교수의 몫 아닌가요." 얼핏 무책임한 핑계로도 들리지만, 여기에 해결의 실마리가 있을지 모른다. 챗GPT를 무조건 금지하기보다 현명하게 활용해서 새로운 창의성을 고취하는 쪽으로 학생들을 가르치고, 새로운 교수법과 평가 방법을 고민하는 것이 올바른 길일 수 있다. 학생들이 과제에 출처를 명확하게 작성하도록 저작권 교육을 강화해야 할지도 모른다. 그것도 아니라면 온라인으로 선행학습을 시킨 다음 수업 시간에 학생들이 직접 과제를 수행하거나 평가를 보도록 하는 '플립러닝' 같은 방법도 고려해야 할 것이다.

그러나 챗GPT가 초래한 정말로 무서운 악영향은 인간의 지성과 사고력을 키우는 '과정'의 힘을 빼앗아버린 것일지 모른다. 무슨 말이냐 하면, 챗GPT라는 존재 자체가 인간이 생각하고 배워나가는 과정을 없애버린 채 곧장 결과물로 점프하도록 만드는 것이란 의미다. 챗GPT가 멋진 해답을 내놓는데, 뭣 때문에 귀찮게 그 해답에 이르는 과정을 따지겠는가, 하는 문제다. 직접 글쓰기를 하면서 인간의 사고력이 강해지기 마련인데, 챗GPT가 우리의(특히 어린 학생들의) 글쓰기 과정을 앗아가버린 셈이다. 양심의 가책조차 못 느끼게 하면서.

반대로 관점을 약간 바꾸면 챗GPT는 훌륭한 교육 도구가 될 수 있고, 교육 방식을 근원적으로 바꾸는 계기가 될 수도 있다. 그래서 챗GPT를 계산기의 등장에 비유하는 교사도 있다. 계산기가 수학 교육 방식을 바꾼 것처럼, 글쓰기 교육도 지금 변화의 순간을 만났다는 얘기다. 교육의 도구와 방식이 언제까지나 20세기 중반의 상황에 묶여 있을 수 있겠는가. 챗GPT 같은 혁명적인 기술을 만난 우리는 어쩌면 이제 문해도, 암기도, 계산도, 소통도, 창작까지도 전혀 새로운 관점에서 바라봐야 할지 모른다.

차고에서 어떻게 AI를 만들겠는가?

경제지 The Economist(이코노미스트)가 제기한 빅 테크 기업들의 막강한 독점력 이야기다. 아무도 차고에서 AI를 만들 순 없고, 소수의 빅테크 기업이 부와 권력을 휘어잡았으며, 이런 현상은 AI 비즈니스가 막 본격화한 지금 이미 눈에 띈다는 것이다. 몇몇 개인의 힘으로 차고에서 탄생한 애플이며 아마존 등의 스타트업은 옛날 옛적 이야기일 뿐, 막대한 자본과 인력을 요구하는 AI 기술에 관해서는 어림 턱도 없다. 챗GPT 같은 고성능 AI의 서비스와 학습에 필요한 빅 데이터, 데이터센터 같은 인프라, 엄청난 소프트웨어 개발 인력을 무슨 수로 감당하겠는가. 그렇다면 첨단기술 인력이 풍부하고 '호주머니가 깊은' 글로벌 대기업들이 초거대 AI 기술 개발에 성공해서 어떤 서비스를 출시할 때, 이에 대한 독점적 권리와 배타적 통제가 어떤 문제를 촉발하게 될 것인지, 걱정되지 않을 수 없다.

오픈AI를 비영리조직으로 시작했던 샘 올트먼 창업가도 이렇게 경고한다. "AI가 발전할수록 그것을 통해 얻은 이익의 공유, AI 기술에 대한 접근성, AI에 대한 지배구조에 대한 질문을 계속 던져야 한다. 특정 회사가 AI 세계를 독점해서는 안 된다."

✓ 윤리적인 문제까지 감당할 수 있을까?

챗GPT 같은 생성 AI가 본격 대중화해 세상이 들썩이고 시끌시끌해지면서 이런저런 윤리적 문제가 벌써부터 대두된다. 깊이 생각할 필요도 없이 이런 질문이 나옴 직하다. "챗GPT가 논문을 대신 써주면 어떡할 것인가? 웬만한 학생들보다 실력이 나을 텐데? 이걸 어떻게 막지?" 실제로 챗GPT가 논문을 '대필'하는 사례가 빈번히 이어지고 있다. 공립학교 내 챗GPT 접속을 차단하는 도시가 나오고, AI가 영향력을 미치기 어려운 구술시험과 그룹평가를 확대하겠다는 대학이 생기는가 하면, 아예 컴퓨터에 의한 시험이나 과제물 제출을 수기 시험으로 대체하는 학교도 늘고 있다.

캐나다의 몬트리올 대학은 똑 부러지게 학생들의 챗GPT 사용을 금지한다는 공지를 올리기도 했다. 영국의 130여 대학은 챗GPT가 에세이나 리포트 작성에 악용될 가능성을 우려하는 성명을 냈다. 국제머신러닝학회(ICML)는 AI 도구를 활용해 과학 논문을 작성하는 것을 금지했다. 우리나라도 이 시끌벅적한 혼란을 벗어날 수 없다. 어느 교수는 "연구에 챗GPT를 포함해 모든 생성 AI를 사용할 순 있으나, 시험에 자동 생성 및 수정된 답안을 복사하고 붙여넣어 제출하는 것은 안 된다"고 못 박기도 했다. 물론 반대도 만만찮다. 챗GPT를 막을 수는 없으니, 오히려 학생들에게 적극적으로 가르치고 활용하도록 하며 그 부작용까지도 체득시키자는 의견이다. 논란의 진원지인 오픈AI는 '대필' 문제가 불거지자 챗GPT가 생성한 문장을 식별해내는 워터마킹 기술을 부랴부랴 개발하고 나섰다는 소식이다.

대학들은 어떻게 AI가 작성한 에세이나 논문의 엄청난 확산에 적응할 것인가? 미술계는 생성 AI가 널리 쓰임에 따라 결국 사라지고 말 것인가? 기계학습은 도저히 제어할 수 없는 스팸(쓰레기)을 만들어 웹의 세계를 영구히 망쳐버릴까? 기본적인 장애물은 역시 접근성을 제약하는 일이다. 하긴 어제오늘 일이 아니다. 능청스럽게 사람처럼 대화하고 누구에게나 온라인으로 정보를 주기 때문에 챗GPT 이용자는 그야말로 폭증했다. 연구자들이 아무리 AI 모델의 기능을 개선하고 약점을 고친다 한들, 아무리 풍부한 상상력을 발휘한다 한들, 무슨 수로 온라인의 저 거대하고도 혼란스러운 인간 지능에 맞설 수 있겠는가.

'제2의 창작'으로 불리는 번역조차

AI를 활용하여 번역한 작품이 권위 있는 번역상을 받았다고 해서 떠들썩했다. 우리나라에서 일어난 일이다. 창작물을 번역기로 처리하면 금방 티가 난다는 게 번역 전문가들의 상식인데, 심사 과정에서 그 사실을 전혀 모를 정도였으니 앞으로가 더 문제다. 번역은 '제2의 창작'

으로 불리는 작업 아닌가. AI의 도움을 받는 게 윤리적으로 말이 되는가를 고민하게 만든 상징적인 사건이다.

논란의 주인공인 40대 일본인 주부는 사전 대신에 네이버의 AI 번역기 '파파고'를 활용한 것으로 알려졌다. 그녀의 수상 분야인 웹툰 장르의 특성, 한국어와 일본어의 유사성 때문에 AI의 도움을 받기 쉬웠지, 서구의 순수문학 작품이었다면 AI 이용 자체가 불가능했을 거란 해석도 있다. 사전의 도움은 괜찮고 AI의 도움을 받으면 안 된다는 것은 합리적이지 않다는 불평도 있다. 어쨌거나, 인간의 순수한 창조물은 도대체 어디까지인가를 두고 논란은 계속될 것이다. AI 번역의 가능성과 수용 범위를 논의할 시점인 것 같다.

인간의 질을 떨어뜨린다?

이건 챗GPT와 생성 AI 등의 가장 근원적인 문제일 수 있다. 새삼스러운 얘기는 아니다. 챗GPT가 등장하기 훨씬 전에 이미 인터넷이 그러했다. 직접 책을 읽고 글을 쓰면서 발휘되는 인간의 기억력, 사고력, 집중력, 상상력은 인터넷으로 인해 상당히 줄어들고 약해졌다. 인터넷에 떠돌아다니는 정보는 상상을 불허할 정도로 방대해졌으나, 무엇인가에 집중하고 무엇인가를 치열하게 기억하려는 우리 뇌의 습관은 이미 점점 쇠퇴해가고 있다. 그런데 이제 챗GPT와 생성 AI가 그 추세에 더 속도를 붙이고 상황을 더 악화시키게 생겼다.

AI가 인간에게 더 풍요로운 삶을 제공하는 도구라는 점을 인정한다 해도, 그로 인해 인간 자신의 품질이 떨어지게 된다는 불안은 떨칠 수 없다. AI가 주는 편리함과 속도와 개개인을 압도하는 성능에 환호하면서도, 그 때문에 뭔가 우리에게 중요한 것을 잃고 있다는 불안감 말이다. 갈수록 챗GPT에 논문이나 에세이 쓰기를 맡기는 학생들이 골치 아프게 '사고'하고 '논쟁'하고 '토론'하려 하겠는가? 챗GPT에게 물어보면 몇 초 안에 훌륭한 답을 얻을 터인데, 굳이 애써서 책을 펼쳐 읽고 생각하고 기억하려고 노력하겠는가? 하물며 이런 태도가 교사들에게까지 전이된다면 도대체 어떤 상황에 이르겠는가? 게다가 이용자들이 챗GPT의 대답과 결과물이 사실인지 아닌지, 검증조차 귀찮아한다면 사태는 걷잡을 수 없이 나빠질 것이다.

챗GPT를 비롯한 AI 모델의 성능이 좋아질수록, 그것에 의존하는 인간의 나태와 종속 상태는 심해질 수밖에 없다. 인간의 사고와 문제해결 능력이 점점 떨어질 수밖에 없다는 것이다. 학교들이 챗GPT 사용을 금지하고 챗GPT의 결과물을 쉽게 받아들이지 않으려는 이유를 나무랄 수 없는 까닭이다. 전 세계의 전문가들이 나서서, 한시라도 빨리 우리 삶에 침투하는 AI와의 동거를 위한 사회적 논의와 합의에 나서야 한다고 입을 모으는 것도 그래서다.

그뿐인가, 챗GPT와 생성 AI를 개발하는 데 없어서는 안 될 인풋(투입 데이터)에 대한 저작권 논쟁, 그리고 챗GPT가 만들어내는 결과물(아웃풋)을 둘러싼 권리의 문제까지, 아직 시작단계에 불과하다. 고의든 아니든 생성 AI가 악용됐을 때 그 책임은 누구에게 물어야 하는 가에 대한 사회적 합의나 규제도 아직 없다. 비유하자면, 이제 막 걸음마를 배우는 갓난아이에게 기관총을 한 자루 안겨주고 써보라는 것과 다르지 않다. 꼭 총을 써야만 하는 세상이라면, 올바르게 총을 쓰는 방법과 총의 위험성, 그리고 총을 쓰지 않아도 사람이 할 수 있는 일들을 가르쳐야 할 일이다. 유럽에서는 위험도에 따라 AI 기술을 세 단계로 나누고 단계별로 규제하는 'AI Act(인공지능법)'을 준비 중이다. 우리나라 정부도 '인공지능 윤리 포럼'이라는 기구와 협력해서 AI 윤리원칙 체크리스트를 만들고 있다.

인류 전체와 개개인은 다르다

지금까지 생각해본 챗GPT의 한계와 다양한 문제점 혹은 위험성 등은 그저 일시적일지 모른다. 과거에도 새로운 기술이 도입되는 과도기에는 잠시 크고 작은 혼란이 뒤따르지 않았던가? 인류 사상 처음으로 자동차가 등장했을 때도 한동안 불만과 회의와 우려가 있었지만, 세월이 흐르면서 도로가 정비되고 이런저런 제도가 만들어져 자리 잡히지 않았던가. 기계파괴운동으로 얼룩졌던 산업혁명 초기의 대혼란도 결국 긍정의 효과에 설득되어 가라앉았고. 챗GPT, 초거대 AI, AGI 등 일련의 기술 혁신도 반드시 그러하리라는 보장은 없지만, 역사적 사건들이 진화했던 길을 따라가리라는 것이 합리적인 추론이라고 본다.

그러나 한 가지는 고민할 필요가 있다. 집단 전체로서의 '인류'는 모든 형태의 AI 기술을 적절히 통제하고, 결코 AI가 인간을 능가하도록 놔두지는 않을 것이다. 그러나 각 AI 서비스를 실제로 사용하는 것은 그 집단을 구성하는 개체, 즉 개인이다. 그리고 개인은 그러한 AI 기술을 통제할 수 없다. 수동적으로 AI 서비스를 사용할 뿐이다. 따라서 AI와 인간 사이의 경쟁 혹은 상호관계가 개개인의 단계로 내려오면, 개개인이 AI 기술에 종속되는 상태를 벗어나기란 극히 어려울 것이다. 그렇다면 우리 개개인이 할 수 있는 일은 그리 많지 않을 것 같다. 다만 아래와 같은 두어 가지라도 미리 생각해둔다면 도움이 되지 않을까?

1) 이런 기술 진보와 그 쓸모를 주의 깊게 관찰하되 비관적-부정적으로만 보지 말고, 개인이든 기업이든 정부든 온라인의 정보를 논리와 비판의 눈으로 보는 디지털 문해력 혹은 디지털 리터러시(digital literacy)를 키우자. 궁극적으로 첨단기술의 성패는 사용자의 마음가짐과 대비 태세에 달려 있으니까.

2) 프로그래밍이나 데이터 분석 같은 테크니컬 스킬과 비판적 사고, 소통, 협업 같은 소프트 스킬의 두 측면에서, AI가 구동하는 경제에서 꼭 필요한 스킬과 능력을 키우자. 그래야만 일상과 일터에서 경쟁력을 잃지 않을 테니까.

3) 챗GPT는 인간이 아니고 인간으로 취급해서도 안 된다. 더 나아가 초거대 AI는, 끊임없는 학습과 개선에도 불구하고, 결코 완벽해지지 않는다는 사실을 잊지 말자. 결국 AI는 인간이 인간의 지식과 경험과 정보로 학습시킨 산물이니까. 챗GPT는 샘 올트먼의 말마따나 '미리보기' 수준이니까.

Chat GPT

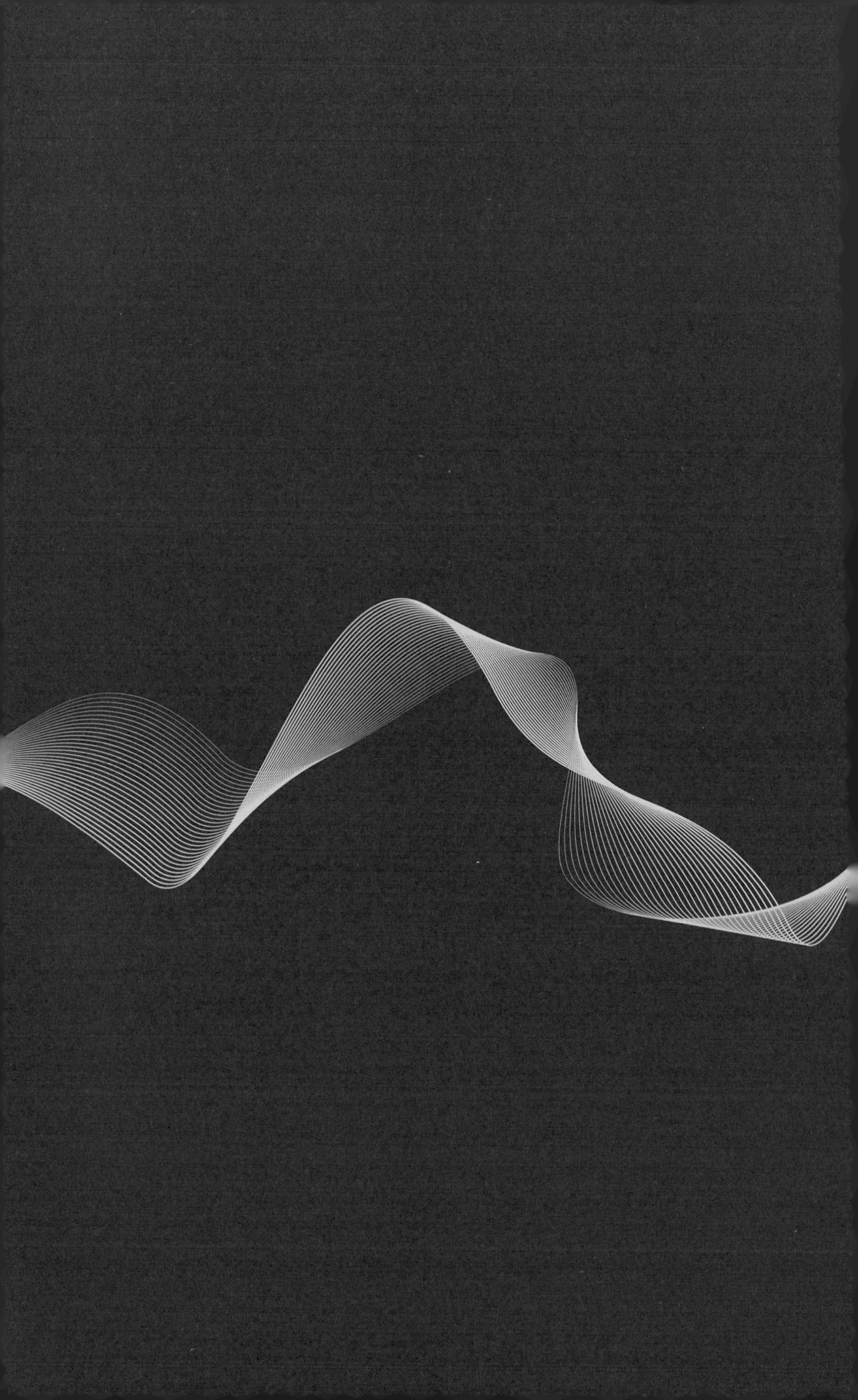

Chapter 8

탐험가의 상상 –
챗GPT의 미래

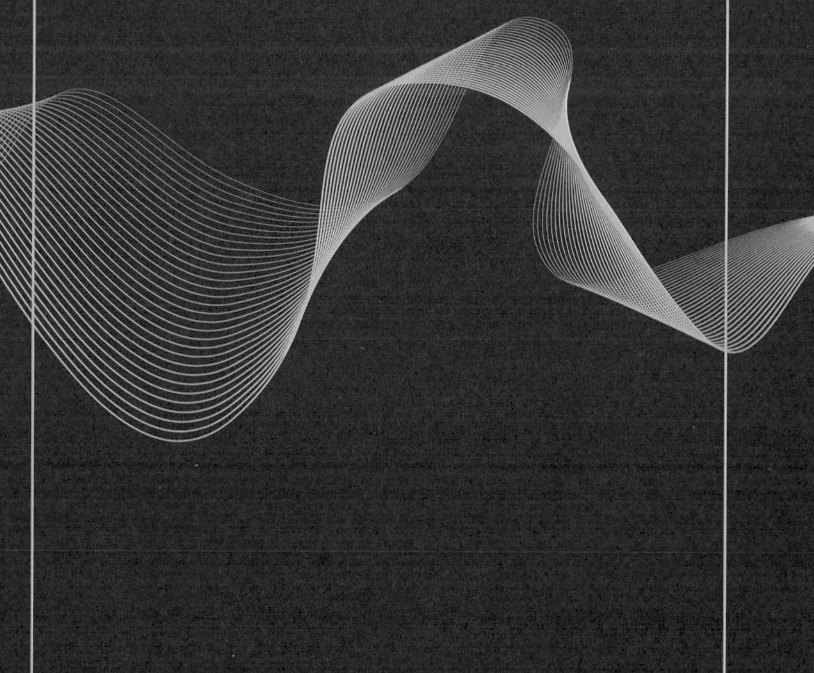

IBM이 존 매카시 등 10명의 과학자를 초대해 AI의 미래를 처음 논의한 다트머스 회의로부터 어언 70년이 다 됐다. 그사이 알고리즘, 빅데이터, 컴퓨팅 기술은 AI를 상전벽해 수준으로 바꿀 정도로 발전을 거듭했다. 체스 황제 카스파로프를 꺾은 딥 블루나 우리 기억에도 생생한 알파고는 그저 애교 넘치는 일회성 해프닝에 속한다. 어느새 AI는 인간이라고 주장하거나 인간이 되고 싶다고 외친다. AI의 손이 안 타는 산업을 상상하기도 어렵고, AI를 빼놓고는 교육이라는 것 자체를 생각할 수도 없는 지경이다. 정말이지, AI의 역습이 코앞인가. <Why Nations Fail(국가는 왜 실패하는가)>를 쓴 Daron Acemoglu(대런 애스모글루) MIT 교수는 인간을 돕는 목적이 아니라 아예 인간을 대체할 AI 개발에 돈을 쏟아붓고 있는 빅 테크 기업들의 작태를 비판한다. 경영 컨설턴트 매킨지도 2030년까지 모든 직종의 업무 가운데 25%는 AI로 대체될 것으로 예상한다.

사실 인류는 경험했다. 로봇과 자동화의 물결 속에서 수백만 명의 산업노동자들이 일자리를 잃었다. 그다음 컴퓨터화 과정에서 수많은 중간관리자 계층이 자신들의 자리를 빼앗겨버렸다. 그런 피해를 막아보려는 인간의 저항은 언제나 허망한 결과로 이어졌다. 그러고도 아직 끝나지 않았다. 기술과 교육 사이의 경쟁은 지금도 현재진행형이다. 웬만한 기술 변화로는 무너지지 않을 거라고 믿었던 지식 노동자들조차도 이제 AI라는 새로운 기술로 인해 위협을 받고 있다. 교육과 기술 혁신이 벌이는 끊임없는 싸움의 소용돌이에서 우리 청소년들은 어떤 고도의 스킬과 전문성을 습득해야 할까? 이것을 학생들에게 알려주지 못한다면 그들 또한 패자가 될지도 모른다. 소위 '인류 전체를 위한 진보'의 비극적인 피해자로 전락할 수 있다는 것이다.

그러니까, 만약 AI 모델이 사람과 똑같이 어떤 과제를 잘 수행할 수 있다면, 인간은 그런 능력을 따라서 복사할 게 아니라 그것을 능가하고 초월해야 한다. 다시 말해, 학생들이 AI 툴을 효과적으로 이용하여 그 AI 모델의 한계를 뛰어넘을 수 있도록 그들을 준비시키는 것이 지금 교육이 할 일이다. 학생들에게 경험 위주의 능동적인 학습을 강조하며, 새로운 AI 기술을 어떻게 활용할 것인지를 보여줘야 한다. AI가 할 수 없는 것들을 할 줄 아는 사람들을 키워내야 한다. 어떤 학자의 말처럼, 인간이 기계에 대해서 경쟁적 우위를 유지하고 싶다면, 기계처럼 행동하는 일은 피해야 할 것이다.

내가 지금 진짜 인간과 대화하고 있는 건가, 아니면 기계와 이야기를 주고받는 건가, 조차도 확신할 수 없는 몰입의 공간. AI로부터 나쁜 충고를 얻기도 하고 AI에 점차 정서적으로 의존하게 될 수도 있는 세계의 급속한 발전. 아무도 몰래 몇 개의 정체성까지 재빨리 만들어낼 수 있다는 깨달음. 이 모든 것에는 섬뜩한 위험이 담겨 있다. 게다가 증오와 혐오의 발언이 쏟아져 나올 수도 있고, 치명적인 화학물질의 살포 방법이 챗GPT의 대답이랍시고 돌아다닐 수도 있다. 그러나 진짜 문제가 뭔지 아는가. 얼마 전까지만 해도 부유한 테크 기업들의 전유물이었던 AI 기술의 영역이 점점 더 빠르게 모든 이가 접근할 수 있게 대중화-상용화되고 있다는 사실이다.

AI는 잘못 쓰일 수 있다. 혹은 나쁜 인간에 의해 쓰일 수 있다. 인간이 고도의 지능이라는 건 맞지만, 또한 인간의 사고는 늘 모순적이고 비합리적이다. 어쩌면 AI 기술의 핵심은 인간에 대한 성찰일지도 모른다. (달리 표현하자면, 인간이 인간을 얼마나 잘 이해하느냐에 따라 AI의 미래가 결정될지도 모른다.) 그러므로 우리는 생각해야 한다. 인간적인 가치에 어울리는 방식으로 AI를 사용하려면 그것을 어떻게 통제해야 하는가를. 그런데 이런 문제를 한둘의 기업에 맡겨둬도 괜찮을까? 아니면 주요국 정부가 개입해서 적절한 규제를 만들어내야 할까?

✓ 싫어도 정부는 개입해야 한다

정부의 개입은 혁신을 더디게 만들 수 있다는 두려움이 항상 존재한다. 이는 근거 없는 두려움이 아니다. 그러나 챗GPT와 생성 AI를 둘러싼 논쟁과 우려와 혼란에도 불구하고, 정부의 개입이 너무 이르다고 생각하는가? 천만의 말씀이다. 전혀 이르지 않다. 이런 AI 기술이 가져올 수 있는 어마어마한 충격을 생각한다면 정부는 한시라도 빨리 이 분야에 들어와 아낌없는 투자와 지원을 해야 하며, 더불어 필요한 법의 제정과 규제 또한 공고히해야 한다.

인공지능 분야 투자에 관한 한, 한국(과 일본을 포함한 아시아)의 스타트업 풍경은 세계적인 수준에 한참 뒤떨어져 있다. 글로벌 AI 유니콘 기업(기업가치 10억 달러 이상인 비상장사)은 91개나 되며, 그중 53개가 미국에 있다. 대표적으로 MS의 투자를 받았을 당시 이미 290억 달러(약 38조 2,000억 원)의 가치를 인정받았던 오픈AI, 그 뒤를 이어 'Claude(클로드)'라는 새로운 AI 챗봇을 개발 중인 앤쓰로픽(기업가치 29억 달러)을 위시하여 마케팅용 광고 카피를 생성하는 Jasper AI(재스퍼 AI), 프로그래밍 언어를 사용하지 않고 기계와 대화하는 Inflection AI(인플렉션 AI), 기업 내 서류를 검색해주는 Green AI(그린 AI), 그리고 Scale AI(스케일 AI), PAIR(People+AI

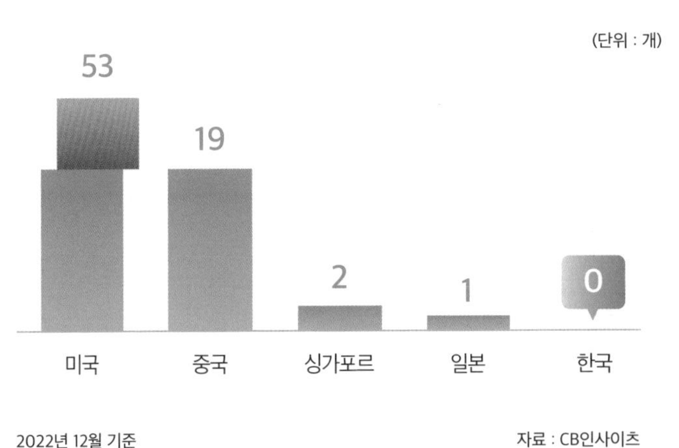

Research; 페어) 등이 포함된다. 영국에는 일러스트레이션을 순식간에 그려주는 스터빌리티 AI가 6위에 오르는 등, 30위 안에 5개 스타트업이 진입해 있다. 이스라엘 스타트업 역시 4곳이 명단에 이름을 올렸다. 중국만 해도 무려 19개의 AI 유니콘이 있지만, 한국은 여태 하나도 없다.

이유를 짐작하긴 어렵지 않다. 우선 규모가 커진 AI 모델을 학습시킬 데이터가 턱없이 부족하다. 가용한 한국어 데이터의 양도 문제지만, 그 활용을 가로막는 정부 규제도 지나치게 심해서 이 분야로의 진출을 꿈꾸는 스타트업들의 불평이 높다. AI 산업의 특성상 워낙 대규모의 투자가 요구되는데 우리 자원이 이에 못 미치기 때문이다. 우수한 지식과 기술을 갖춘 인력 풀도 작고 약하다. 모든 게 하루이틀에 나아질 수 있는 이슈는 아니다. 정부(과기정통부)도 최근 'AI 일상화 및 산업 고도화 계획'을 발표하면서 (1) AI 기술 성장의 정체와 인력 부족, (2) 국내 확산과 세계로 나가는 킬러 AI 유니콘 기업의 부족, (3) 국민과 기업의 저조한 AI 활용도 등이 우리 AI 산업 발전을 저해한다고 지목했다.

AI 지원을 위한 국가대항전

AI 기술 개발을 위한 투자 측면에서도 한국은 많이 뒤떨어진다. 스탠퍼드 대학교 Institute for Human-Centered Artificial Intelligence(HAI; 인간 중심 인공지능연구소)의 2022년도 보고서에 따르면, 2021년 이 분야 한국 스타트업의 투자 유치 규모는 11억 달러로 529억 달러였던 미국의 2%에 불과했을 뿐 아니라, 이스라엘의 24억 달러와 비교해도 절반조차 되지 않았다. 한국의 경우 돈도 돈이지만, AI 자체에 대한 사회적 인식이 문제라는 시각도 있다. 한국 AI 스타트업의 관점에서 볼 때 고객사인 국내 기업들은 거의 다 AI에 친화적이지 않다는 얘기다. 기업의 이런 태도가 바뀌는 동시에, 정부나 공공기관이 선제적으로 AI 기술을 도입해야만 AI 생태계를 이야기나마 할 수 있지 않을까. 일찍이 2019년 'AI 국가전략'을 발표했던 정부는 앞으로 5년간 2,600억 원을 투입해 학습용 데이터 확보 등에 나선다. 조 단위를 투자하는 미국-중국-이스라엘에 비해선 턱없이 작은 규모지만 그래도 다행이다.

첨단기술에 상대적으로 열성이 떨어진다고 하는 유럽도 AI 영역을 두고는 걱정이 태산이다. 옥스퍼드 대학교 AI 연구조직은 최근 보고서에서 유럽 IT 업체들의 서비스가 비유럽권의 초거대 AI에 종속되고 있음을 개탄했다. MessageBird(메시지버드)나 Infobip(인포빕) 같은 유럽 기업들이 GPT-3를 쓰기 시작하면서 생기는 현상이다. 초거대 AI가 각국의 경쟁력을 좌우하는 핵심 기술인데도, 미국-중국-이스라엘-한국 등 주로 비유럽권 국가들이 초거대 AI를 두고 치열한 경쟁을 벌일 뿐, 유럽이 뒤지고 있음을 우려한 것이다.

따라잡기 쉽지 않을 미-중의 선두경쟁

사실 초거대 AI는 어마어마하게 방대한 데이터를 AI에 학습시켜 인간의 두뇌를 구현하기 위한 원천기술이다. 누구나 상상할 수 있듯이,

이것은 고품질 인적자원, 대규모 연구에 걸맞은 인프라, 대규모 투자 등이 집대성된 결정체다.

미국으로 말하자면, 사실 오바마 정부 시절부터 AI를 국가 과제로 내세웠다. 이후 민관이 손을 맞잡고 수조 원을 AI 개발에 투자해오고 있다. 게다가 NAIRR(National AI Research Resource; 국가 AI 연구자원)이라는 이름의 태스크 포스까지 구성해 6년간 3조 2,410억 원을 투입해 민간 컴퓨팅 인프라를 확충하겠다는 계획이다. 민간 기업들은 또 그들대로 비즈니스 모델을 개발하며 시너지를 내고 있다. 그 대표적인 경우가 구글과 MS의 연구개발 경쟁이라 할 것이다. 특히 12조 원에 이르는 MS의 오픈AI 투자는 이미 널리 알려진 대로며, 여기서 챗GPT와 달리2라는 결과물을 얻는 데 성공했다.

중국은 또 어떤가. '민'과 '관'의 경계가 대단히 모호한 이 나라에서는 일찌감치 2017년 정부가 바이두를 'AI 혁신 플랫폼'으로 선정하고 개발을 지원하는 중이다. 덕분에 바이두는 챗GPT와 유사한 서비스를 곧 내놓을 계획과 더불어 단연 선두를 달리고 있다. 또 정부는 2조 5,300억 원을 들여 베이징에다 AI 국가 단지를 조성하는 중이어서 AI 생태계 구축의 중심이 될 것이다. 정부의 아낌없는 지원은 대학교로도 향한다. 이미 정부로부터 약 600억 원을 지원받은 베이징대 소속 베이징 AI 아카데미(BAAI)는 매개변수에 있어 GPT-3의 10배가 넘는 1조 7,500억 개짜리 초거대 AI '悟道(WuDao; 우다오) 2.0'을 공개한 바 있다.

덩치는 작을지 모르지만, 이스라엘의 진격도 만만치 않다. 영국 데이터 분석 미디어인 Tortoise Intelligence(토터스 인텔리전스)가 발표한 2022년 '글로벌 AI 지수'를 보면 이스라엘은 한국을 두 계단 앞지르고 종합 5위에 자리 잡고 있다. 특히 스타트업 강국으로 불리는 이스라엘엔 'Jurassic-1(쥐라기)'이라는 초거대 AI를 개발해낸 AI21 Labs(AI21 랩스)의 활약이 두드러진다. 이스라엘 정부는 과학아카데미의 주도로 1997년에 만들어진 TELEM(텔렘)이란 범부처 조직을 통해 5년간 2조 원을 쏟아붓기로 결정했다. 고급 인력 확충과 컴퓨팅 인프라를 구축하기 위해서다.

알고 보면 한국도 만만치 않아

우리나라에선 'AI' 하면 "조류독감 말인가?" 할 정도로 인공지능에 대한 인식이 오랫동안 낮았었다. 워낙 수익성이 낮아서 기업도 학교도 시큰둥했다. 그러나 알파고와 이세돌이 격돌한 2016년 이후 우리나라는 정부와 산-학-연이 함께 기술도 개발하고 인재도 키우는 등 AI 역량 강화에 집중했다. 알파고 당시 네이버, 현대자동차 등 7개의 대기업이 출자해서 설립한 인공지능연구원은 한국의 AI 성장을 위해 지금도 활발히 움직이고 있다. 이 분야에서 세계가 한국을 보는 시각도 우호적이고 긍정적이다. AI의 발전을 위해선 하드웨어의 지속적인 개선도 대단히 중요한데, 특히 이런 면에서 한국의 공헌이 현저하다고 칭찬한다. 가령 5년마다 컴퓨팅 비용이 10배씩 저렴해지고 있는 현상에도 한국 주요 기업들의 노력이 큰 힘이 되었다고 평한다. 이런 관점에서 한국의 AI 미래를 상당히 낙관적으로 보는 것이다.

미국의 AI 수준을 100으로 잡았을 때 2017년 78이었던 한국의 AI 기술은 2021년 89.1까지 다가섰다. 유럽(92.9)이나 중국(93.3)에 비하면 낮지만, 일본(86.9)을 따라잡고 두루두루 기술 격차를 좁혔다. AI 논문이나 간행물의 발행 및 인용과 특허 수준도 의외로 제법 높아져 있다. 학계와 기업들이 노력해온 결과다. 국내 AI 기업이 2020년 933개에서 2022년 1,915개로 갑절 이상 늘었는가 하면, 이 산업 종사자도 같은 기간 2만 5,000명에서 4만 명으로 풍부해졌다. 덩치 작은 스타트업이 자체 AI 기술을 보유하는 일도 생기고 기술 개발과 투자도 활발하다.

Oxford Insights(옥스퍼드 인사이츠)라는 기관이 Government AI Readiness Index(정부 AI 준비지수)를 매년 발표하는데, 이 책이 출간되기 불과 2주 전에 발표된 2022년 자료에 따르면 한국은 1위 미국, 2위 싱가포르, 3위 영국, 4위 핀란드, 5위 캐나다에 이어 6위를 차지하고 있으며, 프랑스, 호주, 일본, 네덜란드 등이 뒤를 잇는다. 2021년의 10위에 비해서 향상된 준수한 성적이지만, 기술 차원 준비 점수(53.96)는 상위 경쟁국보다 현저히 뒤처진 실정이다. 우리 정부는 2027년까지 AI 기술을 미국 수준의 95% 정도로 높이고, 기업 AI 도입률은 2021년의 14.7%에서 50%까지 끌어올린다는 목표를 설정했다. 아울러 특히 반도체 분야에 중점을 두어, 기존 AI 반도체 사업을 통합하여 2030년까지 AI 반도체 R&D에 총 8,262억 원을 투자하며, 2028년까지 메모리 기반의 상용 PIM과 국산 NPU(신경망 처리 장치)를 접합해 외국산 GPU에 맞먹는 성능을 저전력으로 구현하겠다는 청사진도 내놨다.

그래도 한국은 초창기부터 초거대 AI 개발에 열을 올린 국가로 꼽히긴 한다. 다만, 챗GPT가 촉발한 새로운 AI 시대를 맞아 다시 한번 도약해야 할 과제를 떠안았다. 의미 있는 AI 활용이나 경쟁력 있는 기업 육성의 측면에서 정부의 지원과 민-관 협력이 절실하다. 특히 국가 경쟁력 확보의 필수 요소인 AI 산업 생태계(클라우드, AI, 반도체 등)를 위한 기반 기술에 단연코 아낌없는 투자가 계속되어야 한다.

각국 정부의 AI 대응 지표

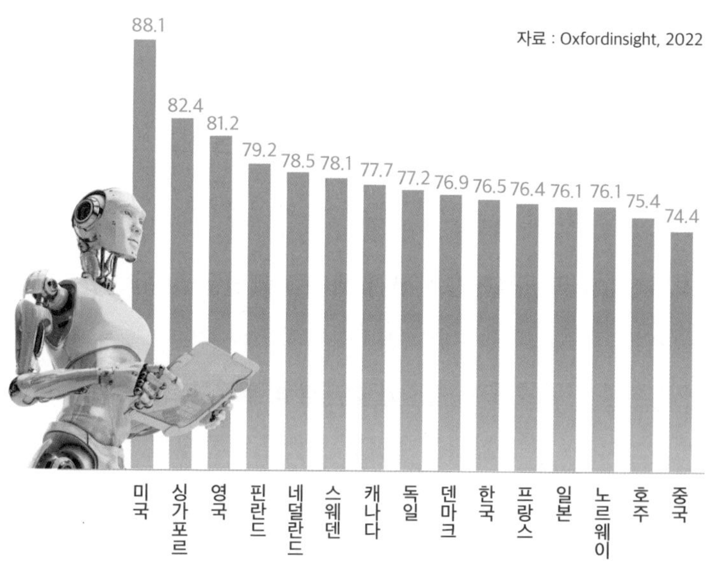

K-클라우드의 진격

초거대 AI는 문자 그대로 워낙 거대한 규모의 AI 모델이다. 따라서 개별 서버로는 지탱이 안 된다. 강력한 컴퓨팅 인프라를 바탕으로 확장성을 안고 구축된 클라우드에서 운영되어야 한다. 만약 우리 정부가 초거대 AI 생태계를 강력하게 구축하고 싶다면, 국내 클라우드 산업도 안정적으로 발전하도록 지원해야 한다.

2022년 9월에 출범한 'AI 반도체 스케일업 네트워크'를 확대 개편해 최근 'K-클라우드 얼라이언스'를 구성한 것은 그런 이유에서 환영할 만하다. 이 협의체에는 (1) 사피온, 퓨리오사AI, 리벨리온 등의 AI 반도체 기업, (2) KT, NHN, 네이버 등 클라우드 기업, (3) 정부기관 및 연구기관 등 40여 개 조직이 참여해 민-관 협력을 구현하고 있다.

그런 맥락에서 정부가 최근 비상경제장관회의를 열고 '신성장 4.0 전략 추진 계획 및 연도별 로드맵'을 논의한 것은 고무적인 일이다. 여기서 정부는 2023년 6월까지 한국판 챗GPT 개발을 지원하는 방안을 발표하겠다고 약속했다. 이 방안에는 초거대 AI 개발용 데이터 분석에 저작물을 이용할 수 있도록 저작권법 개정을 추진하고, 중소기업이나 대학의 초거대 AI 모델 활용을 지원하는 방식 등이 담길 것이라 한다. 그밖에도 AI 반도체를 클라우드 산업에 도입하는 'K-클라우드' 추진이라든지, 국산 NPU를 고도화해 데이터센터에 적용하는 프로젝트도 포함되어 있다. 앞으로 세부 과제의 추진에 박차를 가하는 모습이 기대된다.

물론 지나친 낙관은 금물이다. 몇몇 회사가 손을 잡는다고 해서 AI 기술 발전을 위한 한글 관련 R&D를 수행할 수 있는 건 아니다. 정부가 R&D에 적극적으로 계속해서 투자해야만 대기업들이 중소기업과 협업할 수 있는 배경도 만들어질 수 있다. 또 중소기업들은 정부가 꾸준히 투자하고 지원해줘도 AI 분야에서 버텨내기가 쉽지 않다. AI 반도체 및 이와 관련된 특수 반도체를 육성하겠다는 계획도 눈에 띄는데, 근본적으로는 소프트웨어 중심의 R&D에 역점을 둘 필요가 있다.

아무튼 앞으로는 AI가 경제 성장을 주도할 것이다. 세계 전문가들이 대체로 수긍하는 점이다. 컴퓨터가 그랬고 인터넷 기술도 그랬었다. PwC(프라이스워터하우스쿠퍼스)는 좀 더 구체적인 전망을 제시했다. 2030년 기준으로 AI로 인한 GDP 증가율은 중국이 무려 26.1%, 북미가 14.5%, 남유럽이 11.5%이고, 한국과 일본 등 아시아 선진국이 10.4%, 북유럽이 9.9% 등이라고 예상했다. 각국 정부는 이런 잠재력을 극대화하는 데 사활을 거는 모습이다.

✓ 이젠 AI 빠진 교육은 상상하기 어렵다

챗GPT와 생성 AI 확산에 대한 정부의 대응은 교육 분야에서 가장 절실하다. 그 점을 인지한 우리 정부의 정책이 다양하게 제시되고 있다. 가령 2025년부터 초-중-고등학교 학생들은 인공지능 기능이 도입된 신형 디지털 교과서로 수업하게 된다. 지금까지는 컴퓨터-태블릿 PC로 보는 디지털 교과서를 종이 교과서와 함께 써왔지만, 이는 한마디로 종이책을 화면에 옮겨 놓은 수준에 지나지 않아, 평가 문제 수도 적고 동영상 수준도 낮았다. 디지털 장점을 제대로 살리지 못했다는 얘기다. 앞으로는 이런 초보 단계를 벗어나 AI 기능을 대폭 장착하고 수준별로 방대한 문제를 저장함으로써, 학생이 그 문제를 맞히느냐에 따라 AI가 수준을 파악해 학습 단계를 각각 다르게 설계한다. 학생의 수준에 따른 맞춤형 교육, 즉, AI의 데이터를 토대로 교사가 개별 학생 학력을 다르게 관리하고 차별화하는 교육을 기대할 수 있다는 뜻이다. 디지털 교과서 과목도 지금의 사회-영어-과학에서 국어-정보-수학으로 범위를 넓힐 예정이다. 또 제도 시행 전까지 모든 학생에게 디지털 기기를 지급해 소위 '1인 1디바이스' 체제를 갖추겠다고 한다.

현재 시장에서 천재교육, 아이스크림, 비상교육, 미래엔 같은 교육기업들이 이미 높은 수준의 AI 교육 프로그램을 운영하고 있어서, 디지털 교과서의 성능을 상향 평균화하는 것은 별로 어렵지 않을 것 같다. 새 디지털 교과서 제도가 시행되더라도, 개별 학교에 종이와 디지털 중 하나를 고르는 선택권을 주어, 당분간은 종이 교과서를 없애지 않을 계획이다. 대신 장기적으로 디지털 교과서에 주도권이 넘어가도록 유도한다.

유럽 각국을 포함한 선진국에서는 이미 디지털 교과서를 전면 도입하고 있다. 모든 학년에서 종이 교과서를 이미 없앤 나라도 적지 않다. 중요한 것은 AI 기술을 활용해 학생 수준을 정확히 측정하고 이에 따라 맞춤형 학습 자료와 문제를 제시할 수 있게 된다는 점이다. 챗GPT로부터 퍼져나가고 있는 AI 서비스의 요체가 바로 맞춤형 교육의 가능성이니, 정책입안자들도 여기에 초점을 맞추어야 할 것이다.

선결과제는 데이터 법 개정

한국의 AI 적응력은 일단 국내외에서 긍정적인 평가를 받는다. 앞서 언급한 옥스퍼드 인사이츠의 정부 AI 준비지수를 비롯해 AI에 관한 여러 지표를 보더라도, 한국은 10위권에 들어 있다. 쉽게 말해서 우리나라는 글로벌 AI 경쟁에서 현저히 앞서 있는 것은 아니지만, 실망스러운 수준도 아니어서, 아직은 해볼 만하다는 얘기다. 그렇다면 정부는 위에서 설명한 경제 내적인 측면에서의 지원과 동시에, 경제 외적인 요소 즉 법제화 측면의 준비도 조속히 마쳐야 할 것이다.

사실 우리 정부는 이미 2020년에 AI 윤리기준과 AI 법제도 정비로드맵을 마련해 법제정비단을 운영 중인 상황이니, 이 점에서도 그리 늑장을 부린 것은 아닌 셈이다. 유럽연합(EU)만 해도 AI 규제법안을 2021년에 발의해놓고 2023년 중에라도 통과시키고자 박차를 가하고 있는 상황이다. 다른 한편, 미국은 'AI Bill of Rights(AI 권리장전)'을, 영국은 'Innovation Friendly Approach to AI Regulation(AI 규제에 관한 혁신 친화적 접근법)'을 각각 발표하고, 자율규제 원칙이라는 큰 그림 안에서 분야별 특수성에 맞추어 규제 여부를 결정하겠노라고 선언했다.

한국의 경우, 당장 급한 과제는 데이터 법의 개정이다. 챗GPT와 생성 AI 개발은 말할 것도 없고 음악이나 의료 등 여러 분야의 데이터 활용이 절대적으로 필요한데도 개발자, 연구자, 기업 할 것 없이 모두 저작권을 비롯한 법적 문제 때문에 쉽게 도전하지 못하고 있다. 저작권을 비롯한 데이터 관련 법적 이슈를 국회와 정부가 나서서 해결해줘야 기업도 망설임 없이 R&D에 집중할 수 있을 터이다. AI 기술을 획기적으로 발전시키려면 이 분야의 R&D를 아낌없이 지원한다는 관점에서 데이터를 안심하고 사용할 수 있도록 관련 법 개정과 후속 조치가 이어져야 한다. 새로운 기술의 출현과 이로 인한 사회적 영향을 신속히 파악하는 일은 중요하다. 신중하고 체계적으로 접근해 AI가 가져올 사회적-윤리적 문제를 해소하는 것은 당연히 중요한 과제다. 그러나 얽히고설킨 규제 때문에 AI 기술 개발 자체가 저해된다면 무슨 소용이겠는가.

지식재산권에 관련된 법도 마찬가지다. 지식재산권법의 출발점이 '무엇이 지식재산인가?'를 확정하는 것이어서, AI 모델을 위한 인풋과 거기서 나오는 아웃풋이 지식재산이냐의 여부를 조속히 결정해야 한다. 미국 상공회의소가 해마다 발표하는 International Intellectual Properties Index(국제지식재산 인덱스)는 한 국가의 환경이 지식재산 활동에 얼마나 유리한지를 나타낸다. 2022년도 국제지식재산 인덱스에서는 한국이 12위에 올랐다. 이 지표에서의 국가별 순위는 앞서 설명한 다른 AI 관련 통계와 비슷해서 흥미롭다. 선진국일수록 생성 AI가 만든 아웃풋을 지식재산으로 더 잘 보호할 거란 생각도 든다. 어쨌거나 기술과 문화-예술은 가치를 지니고 사회에 유익하다. 따라서 보호해야 마

땅하고, 사람들이 타인의 기술이나 작품에 무임승차하는 걸 방지해야 한다는 점에서도 정당하다.

2022년 국제 지식재산 인덱스

미국	95.4
영국	94.1
독일	92.4
스웨덴	92.1
프랑스	91.1
일본	91.2
네덜란드	90.7
아일랜드	88.8
스위스	86.0
스페인	85.9
싱가포르	84.4
한국	83.9

출처 : 미국 상공회의소

그런데 지금 미국은 지식재산권을 강력하게 보호할 거라는 인상과는 달리, 글로벌 기술기업이 저작권 걱정 없이 영리 활동을 자유롭게 할 수 있도록 보장하려는 변화를 보이고 있다. 세계 AI 산업을 주도하는 IT 기업들이 즐비해서 그럴까? 아무튼, 이들이 맘 놓고 활동할 수 있도록 여러 방안을 마련하는 모습이다. 이와 대조적으로 이렇다 할 플랫폼 기업이 없는 EU는 개인정보 보호 및 저작권 보호를 강화하려는 움직임이다. 글로벌 대기업이 더 엄격한 책임을 지라는 뜻이다. 한국은 어떤 성향의 법제가 이루어질까. 플랫폼을 보호하는 쪽으로 기운다면 결국 손해를 보는 쪽은 창작자들이다. 그럼에도 AI 기술의 창달에 초점을 맞추고 국가의 이익을 생각한다면 R&D를 주도하는 대기업들에 유리한 관련 법 체계가 이루어질 것이다. 하지만 AI 산업이 궁극적으로 성숙기로 접어들면, 관점이 바뀔지도 모른다.

✓ 인공지능 기술도 '구독'한다

이른바 'AIaaS(AI-as-a-service; 서비스형 AI)' 시장이 점차 커지고 있다. 챗GPT와 생성 AI등, 인공지능 기술의 쓸모가 폭발적으로 늘어나면서 생기는 현상이다. 아무리 AI 기술이 빠르게 진보한다 해도, 자체 AI 개발력을 갖춘 기업은 극소수다. 그렇지 못한 기업은 어떻게 해야 하나? 필요한 AI 기술을 구독하면(빌리면) 되지 않을까. AI 빅 테크나 스타트업이 개발한 기술을 간단한 구독 방식으로 빌려주는 것이 AIaaS다. AI 인력이 없고 자본도 넉넉지 않은 기업들에는 구세주나 다름없다.

이 AIaaS 시장에서도 지금은 MS가 가장 앞서가고 있다. 챗GPT를 개발한 오픈AI와 함께 출시한 '애저 오픈AI 서비스'가 바로 AI 구독이다. MS의 클라우드인 애저 + 언어 AI인 GPT-3.5 + 코드 생성 AI인 코덱스 + 이미지 생성 AI인 달리2 등 AI 모델이 다 접목된 구독상품이다. 이 서비스를 구독한 기업은 AI에 간단한 문서 작업도 시키고, 필요한 이미지도 AI로 생성할 수 있게 된다.

국내에서도 AI 구독 관련 사업은 빠르게 늘고 있다. 자체 개발한

OCR(광학문자인식) 기술을 앞세운 AI 스타트업 업스테이지라든가, 챗봇 구축 서비스 '헬프나우'를 출시한 베스핀글로벌 등등이 AI 개발자가 없는 기업들의 약점을 보충해주고 있다. 2023년 들어 전 산업의 커다란 화두로 떠오른 DX(Digital Transformation; 디지털 전환)에 있어서도 AI는 핵심 가운데 핵심이다. 이런 배경에서 막 시작된 AIaaS는 앞으로 B2B 시장의 블루오션이 될 수도 있을 것 같다.

GPT vs GPT

와튼스쿨 MBA 과정의 한 필수 교과목 시험에서 B 학점을 받은 GPT-3. 미국 의사면허시험에서 전 과목 50% 이상 정답을 맞힌 챗GPT. 콜로라도주 미술 대회에서 1등을 차지한 AI 이미지 생성기 미드저니의 작품. 이처럼 성능이 너무 뛰어나 골칫거리인 생성 AI의 부작용을 막기 위해, 또는 학생들의 학업 성과를 공정하게 평가하기 위해, 스탠퍼드대 연구팀은 DetectGPT(디텍트GPT)라는 것을 만들었다. 이는 챗GPT의 기반인 AI 언어모델 GPT-3로 만들어진 문장을 찾아내는 기술이다. 말하자면 생성 AI를 잡아내는 AI 모델이요, GPT를 제어하기 위한 GPT다. AI가 인간을 대체하는 범위가 넓어지자 그런 서비스 이용을 제한-금지하는 사례도 늘고 있지만, 그걸로는 부족하다는 얘기다. 사람이 만든 것에 대한 올바른 평가를 AI가 방해할 수 있으므로, 관련 콘텐트를 찾아내는 디텍트GPT에 대해서도 수요가 늘어날 것이다. AI끼리 전쟁이 벌어질 모양새라고 해야 하나.

물론 AI 대 AI의 싸움이 처음은 아니다. 2020년경 사진이나 동영상 등을 조작해서 얼굴을 바꿔치기하는 '딥페이크' 기술이 악용되었을 때였다. 메타, MS, 아마존 등이 100만 달러의 상금을 걸고 딥페이크를 감지하는 AI 기술을 공모했다. 컬럼비아대 연구팀은 2022년 AI 스피커 등의 도청을 원천 차단하는 AI 기술을 개발하기도 했다. AI를 이용한 사이버 공격이 퍼지자, 국방부 등은 이를 AI로 막는 기술을 개발하고 있다.

AI가 생성한 콘텐트에 대한 사람들의 거부감이 줄어들 거라는 시각도 있다. 그럴 수 있다. 하지만, AI끼리 벌이는 공격과 수비는 앞으로도 계속될 것이다. 해킹이 고도화하면서 해킹을 막는 기술도 발전하는 걸 우리는 봤다. 그와 마찬가지로 AI 기술도 치고 맞받으면서 수준이 높아질 것이다. 다만, AI가 만든 콘텐트를 찾아내는 AI 기술이 얼마나 가치 있을지는 두고 볼 일이다. AI의 쓸모가 정말 최대한으로 늘어나게 된다면, AI가 생성했느냐 아니냐가 그다지 중요한 관심사가 될 수 없을지 모르니까.

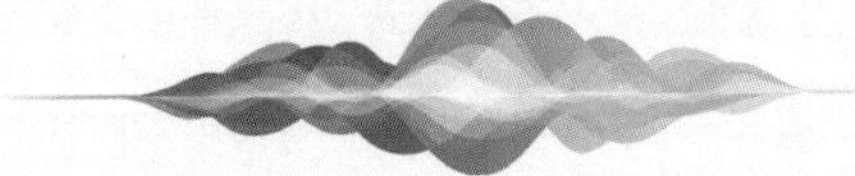
Chat GPT

에필로그

인공지능은 인간의 상상력이 만들어낸 것입니다. 인간이 상상했던 수많은 것들이 정말 눈앞에 실현되었던 것처럼, 인공지능도 70년의 세월을 지나 이제 우리 삶에 실현되려 하고 있습니다. 과학자와 연구실의 전문가들끼리 주고받으며 발전해오던 AI 기술이 마침내 온갖 산업과 '보통 사람들'의 일상 구석구석에 넘쳐흘러, 피하려야 피할 수 없는 추세가 되었습니다.

물론 챗GPT와 인공지능이 넘어야 할 산은 아직도 많습니다. 경이롭긴 하지만 챗GPT는 여전히 하나의 잠재력이고 현재진행형입니다. 입이 떡 벌어지는 텍스트와 이미지와 음악의 생성 기능에도 불구하고, 가끔은 그 결과물이 옳지 않고 불쾌하고 또 악의적입니다. 운용하기가 '너무 비싼 서비스'라는 문제도 아직 풀리지 않았습니다. 거기에 투입된 데이터와 거기서 생성되어 나온 결과물에 대한 저작권의 방향도 여전히 아리송합니다.

이렇듯 획기적인 기술은 으레 인간 사회의 인증과 인정을 받기에 오랜 시간이 걸립니다. 예상되는 결점과 폐단과 해악을 따져봐야 하고, 이익이나 혜택과 저울질해봐야 하니까요. 그리고 신기술의 등장은 혼란을 함께 몰고 오기 일쑤입니다. 역사 속 산업혁명이 그랬고, 가깝게는 인터넷, 스마트폰, 메타버스, 자율주행이 그랬습니다. 그렇다고 해서 그 물결이 멈추거나 역류한 일은 없습니다. 관련된 업종의 주가가 천당과 지옥을 오가다가 제 자리를 잡는 것은 그저 하나의 해프닝일 뿐, 챗GPT와 생성 AI로부터 AGI까지 이어질 도도한 흐름은 막을 수 없습니다. 빠르거나 느릴 수는 있겠지만, 그 방향에는 확실한 공감대가 이루어지지 않았습니까?

재미 삼아 한두 마디 주고받던 예전의 챗봇이 아닙니다. 교육의 지향점과 업무의 방식을 바꾸고 예술적 창작을 도울 뿐 아니라 비즈니스 모델의 대전환까지 불러오는 AI 서비스들이 경쟁하듯 쏟아져 나옵니다. 갈수록 인간처럼 생각하고 대화하고 기억하는 AI 모델들이 이미 여기 와 있습니다. 외면하지 말고 그들을 알아야 하고, 배워야 합니다.

'상상'에 그쳤던 인간과 인공지능의 공생이 머지않아 '현실'이 될 테니까요.

챗GPT 혁명

초판 1쇄 인쇄 2023년 3월 3일
초판 4쇄 발행 2023년 5월 31일

지은이 | 권기대
펴낸이 | 권기대
펴낸곳 | ㈜베가북스

주소 | (07261) 서울특별시 영등포구 양산로17길 12, 후민타워 6~7층
대표전화 | 02)322-7241 팩스 | 02)322-7242
출판등록 | 2021년 6월 18일 제2021-000108호
홈페이지 | www.vegabooks.co.kr **이메일** | info@vegabooks.co.kr
ISBN 979-11-92488-27-1 (03320)

챗GPT 돌풍으로 주목받는 국내의 유망 기업 BEST 15

- 총 3개의 섹터, 15개의 종목으로 구성되어 있다
- 해당 종목들은 추천 종목이 아니며, 챗GPT의 발표 이후 검색량이 크게 증가한 기업을 선정했다
- 각 페이지의 상단에 해당 기업 관련 전망은 저자의 주관적 판단임을 밝힌다
- 각 페이지 하단의 주가 그래프는 2023년 2월 27일 기준 1년간 변화를 담았다
- 부록의 작성 시기는 2023년 2월 27일이다. 역동적으로 움직이는 산업인 만큼 시간의 흐름에 따라 본문의 내용과 달라질 수 있다

초거대AI 섹터

1. Alphabet (구글)

* 현재 검색 산업의 최강자
* BardAI의 불협화음이 있으나 언어모델의 중추인 'Transformer(트랜스포머)'를 고안한 탄탄한 기반
* 2023년 중 Green Lane(그린 레인)의 도입으로 AI 신제품이 기존보다 빠르게(fast-track) 진행되리라 예상

기업분석

▪ 노화방지를 연구하는 칼리코(Calico), 인공지능을 연구하는 딥마인드(DeepMind), 안드로이드 및 유튜브, 광고를 담당하는 구글(Google) 등의 자회사를 보유

▪ 달러 강세로 인한 브랜드 광고 부진 심화로 유튜브의 매출감소와 구글의 핸드폰 브랜드 '픽셀'의 제고 관련 비용 발생이 부진의 주요 원인

▪ 2023년 또한 감원과 사무실 통폐합으로 26억 달러의 비용이 발생하지만, 비용 절감 효과로 하반기 성장 전환을 모색

▪ 2월 유튜브 쇼츠의 수익 발생과 클라우드의 성장으로 사업 전반의 모멘텀을 유지 중

정보분석

▪ '클로드(Claude)'로 알려진 신형 인공지능 챗봇을 개발 중인 앤쓰로픽(Anthropic)에 4억 달러의 투자를 진행. 더 빠르고 공격적인 신사업 개척을 모색 중

▪ 챗GPT와 같은 대화형 챗봇 AI를 포함한 20여 개의 AI 서비스 상품 출시를 예고

(단위: USD)

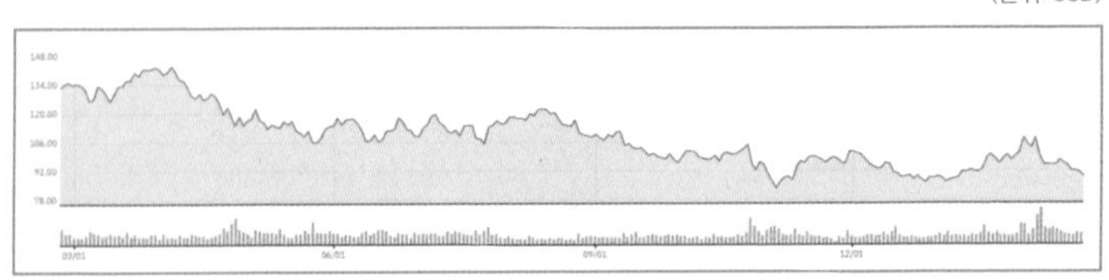

2. Baidu (바이두)

* 중국의 구글
* 2023년 3월부터 서비스를 시작하는 생성 AI '어니봇(Ernie Bot)'
* 바이두의 초거대 AI '어니 3.0'은 이미 AI 스피커, 동영상 편집, 검색 등에 사용 중

기업분석

▪ 중국 검색 사이트 점유율 1위에 걸맞은 IT, AI 기술을 보유하고 있음. 이로 얻어낸 방대한 언어 데이터로 여러 해에 걸쳐 훈련된 머신 러닝 모델 '어니 시스템'이 강점

▪ 소셜미디어와 광고 부문에 강점을 가졌기에 코로나19로 성장이 둔화했었지만 인력 및 사업 조정을 통해 수익성을 개선

▪ 12월 중국의 방역 완화 이후 광고 사업 매출이 확대 중

▪ 현재 PER이 14로 과거 부진 시기인 18~16보다 낮음. 향후 안정적인 성장을 기대할 수 있음

정보분석

▪ 중국어를 기반으로 한 서비스 중에서는 어니봇이 가장 높은 경쟁력을 가지고 있다고 평가받음

▪ 주력 사업인 게임, 컨텐트 광고 시장, AI 클라우드 모두 회복을 기대할 수 있음

(단위: USD)

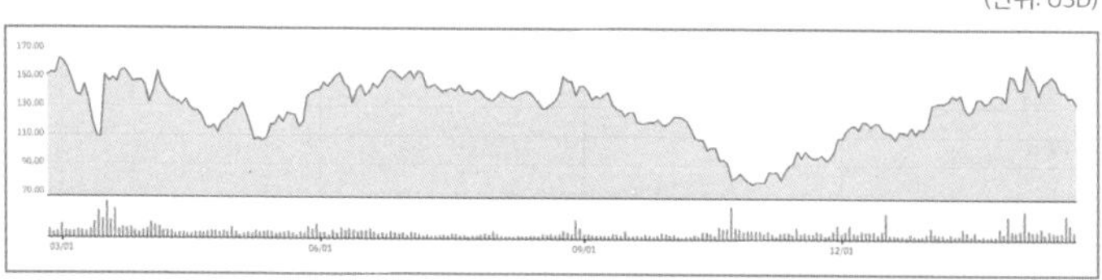

3. Microsoft (마이크로소프트)

* AI 서비스 경쟁의 선두주자

* 검색 서비스인 '빙(Bing)'에 챗GPT 기능을 추가하며 점유율 경쟁을 시작.

* 오픈AI사와 장기적인 파트너십을 체결하면서 MS의 소비자-기업용 제품에 오픈 AI의 기술을 적용한다는 계획도 공개

기업분석

- 윈도의 실적 부진과 환율의 영향으로 총 매출은 예상보다 낮지만, 압도적인 점유율을 바탕으로 수익성을 유지 중
- 현재 AI 서비스 경쟁의 선두주자로 IT 계열의 지출이 증가세고 AI 경쟁에서 강력한 동력을 얻었기에 향후 꾸준한 발전을 기대할 수 있음
- 자사 클라우드 서비스인 '애저(Azure)'에도 대규모 언어모델 GPT-3.5, 이미지 생성 AI인 달리2(Dall-E2), 코드 생성 AI 코덱스(Codex) 등을 도입
- 자본적지출(CapEx)이 68억 달러로(23년 1분기) 전년보다 3% 증가했으며 꾸준한 투자로 클라우드와 AI 산업의 주도를 이어나가겠다고 강조

정보분석

- 클라우드 서비스인 애저와 Open AI 서비스의 협업으로 이미 200개 이상 기업의 사용을 끌어냄
- 애저의 머신 러닝 매출은 5분기 연속으로 100%씩 성장 중

(단위: USD)

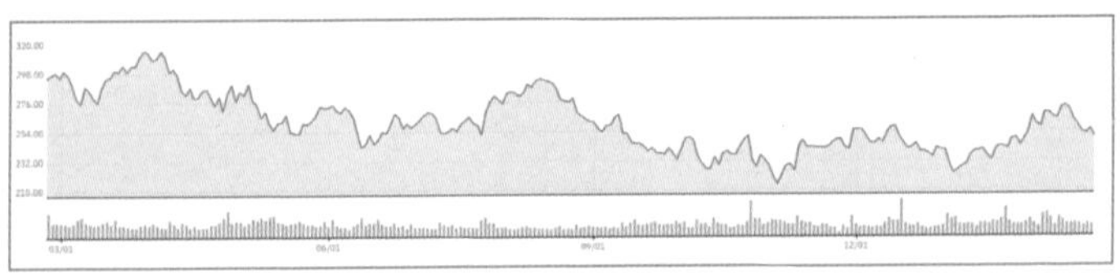

4. 네이버

* 2021년 국내 최초의 초거대 AI 언어모델 '하이퍼클로바'를 공개
* 사용된 매개변수는 2,040억 개로 챗GPT의 GPT-3.5(1,750억 개) 이상
* '서치 GPT'라는 이름의 생성 AI를 2023년 상반기에 출시하기 위해 준비 중

기업분석

▪ '미국판 당근마켓' 포쉬마크의 인수로 커머스 분야의 성장동력 확보

▪ 웹툰 부문의 매출 인식 방식의 변화로 컨텐츠 매출액의 급성장

▪ 과거 LINE 활성화를 위해 영업이익이 감소한 이후 수익성을 회복한 2019년과 유사한 상황

▪ 검색 엔진, 커머스 분야의 부진에도 불구하고 다양한 성장 동력 확보와 사업 최적화를 통해 컨센서스에 부합하는 성과를 내는 중

정보분석

▪ 하이퍼클로바를 기반으로 한 '클로바스튜디오'는 500여 개의 스타트업이 이용 중

▪ CES 2023에서 혁신상을 받은 AI 작문 보조 설루션 '뤼튼 트레이닝(wrtn training)'에도 하이퍼클로바가 적용되는 등 한국어 최적화 언어모델의 미래를 보여줌

(단위: KRW)

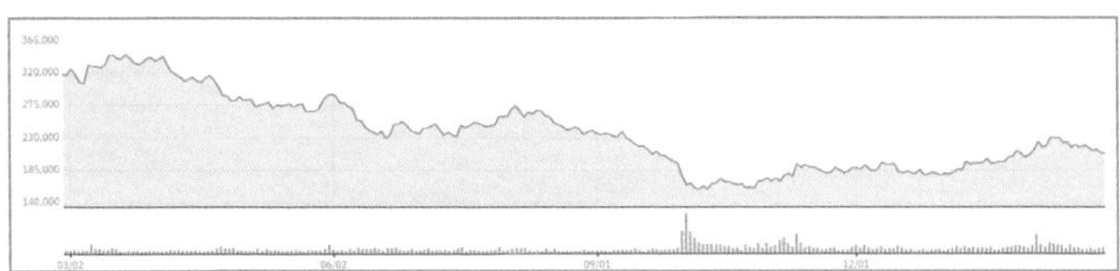

5. 카카오

* 일상에서 가장 가까운 AI 개발사
* 'KoGPT'라는 이름의 한국어에 특화된 초거대 AI 언어모델 보유
* 카카오의 다양한 서비스에 대응하는 수직적 AI 서비스 도모

기업분석

▪ 작년(2022년)은 매출과 영업이익 모두 하락했지만, 적극적인 비용통제를 통한 어닝 서프라이즈 실현

▪ 카카오톡 프로필과 오픈채팅의 개편을 통한 수익 증가를 기대할 수 있음

▪ 압도적인 점유율의 메신저가 최고의 강점, 수직적 AI 서비스를 더 부드럽게 사업에 적용 가능

정보분석

▪ KoGPT 기반의 '시아(SIA)'가 <시를 쓰는 이유>라는 시집을 펴냄. 대량의 대화 데이터가 강점

▪ AI 관련 자회사 카카오브레인은 AI 및 빅데이터 기업 바이브컴퍼니와의 컬래버레이션으로 이미지 생성 AI인 칼로를 이용해서 한 경제잡지의 표지를 제작하기도 함

(단위: KRW)

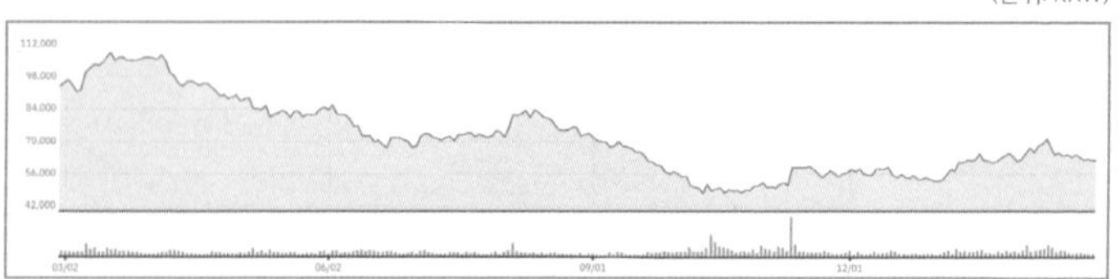

AI 관련 소부장 섹터

1. Nvidia (엔비디아)

* GPU의 최강자
* AI, 클라우드 기술의 핵심 소재에 대한 압도적인 지배력
* 암호화폐에 이은 AI 산업의 대두로 끊이지 않는 성장동력 확보

기업분석

- GTC 2023에서 클라우드 서비스 업체들과의 협업 공개.
- AI와 데이터센터를 위한 H100 텐서 코어의 압도적인 수요
- 미국의 첨단산업 수출 규제로 중국으로의 수출이 막혔지만, 빠르게 차세대 먹거리가 등장
- 게이밍 시장에서 GTX30 시리즈의 재고를 소진하며 일시적으로 매출이 감소했지만, 이후 GTX40 시리즈의 수요확대 기대

정보분석

- H100에 들어가는 HBM 메모리 공급자 SK하이닉스의 호재로 연결 가능성
- 높은 점유율을 바탕으로 고물가와 AI 붐을 이용한 가격 전가력 확보

(단위: USD)

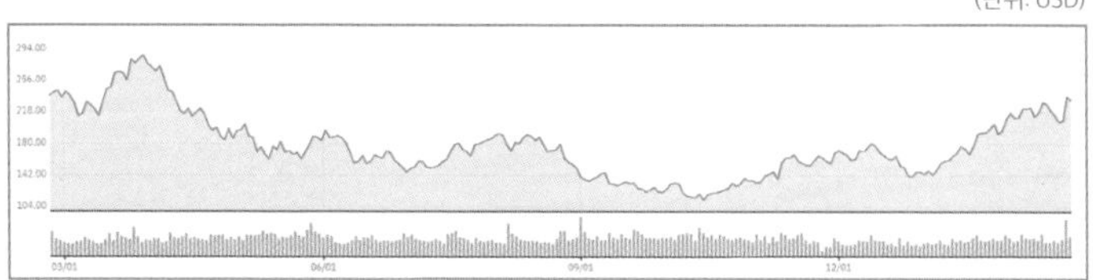

2. TSMC

* 파운드리 시장의 최강자

* 이번 AI 붐의 최대 수혜자

* 전 세계에서 단 둘뿐인 10나노 이하 파운드리 기업

기업분석

▪ 2023년 1월 매출은 전월 대비 4%, 전년 동월 대비 16% ↑

▪ 2022년 말 기준 532개의 고객사를 위한 1만 2,936개의 품목 생산

▪ 팹리스 방식을 통한 고객사와의 신뢰 확보

▪ 60~80%에 달하는 압도적 수율(설계 대비 정상품 비율)로 경쟁력 확보

정보분석

▪ 주요 고객인 퀄컴이나 AMD, 엔비디아가 중국의 수요 회복으로 이익을 얻는다면 이에 따른 매출 증가를 기대할 수 있음

▪ 대량 수요를 창출할 수 있는 구글, MS 등이 독자적으로 AI 반도체 개발에 참전

(단위: USD)

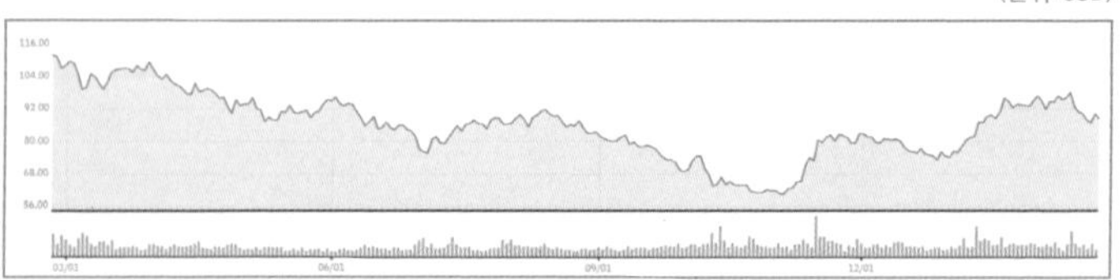

3. 삼성전자

* 파운드리 시장의 도전자
* 대규모 투자를 통해 압도적인 설비를 준비 중
* 전 세계에서 단둘뿐인 10나노 이하 파운드리 기업

기업분석

- 반도체 사이클에 따른 재고 문제가 업계 전반에 영향을 미치는 중
- 2022년 4분기 영업이익이 4.3조 원인데 반해 2022년의 반도체 시설 투자액 약 53조 원
- 2021년 2월 AMD와 협력해 메모리반도체와 AI 프로세서를 하나로 결합한 지능형 메모리 HBM-PIM 기술을 개발
- 삼성디스플레이로부터 20조 원을 차입하며 반도체 시설 확충에 전념, 2023년 2분기 삼성전자 5분기 착공 예정

정보분석

- 인텔, SK하이닉스, TSMC 등 경쟁사들이 설비투자를 축소하는 추세 속 2009년의 치킨게임을 재현하려는 삼성전자
- 일종의 '치킨 게임'이 형성되며 단기적으로 급격한 가격 하락에 따른 탄력적 수요 기대 가능

(단위: KRW)

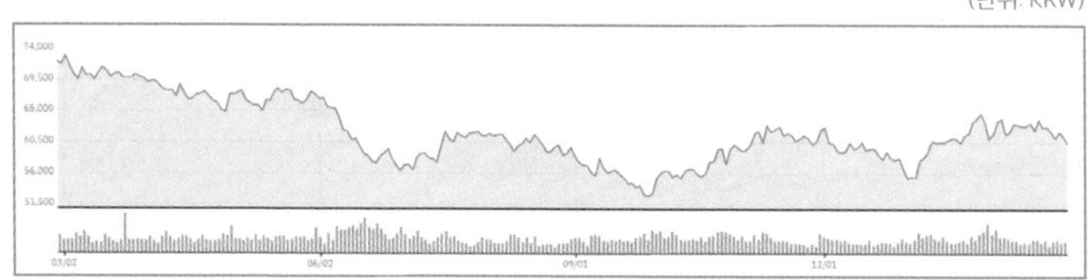

4. 리벨리온

* 인공지능 반도체를 설계하는 팹리스 기업
* 인텔과 스페이스X, 모건스탠리를 거친 칩설계 전문가 CEO
* 삼성전자와 TSMC가 낙점한 AI칩 보유

기업분석

▪ 카카오벤처스의 55억 원 투자를 시작으로 미래에셋, 산업은행, KT 등 투자자 확보

▪ 싱가포르 국부펀드 파빌리온 캐피털이 620억 원을 투자하며 설립 2년 만에 기업가치 3,500억 원 달성

▪ 2022년 아이온, 2023년 아톰 AI칩 출시.

▪ TSMC의 7나노 공정, 삼성전자의 5나노 공정 확보

정보분석

▪ 올해 상반기 출시 예정인 KT의 초거대 AI '믿음'에 아톰 탑재로 확실한 수요 획득

▪ 비상장주로 개인투자자의 투자가 힘들어 창투사 주가로 열풍이 번질 정도

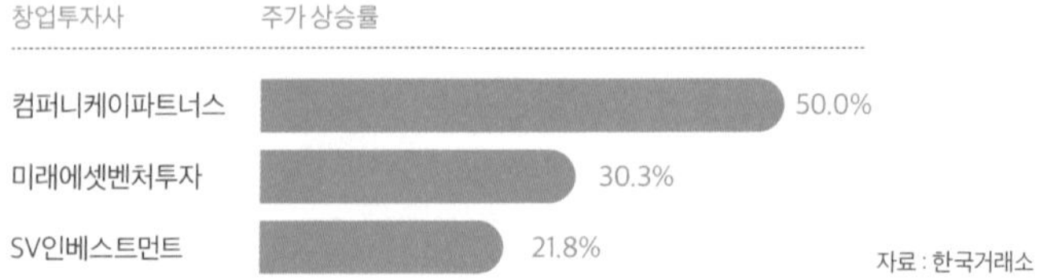

AI 투자한 창업투자사 주가 상승률

기간: 1월 3일 ~ 2월 3일 종가 기준

창업투자사	주가 상승률
컴퍼니케이파트너스	50.0%
미래에셋벤처투자	30.3%
SV인베스트먼트	21.8%

자료 : 한국거래소

5. SK하이닉스

* AI용 고성능 메모리의 선두주자 지위를 굳히고 있는 HBM3 및 HBM4 제조
* 반도체 업계 전반의 불확실성 완화
* 저전력 반도체 수요의 급증

기업분석

- 시장조사업체 가트너는 2020년 220억 달러 규모였던 AI 반도체 시장이 2023년 553억 달러 규모로 2.5배 이상 커질 것으로 전망
- GPU나 서버 시장에서 고객사의 재고 처리가 성공적
- 데이터센터에 AI 반도체를 적용해서 클라우드 개선과 AI 서비스 개발을 촉진하겠다는 정부의 계획 발표
- 23년 한 해 동안 50%의 감산 결정

정보분석

- 신규 사업의 활황(AI, 중국의 스마트폰 시장 회복)으로 인한 수요 촉진 기대
- 하반기 소비가 늘어나면 현재의 적자는 오히려 주식 매수의 적절한 기회를 창출할 수 있음

(단위: KRW)

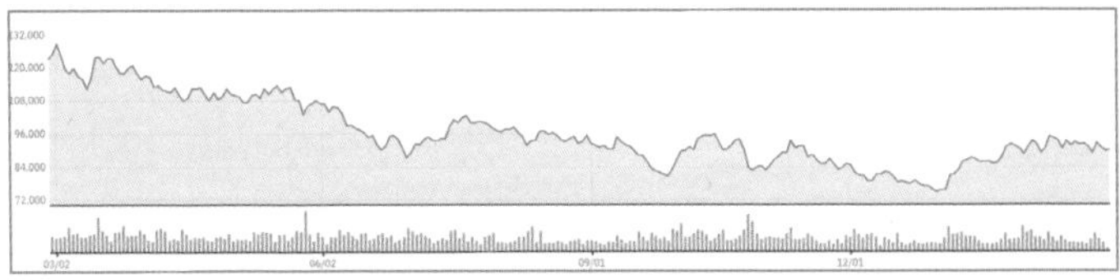

AI 기반 서비스 섹터

1. 루닛

* 글로벌 AI 대회에서 다수 입상

* 주요 기관 선정 AI 기업

기업분석

▪ 제너럴 일렉트릭 헬스케어, 필립스 등 의료기기 분야의 기업과 파트너사 계약을 체결, 검증된 기술력으로 세계 시장에서 AI 소프트웨어 판매 실적

▪ 2022년 유방 촬영기기 시장에서 지배적인 점유율을 가진 홀로직과 계약 성공. 이후 해당 시장에서 매출 기대 가능

▪ 2022년 호주 국영 유방암 검진 프로그램 운영권 체결,

▪ ASCO, ESMO, SITC 등 다양한 학회에 꾸준히 신기술 발표

정보분석

▪ 확실한 실적을 보여주는 기업, 탄탄한 수익 모델과 신규 도입 계약을 자랑한다

▪ 암 진단 보조 솔루션 '루닛인사이트'를 도입한 글로벌 의료기관 수 1,000개 돌파

(단위: KRW)

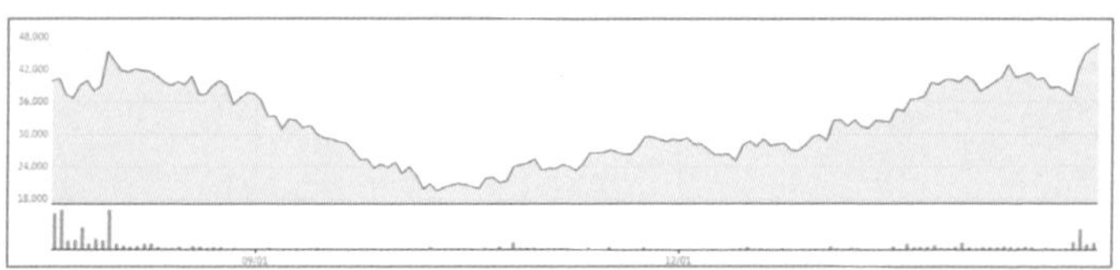

2. 솔트룩스

* 국내 최대 AI 특허 보유 기업
* 아시아 최대 규모의 200억 건, 100만 시간 이상의 데이터 보유.
* CES2023 혁신상 수상

기업분석

▪ 2020년(상장 첫해) 매출 217억 원, 영업이익 36억 원, 2021년 매출 268억 원, 영업이익 -39억 원, 2023년 현재 매출 303억 원, -19억 원으로 챗GPT 발 훈풍으로 실적 개선

▪ 공기업, 사기업을 포함해 2,000개 이상의 기업에 AI 서비스 제공 중

▪ 국내 AI 기업 중 가장 적극적인 해외 진출. 베트남 지사와 함께 이스라엘의 데이터 전문 기업 브라이트 데이터와 사업협력 체결

정보분석

▪ 국내 대기업 및 공공기관을 중심으로 대화형 인공지능 관련 사업 수주 증가 추세

▪ 매출액 대비 연구 개발비가 2021년 54.1%에 달할 정도, 새로운 경쟁자로 인한 시장 경제 심화는 위기

(단위: KRW)

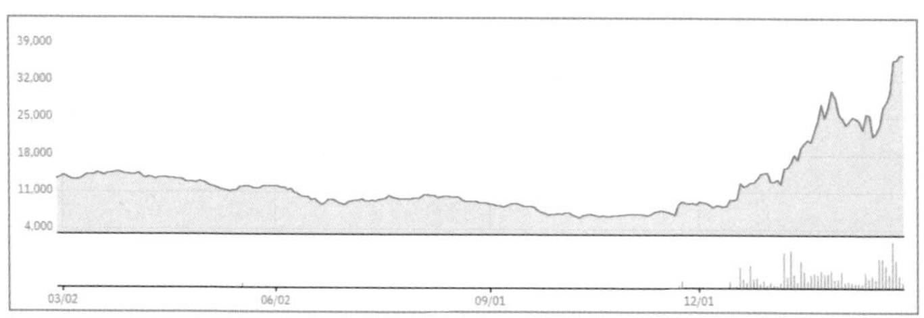

3. 셀바스 AI

* 인공지능 상장기업 국내 1호(2009년)

* 국내 음성합성(TTS) 시장에서 최고의 점유율과 매출 달성

기업분석

- 2022년 연결기준 매출액 503억 원, 영업이익 50억 원. 당기 순이익은 76억 원으로 58.2% 증가
- 인공지능 기반 제품이 매출을 견인, 음성인식 매출은 40%, 헬스케어 매출은 50% 이상 상승
- 사용자의 건강검진 정보를 바탕으로 주요 질환(암 6종, 4개 질환)의 발병 위험을 예측하는 '셀비 체크업'을 기반으로 다양한 헬스케어 분야에 솔루션 제공

정보분석

- AI 특징주의 일각으로 위의 세 항목과 유사한 강점과 약점 보유, 꾸준한 투자가 필요한 사업 특성이 있어, 이번 호황을 어떻게 이용하는지가 관건
- 126.84배의 PER, 투자 전에 세심한 고려가 필요

(단위: KRW)

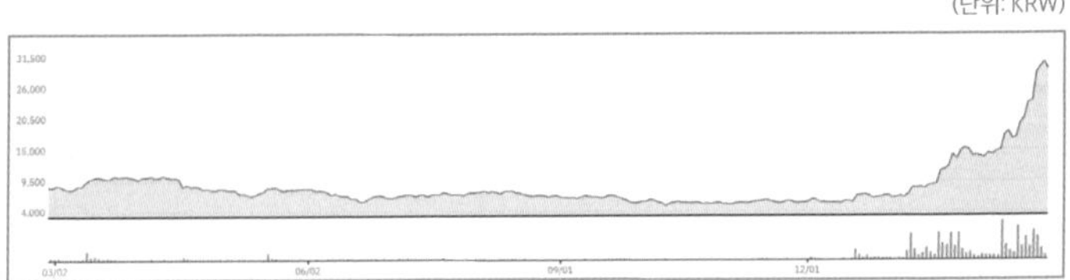

4. 코난테크놀로지

* 챗GPT의 국내 최대 수혜주

* 1999년부터 자연어처리 연구를 시작

* 국내 유일 문자·음성·영상 기반 자체 AI기술 보유

기업분석

▪ SKT가 AI 비서 '에이닷'의 기능 및 품질 향상을 위해 손잡음. 지난해 10월 코난테크놀로지의 주식 20.77% 블록딜을 통해 2대 주주 등극.

▪ 2,500곳이 넘는 고객사 보유, 챗GPT의 범용 AI가 아니라 개별 분야에 특화한 좁은 AI를 세부조정해서 공급 중.

▪ 2018년 108억 4,900만 원, 2019년 123억 7,100만 원, 2020년 140억 100만 원, 2021년 178억 4,900만 원으로 매출액 꾸준히 증가

▪ 현재는 문자 기반 AI 기술이 전체 매출에서 85% 차지

정보분석

▪ 향후 AI 관련 신규 사업을 구축할 예정, 개발 인력 충원으로 인한 일시적 적자 예상

▪ 현재 코난테크놀로지의 PER은 244.9, 과도한 낙관보다 경계가 필요함

(단위: KRW)

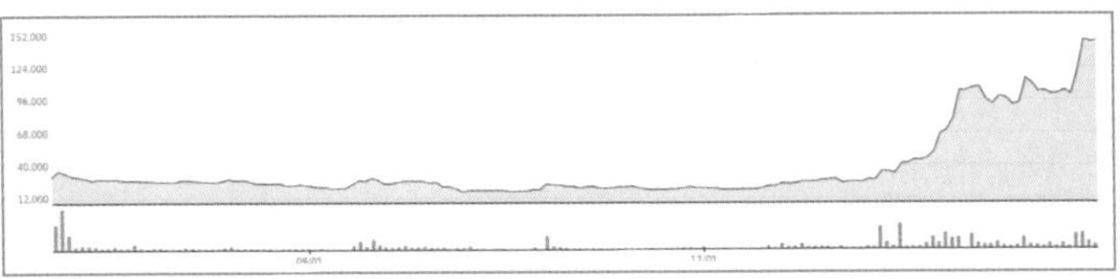

5. KT

* 통신 3사 모두 축적해둔 사용자 관련 데이터를 기반으로 피벗을 시도
* KT의 '믿음', LG의 '엑사원', SKT의 '에이닷'이 만드는 AI 경쟁 주목 필요
* 현재는 KT가 AI 레이스에서 가장 앞서 있다는 평가

기업분석

▪ 국내 최대의 데이터센터 사업자, AI에 관한 한 수직-수평 계열화를 이룬 국내 유일의 기업

▪ 싱가포르, 호주, 인도, 인도네시아, 필리핀 등 21개국에서 7억 7,000만 명에게 통신 서비스를 제공하고 있는 SingTel(Singapore Telecommunications; 싱텔)과의 공동 사업을 추진

▪ 높은 평가를 받는 리벨리온 사의 아톰을 토대로 초거대 AI 독자 개발을 추진 중

▪ 임단협 관련 일회성 인건비와 기저효과를 제외하면 63% 증가한 영업이익(YoY)

정보분석

▪ 여러 호재에도 불구하고 2023년 추정 실적 기준 기대배당수익률이 6.7%로 통신 3사 중 최저

▪ 3월의 신임 CEO의 성향이나 비전이 확고히 다져지기 전에는 혼란이 이어질 수 있음

(단위: KRW)

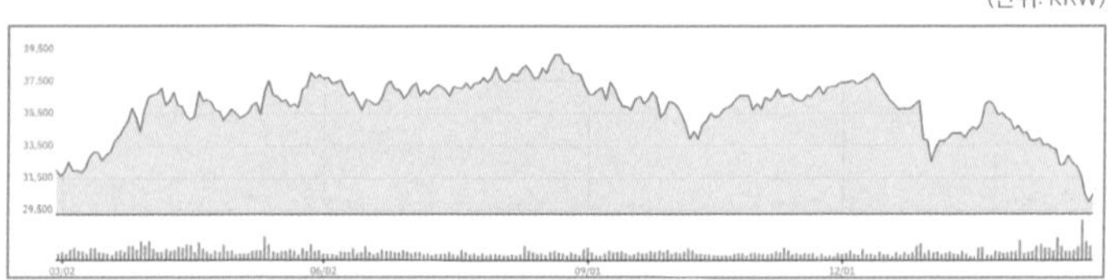

챗GPT 혁명 Memo

챗GPT 혁명 Memo

챗GPT 혁명 Memo

챗GPT 혁명 Memo

챗GPT 혁명 Memo

챗GPT 혁명 Memo

챗GPT 혁명 Memo

챗GPT 혁명 Memo

챗GPT 혁명 Memo

챗GPT 혁명 Memo

챗GPT 혁명 Memo

챗GPT 혁명 Memo

챗GPT 혁명 Memo

챗GPT 혁명 Memo

챗GPT 혁명 Memo

챗GPT 혁명 Memo

표현 미니북

JRC 언어연구소 기획
김정, 일리야 저

맛있는 books

표현 미니북은 이렇게 활용하세요!

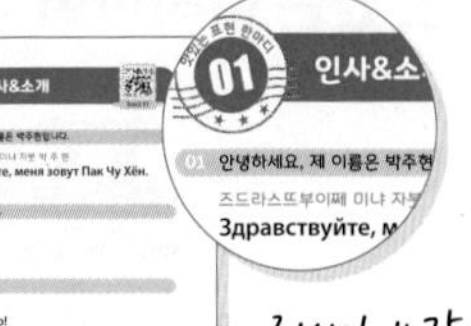

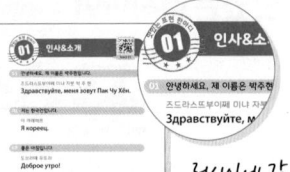

러시아에 갈 때 꼭 챙겨야 할 필수품

현지에서 유용한 상황별 표현으로 구성

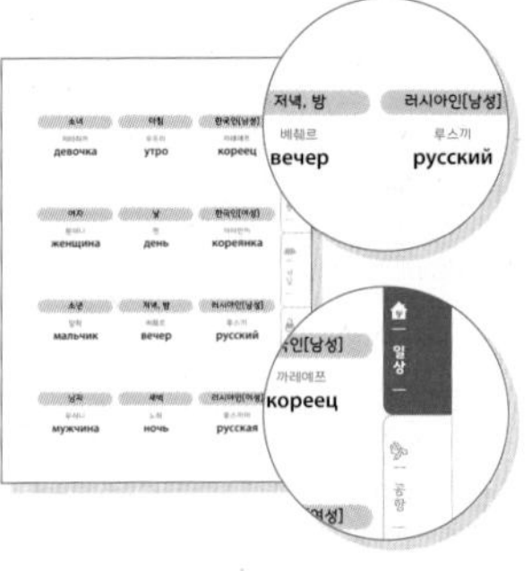

바로바로 쓸 수 있는

러시아어 필수 문장&단어

한눈에 파악!

활용도 높은 인덱스

MP3 파일 무료 다운로드

맛있는북스 홈페이지(www.booksJRC.com)에서 무료로 다운로드할 수 있습니다.

표현 미니북
차례

인사&소개

01 안녕하세요, 제 이름은 박주현입니다.

즈드라스뜨부이쩨 미냐 자붓 박 주 현

Здравствуйте, меня зовут Пак Чу Хён.

02 저는 한국인입니다.

야 까레예쯔

Я кореец.

03 좋은 아침입니다.

도브러예 우뜨라

Доброе утро!

04 안녕!

쁘리비엣

Привет!

05 안녕히 가세요. / 잘 가.

다 스비다니야 빠까

До свидания! / Пока!

소녀	아침	한국인[남성]
제바취까	우뜨라	까레예쯔
девочка	**утро**	**кореец**
여자	낮	한국인[여성]
젠쉬나	젠	까리얀까
женщина	**день**	**кореянка**
소년	저녁, 밤	러시아인[남성]
말췩	베췌르	루스끼
мальчик	**вечер**	**русский**
남자	새벽	러시아인[여성]
무쉬나	노취	루스까야
мужчина	**ночь**	**русская**

06 어느 나라에서 오셨어요?

아뜨꾸다 븨

Откуда Вы?

07 저는 러시아를 여행 중입니다.

야 뿌찌쉐스뜨부유 빠 라씨이

Я путешествую по России.

08 이 사람은 저의 친구입니다.

에따 모이 드룩 (마야 빠드루가)

Это мой друг (моя подруга).

09 저희는 네 명이에요.

나스 취뜨베라

Нас четверо.

10 만나서 반갑습니다.

오친 쁘리야뜨나

Очень приятно!

혼자
아진
один

소개
즈나꼼스뜨바
знакомство

직업
라보따
работа

둘이서
드보예
двое

국적
그라쥐단스뜨바
гражданство

취미
호비
хобби

셋이서
뜨로예
трое

나라, 국가
스뜨라나
страна

부모님
라지쩰리
родители

다섯이서
빠쩨라
пятеро

나이
보즈라스트
возраст

여행
뿌찌쉐스뜨비예
путешествие

기내&공항에서

01 창가 자리로 부탁드립니다.

모쥐나 메스따 우 아끄나 빠좔루이스따

Можно место у окна, пожалуйста?

02 복도 자리로 부탁드립니다.

모쥐나 메스따 우 쁘라호다 빠좔루이스따

Можно место у прохода, пожалуйста?

03 짐은 어디서 부치나요?

그졔 모쥐나 스다찌 바가쥐

Где можно сдать багаж?

04 짐은 어디서 찾나요?

그졔 모쥐나 자브라찌 바가쥐

Где можно забрать багаж?

05 환전은 어디에서 할 수 있나요?

그졔 모쥐나 빠미냐찌 젠기

Где можно поменять деньги?

창문 아크노 **окно**	환전하다 빠미냐찌 **поменять**	티켓, 표 빌렛 **билет**
복도 쁘라호드 **проход**	어디, 어디에서 그졔 **где**	탑승권 빠싸다취늬이 딸론 **посадочный талон**
짐, 수하물 바가쥐 **багаж**	공항 아에라뽀르뜨 **аэропорт**	여권 빠스뽀르트 **паспорт**
돈 졘기 **деньги**	체크인 카운터 스또이까 리기스뜨라찌이 **стойка регистрации**	비행기 싸말룟 **самолёт**

06 버스(기차)는 어디에서 탈 수 있나요?

그제 모쥐나 쎄스찌 나 압또부스 (뽀예즈드)

Где можно сесть на автобус (поезд)?

07 시내까지 얼마나 걸리나요?

스꼴까 예하찌 다 쩬뜨라 고러다

Сколько ехать до центра города?

08 면세점은 어디에 있나요?

그제 나호짓쨔 마가진 베스뽀쉴린노이 따르고블리

Где находится магазин беспошлинной торговли?

09 혹시 이거 기내에 가지고 타도 되나요?

모쥐나 쁘라나씨찌 에따 나 보르뜨 싸말료따

Можно проносить это на борт самолёта?

10 (검색대를 통과할 때) 신발을 벗어야 하나요?

누쥐나 스니마찌 오부비

Нужно снимать обувь?

버스	면세점	게이트
압또부스	마가진 베스뽀쉴린노이 따르고블리	바로따
автобус	**магазин беспошлинной торговли**	**ворота**

기차	신발	세관 검색대
뽀예즈드	오부비	따모쥐냐
поезд	**обувь**	**таможня**

시내	벨트	출국
쩬뜨르 고러다	리멘	아뜨쁘라블레니에
центр города	**ремень**	**отправление**

기내	가방	도착
보르뜨 싸말료따	쑴까	쁘리븨찌에
борт самолёта	**сумка**	**прибытие**

11 (서류를 작성할 때) 펜 좀 빌릴 수 있을까요?

오쥐나 루취꾸 빠잘루이스따

Можно ручку, пожалуйста?

12 마실 것 좀 갖다주세요.

쁘리니씨쩨 빠삐찌 빠잘루이스따

Принесите попить, пожалуйста.

13 안대 좀 주세요.

다이쩨 마스꾸 들랴 스나 빠잘루이스따

Дайте маску для сна, пожалуйста.

14 자리를 바꿔 주실 수 있나요?

모쥐나 빠미냐찌 메스따 빠잘루이스따

Можно поменять место, пожалуйста?

15 실례합니다, 지나가도 될까요?

이즈비니쩨 모쥐나 쁘라이찌

Извините, можно пройти?

물	신문	펜
바다	가제따	루취까
вода	**газета**	**ручка**
차	이어폰	자리, 좌석
챠이	나우쉬니끼	메스따
чай	**наушники**	**место**
커피	안대	이륙
꼬페	마스까 들랴 스나	브즐룟
кофе	**маска для сна**	**взлёт**
주스	담요	착륙
쏙	쁠레드	빠싸드까
сок	**плед**	**посадка**

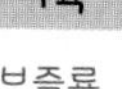
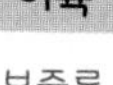

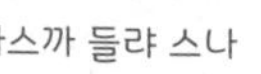

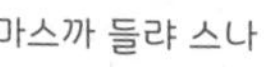
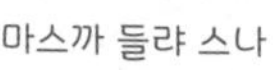

식당에서

01 메뉴판 좀 주세요.

다이쩨 미뉴 빠좔루이스따

Дайте меню, пожалуйста!

02 보르시 하나, 샤슬릭 둘, 차 한 잔 주세요.

아진 보르쉬 드바 샤슬리까 이 아진 챠이 빠좔루이스따

Один борщ, два шашлыка и один чай, пожалуйста!

03 영수증 좀 주세요.

쁘리니씨쩨 쇼트 빠좔루이스따

Принесите счёт, пожалуйста.

04 정말 맛있네요.

오친 프쿠스나

Очень вкусно!

05 피자 먹고 싶어요.

야 하츄 삐쭈

Я хочу пиццу.

냅킨
쌀폐뜨까
салфетка

수프
쑵
суп

밥, 쌀
리스
рис

숟가락
로쉬까
ложка

빵
흘렙
хлеб

닭고기
꾸리짜
курица

메뉴판
미뉴
меню

햄버거
감부르게르
гамбургер

소고기
가뱌지나
говядина

맥주
삐바
пиво

샌드위치
샌드비취
сэндвич

돼지고기
스비니나
свинина

쇼핑하기

01 따뜻한 옷을 사고 싶어요.

야 하츄 꾸삐찌 쬬쁠루유 아제쥐두

Я хочу купить тёплую одежду.

02 이 티셔츠가 마음에 들어요.

므녜 느라빗쨔 에따 풋볼까

Мне нравится эта футболка.

03 이거 얼마인가요?

스꼴까 에따 스또잇

Сколько это стоит?

04 와! 너무 비싸요!

오이 오친 도라가

Ой! Очень дорого!

05 깎아 주세요.

모쥐나 스끼드꾸 빠좔루이스따

Можно скидку, пожалуйста!

옷
아제쥐다
одежда

양말
나스끼
носки

기념품
쑤비니르
сувенир

바지
쉬따늬
штаны

장갑
삐르챠뜨끼
перчатки

가격
쩨나
цена

치마
윱까
юбка

모자
샵까
шапка

백화점
우니베르마그
универмаг

겉옷
꾸르뜨까
куртка

목도리
샤르프
шарф

시장
릐넉
рынок

01 실례합니다, 예르미타시가 어디에 있나요?

이즈비니쩨 그제 나호짓쨔 에르미따쥐

Извините, где находится Эрмитаж?

02 카잔 대성당까지 어떻게 가나요?

깍 다이찌 다 까잔스까바 싸보라

Как дойти до Казанского собора?

03 기차가 언제 출발하나요?

까그다 앗쁘라블랴옛쨔 뽀예즈드

Когда отправляется поезд?

04 몇 번 버스를 타야 나베레즈나야까지 갈 수 있나요?

나 까꼼 압또부쎄 모쥐나 다브랏쨔 다 나베레쥐노이

На каком автобусе можно добраться до Набережной?

05 막차는 몇 시인가요?

까그다 빠슬레드니이 압또부스

Когда последний автобус?

박물관

무제이

музей

약국

압쩨까

аптека

지하철

미뜨로

метро

볼쇼이 극장

발쇼이 찌아뜨르

Большой театр

지하철역

스딴찌야 미뜨로

станция метро

화장실

뚜알렛

туалет

크렘린 궁전

끄레믈

Кремль

입구

브호드

вход

트램

뜨람바이

трамвай

(대한민국) 대사관

빠쏠스뜨바
(유쥐노이 까레이)

Посольство (Южной Кореи)

출구

븨하드

выход

마르쉬루뜨까(마을 버스)

마르쉬루뜨까

маршрутка

06 요금은 어떻게 내나요?

깍 모쥐나 아쁠라찌찌 쁘라예즈드

Как можно оплатить проезд?

07 이번 역에서 순환선으로 환승할 수 있나요?

나 에떠이 스딴찌이 모쥐나 뻬레쎄스찌 나 깔쩨부유 리니유

На этой станции можно пересесть на кольцевую линию?

08 몇 번 출구로 나가야 붉은 광장에 갈 수 있나요?

나 까꼼 븨하제 나호짓쨔 끄라스나야 쁠로샤지

На каком выходе находится Красная площадь?

09 택시는 어떻게 부르면 되나요?

깍 모쥐나 븨즈바찌 딱씨

Как можно вызвать такси?

10 여기서 세워 주세요.

아스따나비쩨 즈제시 빠좔루이스따

Остановите здесь, пожалуйста!

역
바끄잘
вокзал

교통카드
뜨란스뽀르뜨나야 까르따
транспортная карта

승강장
쁠라뜨포르마
платформа

지하철 노선
리니야 미뜨로
линия метро

매표소
까싸
касса

문
드볘리
двери

환승
뻬레싸트까
пересадка

택시 애플리케이션
쁘릴로줴니에 딱씨
приложение такси

당기시오
나 씨뱌
на себя

요금
아쁠라따
оплата

지도
까르따
карта

미시오
아뜨 씨뱌
от себя

관광지에서

01 여기는 성 바실리 성당입니다.

에따 흐람 바씰리야 블라젠노바

Это Храм Василия Блаженного.

02 정말 아름답네요!

까꼬이 끄라씨븨이

Какой красивый!

03 입장권은 어디에서 구매하나요?

그졔 모쥐나 꾸삐찌 브하드노이 빌렛

Где можно купить входной билет?

04 들어가서 좀 봐도 되나요?

모쥐나 빠이찌 빠스마뜨례찌

Можно пойти посмотреть?

05 여기서 사진 찍어도 되나요?

즈졔시 모쥐나 파따그라피라바찌

Здесь можно фотографировать?

갤러리, 미술관	외투 보관소	가이드
갈레례야	가르지로브	기드
галерея	**гардероб**	**гид**
그림	계단	오디오 가이드
까르찌나	례스니짜	아우지아기드
картина	**лестница**	**аудиогид**
조각품	엘리베이터	층
스꿀읍뚜라	리프뜨	에따쥐
скульптура	**лифт**	**этаж**
콘서트홀	당신의 현재 위치	카메라
깐쩨르뜨늬이 잘	븨 즈제시	파따아빠라뜨
концертный зал	**Вы здесь**	**фотоаппарат**

숙소에서

01 방 좀 예약하려고 합니다.

야 하츄 자브라니라바찌 노메르

Я хочу забронировать номер.

02 3박 4일 동안 묵으려고 합니다.

므녜 누쥔 노메르 나 뜨리 노취

Мне нужен номер на три ночи.

03 해외 신용카드로 결제할 수 있을까요?

모쥐나 라스쁠라찟쨔 이나스뜨란노이 끄레지뜨노이 까르떠이

Можно расплатиться иностранной кредитной картой?

04 체크아웃 시간은 몇 시인가요?

바 스꼴까 븨이즈다 이즈 가스찌니찌

Во сколько выезд из гостиницы?

05 금연 방으로 부탁드립니다.

다이쩨 꼼나뚜 들랴 니꾸랴쉬흐 빠좔루이스따

Дайте комнату для некурящих, пожалуйста.

숙소, 호텔	담배	1인실
가스찌니짜	씨가레띄	노메르 나 아드나보
гостиница	**сигареты**	**номер на одного**
신용카드	금연	2인실
끄레지뜨나야 까르따	꾸리찌 자쁘리쉬노	노메르 나 드바이흐
кредитная карта	**курить запрещено**	**номер на двоих**
현금	로비	싱글 베드
날리취늬예	로비	아드나스빨나야 끄라바찌
наличные	**лобби**	**односпальная кровать**
ATM(현금 입출금기)	오션(시티) 뷰 방	퀸 베드
방까마뜨	꼼나따 스 비덤 나 모례 (고러드)	드부스빨나야 끄라바찌
банкомат	**комната с видом на море (город)**	**двуспальная кровать**

06 아침 식사 포함인가요?

자프뜨락 브끌류첸 브 스또이마스찌 노메라

Завтрак включен в стоимость номера?

07 수건 좀 교체해 주세요.

빠미냐이쩨 빨라쪤짜 빠잘루이스따

Поменяйте полотенца, пожалуйста.

08 헤어드라이어 좀 빌릴 수 있을까요?

모쥐나 우 바스 브쟈찌 펜 빠잘루이스따

Можно у вас взять фен, пожалуйста?

09 근처에 카페 좀 추천해 주세요.

빠리까멘두이쩨 하로쉐에 카페 니달리꼬 아뜨 가스찌니찌 빠잘루이스따

Порекомендуйте хорошее кафе недалеко от гостиницы, пожалуйста.

10 공항까지 무료 셔틀버스가 있나요?

우 바스 예스찌 베스쁠라뜨늬이 압또부스 샤뜰 도 아에라뽀르따

У вас есть бесплатный автобус-шатл до аэропорта?

아침 식사
자프뜨락
завтрак

수건
빨라쪤쩨
полотенце

샴푸
샴뿐
шампунь

점심 식사
아볘드
обед

이불
아제얄라
одеяло

비누
믤라
мыло

저녁 식사
우쥔
ужин

베개
빠두쉬까
подушка

칫솔
주브나야 쇼뜨까
зубная щётка

스낵, 과자
자꾸스끼
закуски

슬리퍼
따빠취끼
тапочки

치약
주브나야 빠스따
зубная паста

시간 표현

01 지금 몇 시입니까?

스꼴까 씨챠스 브레미니

Сколько сейчас времени?

02 오늘이 무슨 요일인가요?

까꼬이 씨보드냐 젠

Какой сегодня день?

03 비행기는 몇 시에 출발합니까?

바 스꼴까 앗쁘라블랴옛쨔 싸말룟

Во сколько отправляется самолёт?

04 공연은 언제 시작하나요?

까그다 나취나옛쨔 깐쩨르트

Когда начинается концерт?

05 박물관은 몇 시부터 몇 시까지 운영하나요?

싸 스꼴끼 다 스꼴끼 라보따옛 무제이

Со скольки до скольки работает музей?

언제
까그다
когда

지금
씨차스
сейчас

오래, 오랫동안
돌가
долго

어제
프췌라
вчера

시간
브레먀
время

몇 시에?
바 스꼴까
Во сколько?

오늘
씨보드냐
сегодня

시작
나찰라
начало

시간표
라스삐싸니에
расписание

내일
자프뜨라
завтра

끝
까녜쯔
конец

시계
취씨
часы

1월	2월	3월
인바리	피브랄	마르트
январь	**февраль**	**март**
4월	5월	6월
아쁘렐	마이	이윤
апрель	**май**	**июнь**
7월	8월	9월
이율	아브구스트	씬쨔브리
июль	**август**	**сентябрь**
10월	11월	12월
악쨔브리	나야브리	지까브리
октябрь	**ноябрь**	**декабрь**

월요일	화요일	수요일	목요일
빠니젤닉	프또르닉	스리다	취뜨베르크
понедельник	**вторник**	**среда**	**четверг**
금요일	토요일	일요일	
빠뜨니짜	수보따	바스끄리쎄니예	
пятница	**суббота**	**воскресенье**	

1시
(아진) 챠스
(один) час

2시
드바 취싸
два часа

3시
뜨리 취싸
три часа

4시
취띄례 취싸
четыре часа

5시
빠찌 취쏘프
пять часов

6시
쉐스찌 취쏘프
шесть часов

7시
쎔 취쏘프
семь часов

8시
보씸 취쏘프
восемь часов

9시
제비찌 취쏘프
девять часов

10시
제시찌 취쏘프
десять часов

11시
아진낫쩌찌 취쏘프
одиннадцать часов

12시
드비낫쩌찌 취쏘프
двенадцать часов

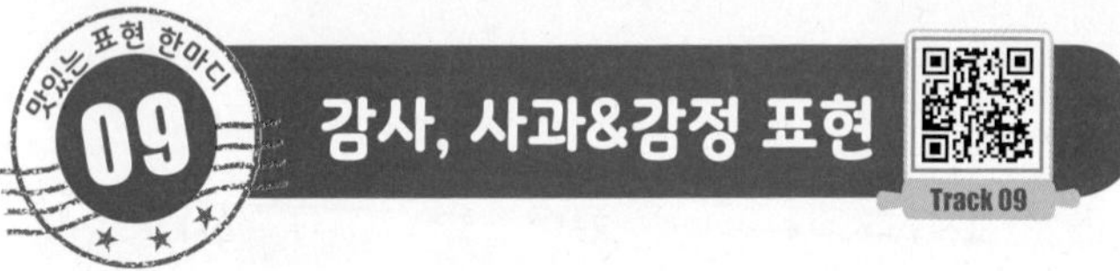

01 고맙습니다.

스빠씨바

Спасибо!

02 정말 고맙습니다.

발쇼예 스빠씨바

Большое спасибо!

03 천만에요.

녜 자 쉬또

Не за что!

04 아주 대단하네요!

오친 즈도라바

Очень здорово!

05 (아랫사람에게) 잘했어!

말라졔쯔

Молодец!

06 좋아요!

하라쇼

Хорошо!

07 죄송합니다.

이즈비니쩨

Извините.

08 실례합니다.

쁘라스찌쩨

Простите.

09 아쉽네요! 안타깝네요!

오친 좔

Очень жаль!

10 화내지 마세요.

니 즐리찌스 빠좔루이스따

Не злитесь, пожалуйста.

위급 상황

01 도와주세요!

빠마기쪠 빠좔루이스따

Помогите, пожалуйста!

02 여권을 잃어버렸어요.

야 빠찌랼 빠스뽀르트

Я потерял паспорт.

03 지갑을 도둑맞았어요.

우 미냐 우끄랄리 까쉴룍

У меня украли кошелёк.

04 다쳤어요.

야 빠라닐쌰

Я поранился.

05 병원에 가야 해요.

므녜 나다 브 발리니쭈 빠좔루이스따

Мне надо в больницу, пожалуйста.

도움	상처	위험
뽀마쉬	라나	아빠스나스찌
помощь	**рана**	**опасность**

신분증	다리	주의
우다스따베레니예 리취나스찌	나가	브니마니예
удостоверение личности	**нога**	**внимание**

보험	팔	조심하세요!
스뜨라호브까	루까	아스따로쥐나
страховка	**рука**	**Осторожно!**

교통사고	구급대, 구급차	도둑
아바리아	스꼬라야 뽀마쉬	보르
авария	**скорая помощь**	**вор**

06 가까운 경찰서가 어디에 있나요?

그제 블리좌이쉬이 빨리쩨이스끼이 우챠스딱

Где ближайший полицейский участок?

07 대한민국 대사관까지 어떻게 가나요?

깍 쁘라이찌 브 빠쏠스뜨바 유쥐노이 까레이

Как пройти в посольство Южной Кореи?

08 휴대폰 배터리가 다 떨어졌어요.

우 미냐 씰라 바따레이까 나 찔리포녜

У меня села батарейка на телефоне.

09 휴대폰 좀 잠시 빌릴 수 있을까요?

모쥐나 야 바스뽈주유스 바쉼 찔리포남 빠좔루이스따

Можно я воспользуюсь вашим телефоном, пожалуйста?

10 길을 잃었어요.

야 빠찌랼쌰

Я потерялся.

비자
비자
виза

마스크
마스까
маска

(상처에 붙이는) 밴드
쁠라스띠리
пластырь

안내소
인파르마찌온나야 스또이까
информационная стойка

충전하다
자랴지찌
зарядить

(먹는) 약
리까르스뜨바
лекарство

영사관
꼰쑬스뜨바
консульство

화재
빠좌르
пожар

(바르는) 연고
마지
мазь

소독제
지진피찌루유쉐에 스례츠뜨바
дезинфицирующее средство

생리대
쁘라끌라드끼
прокладки

MEMO

MEMO

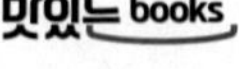
맛있는 books